中国工运史研究

（第一辑）

中国工运历史研究出版中心◎编

中国工人出版社

图书在版编目（CIP）数据

中国工运史研究. 第一辑 / 中国工运历史研究出版中心编. —北京：
中国工人出版社，2022.10
ISBN 978-7-5008-7977-0

Ⅰ. ①中… Ⅱ. ①中… Ⅲ. ①工人运动—历史—研究—中国 Ⅳ. ①K261.3

中国版本图书馆CIP数据核字（2022）第175457号

中国工运史研究（第一辑）

出 版 人	董 宽
责任编辑	李 丹
责任校对	张 彦
责任印制	栾征宇
出版发行	中国工人出版社
地　　址	北京市东城区鼓楼外大街45号　邮编：100120
网　　址	http://www.wp-china.com
电　　话	（010）62005043（总编室）　（010）62005039（印制管理中心）
发行热线	（010）82029051　62383056
经　　销	各地书店
印　　刷	北京市密东印刷有限公司
开　　本	710毫米×1000毫米　1/16
印　　张	15.75
字　　数	226千字
版　　次	2023年10月第1版　2023年10月第1次印刷
定　　价	68.00元

出版说明

中国工人运动在中国共产党的领导下，已经走过了一个多世纪的历程，积累了丰富的革命与建设实践，经历了各种曲折和考验，在取得诸多经验教训的同时，也形成了符合中国实际、具有中国特色的工运理论。开展对中国工运历史的研究，对于探索工人运动和工会工作发展规律、总结历史经验，具有十分重要的历史与现实意义。

毋庸讳言的是，以往对于中国工运史的研究，大多局限于收集和整理史料，而在研究中国工运史的发展规律、中国工运历史与现实的关联，以及对于今后中国工运事业发展的借鉴意义等方面，仍显薄弱；加之有限的研究分散于不同的地方或层次，缺乏交流、研讨与合作，不利于中国工运史研究工作的深入拓展。基于对这种状况的认知，我们决定编辑出版《中国工运史研究》集刊，旨在为有志于研究中国工运史的专家、学者以及广大工会工作者提供一个发表研究成果、探讨相关问题的平台，汇聚不同地方、不同角度的论文，拓展研究者眼界，以期发挥交流作用，引起讨论争鸣，并且引起更多工会工作者的关注，不忘初心，以史为鉴，共同为推进中国工运史研究和中国工运事业的发展作一点贡献。

《中国工运史研究》集刊目前暂定聚焦新中国成立前的中国工运历史研究，同时注意挖掘新发现的中国工运史料和亲历者回忆，设置史论研究、地方工运史研究、工人报刊研究、工运人物研究、史志编撰研究等专题板块。

《中国工运史研究》集刊的编辑出版是一项新的尝试，由于缺乏经验，初选论文质量和初始编辑思路都有待在实践中提高和调整，希望专家、读者特别是各级工会组织热情支持、不吝建言，以利我们改进工作、提高水平。

目 录

史论研究

浅谈劳动立法运动的产生、背景及意义 …………………………… 王建平 003
论共产国际对中华全国总工会成立的影响 ………………………… 赵 薇 012
中央苏区工会的历史贡献 ………………………………………… 谢 锐 023
中国共产党党团制度与新民主主义革命时期的工人运动 …… 马思宇 032

地方工运史研究

安徽现代工人运动史上的首次大罢工 ……………………………… 顾永俊 055
中共创立初期广州工人运动的历史经验 …………………………… 王贯军 058
湖南早期工人运动 ……………………………………… 宋银桂 江 军 069
论水口山工人运动为党的“三大法宝”理论形成进行的探索
和实践 ……………………………………………………… 吴 豪 傅建平 088
从自在到自觉：红军长征对贵州工人运动的影响 ……………… 杨 杰 103
石家庄早期产业工人队伍的基本特征及对工人运动的影响 … 孟增会 110
第六次全国劳动大会前后哈尔滨工人运动的贡献
及发展 ……………………………… 黑龙江省工会干部学院课题研究组 126
从枣庄工人运动发展看中国共产党的领导 ………… 王功彬 刘加娇 134

早期工人报刊研究

新民主主义革命时期中国共产党如何指导和宣传工人运动
——以1924—1941年《中国工人》为例 …………………… 张 刃 149
从早期《中国工人》出刊续刊看中国新民主主义革命历程 … 李 瑾 177
天津《工人生活》与《工人小报》…………………… 廖永武 189
回忆一九二六年天津的《工人小报》………………… 邢予洪 193
《工人生活》的公开发行 …………………………………… 195
关于《劳动》《朋友》《生活通讯》
——孤岛时期上海地下工委办的工人刊物 ……………… 沈以行 196
广州解放前夕中国共产党秘密出版《广州工人》报的情况 … 刘天行 205

工运人物研究

工运先驱张昆弟 ………………………………………… 杨松柏 209
为了理想奋斗终生的革命先驱安幸生 ………… 天津市北辰区总工会 216

史志研究

史志结合，做好中国百年工会志编纂工作的思考 ………………… 邹卫民　223
寤寐求索，为国修志
——《西藏自治区志·工会志》评述 …………………………………… 范晓婧　228

征稿启事……………………………………………………………………………… 238
工运史料征集启事 ………………………………………………………………… 240

史论研究

工运史

浅谈劳动立法运动的产生、背景及意义

论共产国际对中华全国总工会成立的影响

中央苏区工会的历史贡献

中国共产党党团制度与新民主主义革命时期的工人运动

浅谈劳动立法运动的产生、背景及意义

⊙王建平*

一、劳动立法运动的时代背景

（一）北洋政府统治下的法律环境

1912年，中华民国临时政府在南京成立，结束了中国2000多年的封建帝制，建立起共和政体。然而，辛亥革命的胜利果实很快就被以袁世凯为首的北洋军阀政府窃取。同年3月10日，北洋政府颁布《中华民国暂行新刑律》，该刑律第224条规定“凡工人有联合举行同盟罢工者，其首领处四等以下有期徒刑或拘役，或三百元以下罚金；附从者处三十日以下之拘役，或三十元以下之罚金”，把工人罢工运动定为非法行动。1914年，北洋政府根据想要实现自己皇帝梦的袁世凯提出的修改大纲，对孙中山组织制定的《中华民国临时约法》进行修改，并定名为“中华民国约法”，于同年5月1日在全国施行，同时废除了《中华民国临时约法》。为了进一步镇压工人运动，同年8月29日，又出台了《治安警察法》，规定：“采用警察力量，来制止一切工人的结会行动。”“凡领导怠工、罢工，领导增加工资者，都在禁止之列。”

* ［作者单位］太原市总工会工运理论研究中心。

（二）恢复《中华民国临时约法》对工人运动的影响

1916 年，仅当了 83 天皇帝的袁世凯在复辟帝制失败和全国人民的痛骂声中死去。北洋政府从此分裂为直、奉、皖三系军阀，进入北洋军阀执政后期。为夺取北京政府的统治权，北洋各派军阀进行了数年混战，中央政府几经更替。于 1920 年和 1922 年先后爆发的直皖战争和直奉战争，均是直系军阀取得胜利。1922 年，直系首领曹锟以“法统重光”为号召，恢复了南京临时政府于 1912 年 3 月 11 日公布的《中华民国临时约法》，同时恢复了第一届“国会”，开始制宪运动。1922 年 8 月 16 日，北洋政府组织国会议员召开“国会”，酝酿修订、制定宪法的有关事宜。

《中华民国临时约法》是由中国国民党临时大总统孙中山组织临时政府制定的法律，共有 56 条。其第二章第五条、第六条提出了人民平等的原则和七项自由权利，其中的“人民有言论著作刊行及集会结社之自由”一项，为中国共产党开展职工运动提供了法律依据和条件。1922 年，北洋政府在恢复《中华民国临时约法》和重新修宪制宪运动中，为中国共产党开展劳动立法运动留下了活动空间。

（三）中国共产党领导的工人运动

自 1921 年 7 月成立起，中国共产党就把开展工人运动作为党的中心工作。1921 年 8 月 11 日，中国共产党第一次全国代表大会召开不到一个月时，中国共产党成立了公开领导全国职工运动的领导机关——中国劳动组合书记部。次年 5 月 1 日，中国共产党依托中国劳动组合书记部，在广州召开了第一次全国劳动大会。新生的中国共产党运用马克思列宁主义的观点方法，在第一次全国劳动大会召开前进行了广泛发动、科学组织、协调派系、统一思想，在大会召开中通过《全国总工会组织原则案》《罢工援助案》等一系列决议案，有力地推动了工人运动的发展，拉开了全国工人阶级大联合的序幕，同时确立了中国共产党和中国劳动组合书记部在全国工人运动中的领导地位，为中国共产党领导全国第一次工人运动高潮的到来奠定了思想、组织、理论基础。

1922 年 7 月 16 日至 23 日，中国共产党第二次全国代表大会在上海召开，出席大会的有中央局成员、地方组织及回国代表 12 人，代表全国 195 名党员，大会制定形成的《关于“工会运动与共产党”的决议案》为后来的工人运动指出了方向，也为当时开展起来的劳动立法运动起到了引路作用。[①]

以 1922 年 1 月举行的香港海员大罢工为起点，到 1923 年 2 月京汉铁路工人大罢工爆发，持续时间长达 13 个月之久的罢工斗争掀起了中国工人运动第一次罢工高潮。其间，全国发生大小罢工 100 多次，参加者达 30 万人以上。轰轰烈烈的工人运动提高了中国共产党及其领导的中国劳动组合书记部的领导地位和声誉，为动员全国劳动各界起来响应劳动立法运动奠定了组织基础和思想基础。

二、劳动立法运动的组成

20 世纪 20 年代初期的中国工人运动是中国共产党领导被压迫、被奴役的穷苦工人为争取自身经济、政治权利进行的自下而上的斗争，劳动立法则是中国共产党在有利时机争取全国劳动各界支持，从法律上保证改善工人生活环境、提高工人经济政治待遇的合法性策略斗争。劳动立法运动应是工人运动的重要组成部分，虽然外在形式不同，但内容实质相同。

（一）劳动立法运动的提出

1922 年，直系军阀吴佩孚打败奉系军阀张作霖，独掌北京政府的统治，为了巩固统治地位，他假惺惺地提出要恢复“国会”，组织议员酝酿“制宪”，还大谈特谈法律保护劳工，妄图以政治谎言欺骗日益壮大起来的工人群众，以达到支持他进行军阀统治的目的。在全国掀起制定新宪法运

---

① 陈家新：《劳动立法运动：中国工人运动史上的浓重一笔》，《工会博览》，2015 年第 3 期，第 61 页。

动的热潮中，中国共产党领导的中国劳动组合书记部抓住北洋政府制定新宪法运动的机会，在全国发起了劳动立法运动。8月初，中国劳动组合书记部给众议院发出《关于劳动立法的请愿书》，要求国会在宪法中规定保护劳工的条文。请愿书说："同人等素从事劳工运动，连年来亲睹国内劳工饱受暴力摧残之惨状，深知国内劳工无法律保护之痛苦，加以感受操政柄者之巧于舞文玩法，益觉得劳动法案规诸宪法之重要。为全国劳工请命计，为国家立法前途计，理合拟具劳动法案大纲19条，依法请愿贵院尽量采纳通过，规诸宪法。"22位国会议员对此表示支持。1922年8月，中国劳动组合书记部向全国劳动界发出了《中国劳动组合书记部关于开展劳动立法的通告》(以下简称"《通告》")。《通告》分析了近年来制宪的形势和劳动法律的空白，以及工会不受法律保护的原因，旗帜鲜明地提出"倘能乘此制宪运动之机会，将劳动者应有之权利以宪法规定之，即将来万事均易进行矣"[①]，号召各劳动团体开会讨论，向工人广泛宣传，征求工人的意见并报告本部，通电国务院及工商学界，以增加中国劳动组合书记部在劳动各界的声势。

(二)劳动立法运动的组成部分

劳动立法运动大约可分为三个组成部分，一是中国劳动组合书记部对劳动立法运动的发起，这一部分包括《通告》发布、组织讨论、收集反馈意见、递交国会意见等；二是中国劳动组合书记部拟定的《劳动立法原则》《劳动法案大纲》具体方案；三是中国劳动组合书记部各分部及产业工会(工人俱乐部)对中国劳动组合书记部劳动立法的响应与声援，以及在《劳动法案大纲》指导下开展罢工的具体行动。

(三)劳动立法运动的主要内容

劳动立法运动的内核主要体现在《劳动立法原则》和《劳动法案大

① 中华全国总工会中国职工运动史研究室：《中国工会历史文献1(1921.7—1927.7)》，工人出版社，1958年，第11页。

纲》两个具体文本上。

1.《劳动立法原则》主要内容

中国劳动组合书记部拟定的《劳动立法原则》包括四项主要内容，一是保障政治上自由，要求在言论、集会、结社等方面享受《中华民国临时约法》赋予的权利；二是改良经济生活，要求参照西欧国家劳动法规，制定工作时间、休息休假、失业救济、疾病保险等制度；三是参加劳动管理，要求让工人了解工厂生产经营情况、参加企业劳动管理，并享有“参加经济机关、企业机关及国家劳动检查局之权利”；四是劳动实习教育，要求政府以法律形式保证劳动者有补习学习受教育的机会。

2.《劳动法案大纲》主要内容

中国劳动组合书记部拟定的《劳动法案大纲》主要内容共有 19 条，此大纲在工人政治权利方面，要求工人有集会、结社、罢工、缔结团体、承认劳动者有国际联合等权利；在工人劳动权益方面，要求实行八小时工作制，实行劳动保护、保障工人最低工资和享受劳动保险及保护女工、童工等具体制度；在工人参加管理方面，要求产业工会和职业工会选举代表参加政府经济机关、企业机关及政府管理的私人企业机关的管理权，一切保险事业规章制度订立均应使劳动者参加，全部保险费由企业和国家承担；在工会维权方面，要求企业因特殊原因需要延长工人工作时间的，须经工会同意才可施行，参加企业、政府、经济机关管理的工人代表要由工会组织选举；在经济待遇、受教育方面，要求各种劳动者工作年限达到半年的有两个星期带薪休假，达到一年的有一个月带薪休假，要保障劳动者有接受补习教育的学习机会。

《劳动法案大纲》在“附白”中指出，本纲只是“最低限度，并不过高”（《劳动法案大纲》语），要求劳动界各同人根据本纲作增加或更改，并报中国劳动组合书记部，以备作进一步修改，提醒大家这是关于劳动阶级的切身利益，不可忽视。

（四）劳动立法在工人中的反响

中国共产党成立后，全国开展的工人罢工斗争有了很大的发展。第一次罢工高潮中的全国100多次罢工斗争都是在中国共产党的领导下、具体由中国劳动组合书记部领导进行的，并且绝大多数罢工斗争取得了胜利。中国劳动组合书记部组织开展的劳动立法运动是在第一次罢工斗争高潮中，中国共产党尝试通过立法形式，以合法化手段为广大工人群众争取政治经济权益的斗争。

劳动立法运动开展以后，迅速在全国引起热烈反响。唐山铁路、煤矿、纱厂、洋灰厂等工会首先响应，组织唐山劳动立法大同盟游行示威，并通电全国劳动团体及国会；郑州铁路工人也积极投入劳动立法运动中，通电全国工会一致行动，并通电国会；武汉、上海等地也纷纷响应，举行游行、集会，通电全国，要求将《劳动法案大纲》纳入宪法。中国劳动组合书记部湖南分部在毛泽东的领导下，召集土木工会、新河粤汉路工人俱乐部、工友协进社、理发工会、安源路矿工人俱乐部举行劳动立法运动大会，建立劳动立法同盟，选出委员同盟起草章程及劳动法案；天津、上海、广州、济南各劳动组合书记部分部纷纷组织起各工团，成立劳动立法大同盟。一时间，为劳动者立法、保护劳动者利益，成为全国上下的热门话题和最关心的重要事件。

1922年下半年，在北方连续爆发的一系列铁路、矿山工人大罢工，实际上是在劳动立法运动影响下工人运动的继续和对立法运动的有力支持。1922年8月28日，京汉路长辛店工人俱乐部北段总部发出《京汉路长辛店工人俱乐部响应制定劳工法案致中国劳动组合书记部及参众两院电》，对中国劳动组合书记部的劳动法案大加赞扬，表示要“万众一心，一致主张，誓不达到目的不止！”[①] 在对参众两院议员的致电中则表示：“甚望诸公本为大多数谋幸福之本衷，为避帝国主义及资本主义之恶政，

① 中华全国总工会中国职工运动史研究室：《中国工会历史文献1（1921.7—1927.7）》，工人出版社，1958年，第16页。

从速制定劳动法典，为我们穷苦民众之劳动谋。”①

1922 年 8 月 24 日，京汉路长辛店工人俱乐部举行了由 3000 多名工人参加的罢工斗争，向资方提出了八项条件，坚持两天后取得了完全胜利。唐山开滦五矿工人同盟罢工、萍乡安源路矿工人罢工、湖南水口山工人俱乐部工人罢工的胜利，都是在劳动立法运动影响下工人为争取自身利益而进行的具体斗争。

三、劳动立法运动的意义

（一）劳动立法运动是划时代的标志

从 1922 年 1 月香港海员罢工到 1923 年 2 月京汉铁路工人大罢工的一年多时间里，全国各大城市和工业中心掀起了第一次罢工高潮。在这次高潮中，全国 30 多万名工人进行了大大小小 100 多次罢工斗争，并且大多取得了胜利。在此起彼伏的工人运动浪潮中，一批地区工会和产业工会兴起，当时的新闻报道把工人运动喻为“秋花之怒放，夏水之暴涨”。1923 年 5 月 1 日至 6 日，中国劳动组合书记部在广州组织召开了第一次全国劳动大会，代表 12 个城市、100 多个工会组织、27 万多名有组织的劳动者的 173 名工会代表参加了会议；中国劳动组合书记部拟定的《劳动立法原则》《劳动法案大纲》，成为工人俱乐部与资方谈判条件的蓝本，成为指导工人运动的“权威文件”。1922 年是中国工人运动首次蓬勃开展的一年，也是“劳动立法”的提出年，因此被称为“中华劳动运动纪元年”。这一年是中国共产党领导工人运动取得辉煌成果、第一次向当局政府提出“劳动立法”的年份，因此具有划时代的意义。

① 中华全国总工会中国职工运动史研究室：《中国工会历史文献 1（1921.7—1927.7）》，工人出版社，1958 年，第 17 页。

（二）劳动立法运动是中国共产党进行“合法斗争”的开端与尝试

中国劳动组合书记部发布《劳动法案大纲》，要求工人有集会、结社、罢工等权利，实行八小时工作制、保障工人最低工资、享受劳动保险以及保护女工、童工，禁止雇用16岁以下的男女工，18岁以下的男女工从事剧烈劳动的工作时间不得超过6小时等。这些保护劳工的措施具有时代性，如今看来也不过时。劳动立法运动是中国共产党领导的第一次工人运动高潮的重要组成部分，也是中国共产党领导工人运动自下而上斗争、同时有意谋求“顶层设计”“依法维权”的开端，是中国共产党第一次“合法斗争”的尝试。

（三）劳动立法运动是中国共产党以人民为中心的初心使命的具体表现

《劳动立法原则》和《劳动法案大纲》两个文献的基本内容代表了当时受剥削、受压迫的中国无产阶级的根本利益和意志，反映出工人阶级强烈要求改变命运的愿望和决心。《劳动法案大纲》第九条要求“以法律保障农民（不掠夺他人之劳动者）之生产品价格，由农民代表提出，以法律规定之”，说明中国共产党同时认识到维护农民利益、实现工农联盟的重要性，也充分说明中国共产党在建党初期的初心和使命就是以人民利益为中心，一切奋斗都是为全体工人、农民及劳苦大众谋幸福。

（四）劳动立法运动擦亮了工人眼睛，提高了工人觉悟

中国劳动组合书记部趁北京直系军阀政府进行恢复国会、制定宪法宣传之机，提出劳动者有权参加国家管理，有言论、集会、结社、罢工之自由权利，应规定合理工时、工资、劳动保护等制度，号召全国工会开展劳动立法运动。全国各地工人热烈响应，全国各地工会召开工人大会、举行示威游行、建立劳动立法联盟、通电各工会团体互相声援支持、致电国会

要求通过法案。由于直系军阀政府只是为了巩固统治，用政治欺骗手段迷惑人民，并未有真正保护劳工权益的初衷，中国劳动组合书记部的合理要求当然不会被通过，《劳动法案大纲》也不会被写进宪法。“劳动立法”虽未入宪，但中国劳动组合书记部提出的劳动立法条款使《劳动法案大纲》深入人心，也通过劳动立法运动事实揭露了直系军阀的“制宪”骗局。《劳动法案大纲》实际上成了擦亮工人眼睛、提高工人觉悟、推动工人运动发展的纲领性文件。

（五）劳动立法运动弥补了第一次全国劳动大会的不足

中国共产党领导的劳动立法运动是在北洋军阀统治下进行“合法斗争”的一次尝试，虽然没有取得成功，但开展起来的立法运动深入民心。《劳动法案大纲》的 19 条内容为受剥削、受压迫的劳苦大众指明了在哪些方面争取自己的利益和今后的奋斗方向，弥补了第一次全国劳动大会决议中缺少工人罢工斗争纲领的不足。劳动立法的被拒，用事实教育了全国工人、农民群众，要想获取经济利益，必须有政治自由作为保障，工人、农民必须认清封建军阀的反动本质，对反动统治丢掉幻想，团结起来，用革命的暴力推翻反革命的暴力，从而实现人民当家做主的权利。劳动立法运动为中国共产党独立领导武装斗争、创建革命军队和武装夺取政权埋下了伏笔。

论共产国际对中华全国总工会成立的影响

⊙赵　薇*

马克思主义的传播与十月革命可以说从根本上影响了中国革命的发展进程，尤其是中国共产党的成立，使中国革命的面貌焕然一新。作为新民主主义革命的重要组成部分——中国工人运动也表现出新的面貌，中国共产党创建了专门领导工人运动的机关——中国劳动组合书记部（中华全国总工会①的前身）来统一领导全国的工人运动，使中国的工人运动在正确的思想指导下，沿着正确的方向前进，并最终实现了新民主主义革命的胜利。在这一过程中，特别是在早期阶段，即1920—1925年，共产国际对

*［作者单位］中国劳动关系学院马克思主义学院。

① 学术界普遍认为中国劳动组合书记部是中华全国总工会的前身，但也有部分学者对此持有异议，例如刘功成、马学军等人认为从组织架构、工作方式角度来看，二者不具有继承性，因此否认中国劳动组合书记部为中华全国总工会的前身（刘功成：《中国劳动组合书记部性质异说》，《史林》，1991年第2期；刘功成：《中国劳动组合书记部性质辨析》，《工会理论与实践》，1996年第6期；马学军：《中国劳动组合书记部的渊源与演变再考察》，《学术交流》，2016年第2期）。但笔者认为仅从表层的组织架构和工作方式上来判断二者的关系不足以否定中华全国总工会对中国劳动组合书记部的继承关系，正如徐迟所言："由于当时工人在整体素质、组织方式与斗争程度等方面水平参差不齐，使得工人运动必须有一个能够发挥联合、联络作用的团体居中协调、领导，书记部由此应运而生。尽管相比中华全国总工会的运作方式，书记部的组织结构尚不成熟，但其组织工会的工作内容与全总有一致性，并为后期全总诞生奠定基础，因此可将其视为全总前身。"（徐迟、丁乐静：《中国劳动组合书记部研究的回顾与思考》，《苏区研究》，2020年第3期，第120页）笔者认为，中国劳动组合书记部与中华全国总工会在工作内容、工作宗旨、工作性质等深层次特性上具有高度的一致性，也均为中国共产党领导下的负责工人运动的专职机构，因此在本文的叙述中仍将二者视为前后延续的关系，本文论及共产国际对中国劳动组合书记部的影响，其实就是在讨论对中华全国总工会成立的影响。

中华全国总工会的成立及其工作的开展发挥了重要的影响和作用。

一、中国共产党成立前，共产国际[①]对中国工人运动的影响

十月革命一声炮响，为中国送来了马克思主义，以李大钊为代表的先进知识分子开始宣传马克思主义，五四运动则将中国工人阶级推上了政治舞台。马克思主义同中国工人运动的结合，成为时代的潮流。苏俄的成功经验无疑对中国工人运动的开展有着重要的借鉴意义。与此同时，已经取得无产阶级革命胜利的苏俄认为“帝国主义体系正在崩溃……工人阶级必须建立真正的秩序——共产主义秩序。工人阶级必须摧毁资本的统治，使战争不能发生，打破国界，把整个世界变成一个合作的社会，以实现各族人民的真正友好和自由”[②]。于是，在布尔什维克党的领导下，21 个国家的政党于 1919 年 3 月在莫斯科成立了共产国际（又称“第三国际”），旨在团结工人阶级和劳动群众，推翻资本主义和帝国主义统治，确立全世界范围内的无产阶级专政，建立世界苏维埃社会主义共和国联盟，彻底消灭阶级，实现社会主义和共产主义。

作为共产国际的倡导者，列宁深刻地认识到民族解放运动与无产阶级革命运动之间的关系。在 1920 年的共产国际第二次代表大会上，列宁发表了《民族和殖民地问题》的讲话，他指出：“共产国际在民族和殖民地问题上的全部政策的主要基础应该是，使各民族和各国的无产阶级和各劳动阶级彼此接近起来，共同进行革命斗争去打倒地主和资产阶级。因为只

① 本文在论述共产国际对中华全国总工会的影响时，将赤色职工国际所做工作视为第三国际的一部分。赤色职工国际虽然是一个独立的组织，但是它在本质上受共产国际的领导，其宗旨和行动纲领也与共产国际保持高度一致，其性质可以视为共产国际领导国际工人运动工作的机构，因此本文不再做详细区分，除论及具体历史事件和工作外，一律称“共产国际”，用以指代共产国际与赤色职工国际。

② 《共产国际第一次代表大会所通过的共产国际纲领》（1919 年 3 月 4 日），（英）珍妮·德格拉斯选编、北京编译社译：《共产国际文件：第一卷（1919—1922）》，世界知识出版社，1964 年，第 23 页。

有这种统一的行动才能保证战胜资本主义，如果没有这一胜利，便不能消灭民族压迫和不平等的现象。”[①] 作为东方世界饱受帝国主义、封建主义、官僚资本主义三座大山压迫的中国，自然成为共产国际重点发展的对象。马林提议：“共产国际应该使远东的领袖们有可能在这里住上半年，听听某些共产主义课程……我们应该让东方的革命者能在这里、在俄国受到理论教育，使远东成为共产国际的一个积极成员。”[②] 基于如此认知，从1920年开始，共产国际开始与中国马克思主义者建立联系，指导推动中国工人运动的发展成为共产国际最初的主要工作。

1920年4月，东方民族处[③] 派出了一个由维经斯基率领的工作小组从俄国出发前往中国。苏联历史学家卡尔图诺娃称“国际共产主义运动同中国工人运动的接触就是这样开始的”[④]。维经斯基小组在帮助中国早期马克思主义者建立共产党组织的同时，还承担了“从组织上和思想上帮助中国无产阶级建立阶级的工人工会；宣传中国马克思主义者必须同工人建立联系的思想，了解孙中山领导的国民党的目标与任务”[⑤]。此后，工会国际联合会（即赤色职工国际前身）远东书记处派出 M. 弗罗姆贝格来到中国，与维经斯基小组协同工作。两个小组的考察使共产国际对中国工人运动的状况有了较为明确的认知，在此基础上，共产国际对中国工人运动的政策提出了许多有益的意见。

第一，重视宣传工作，推动马克思主义在工人群众中的传播。早在

---

① 《共产国际第二次代表大会所通过的关于民族和殖民地问题的提纲》（1920年7月28日），（英）珍妮·德格拉斯选编、北京编译社译：《共产国际文件：第一卷（1919—1922）》，世界知识出版社，1964年，第178页。

② 《讨论民族与殖民地问题》（1920年7月28日），中国社会科学院近代史研究室翻译室：《共产国际有关中国革命的文献资料（1919—1928）》第一辑，中国社会科学出版社，1981年，第40页。

③ 该组织隶属俄共中央西伯利亚局，定期向共产国际作详细报告。

④ A.И. 卡尔图诺娃著、马贵凡译：《对中国工人阶级的国际援助（1920—1922）》，徐正明、许俊基等译：《共产国际与中国革命——苏联学者论文选译》，四川人民出版社，1987年，第50页。

⑤ A.И. 卡尔图诺娃著、马贵凡译：《对中国工人阶级的国际援助（1920—1922）》，徐正明、许俊基等译：《共产国际与中国革命——苏联学者论文选译》，四川人民出版社，1987年，第50—51页。

1920 年上半年，维经斯基就在北京向李大钊、邓中夏等人“介绍了俄国十月革命后，苏维埃政府没收土地，把工矿、交通、银行收归国有，由工人管理等的情况。听到这些闻所未闻的事情，大家耳目为之一新。……中国和俄国有很多相似的地方。过去，中国和俄国一样落后，现在要追上去，唯一的办法，就是进行社会主义革命”[①]。

1920 年秋，上海的共产党早期组织创办《劳动界》，宣传马克思主义，唤醒工人们的阶级意识和革命意识，维经斯基还曾在杂志上以“吴廷康”笔名发表《中国的劳动者与劳农议会的俄国》一文。与此同时，维经斯基还以《生活报》记者的身份创办了俄华通讯社，专门宣传西方各国共产党的信息，并且从《共产国际》杂志上转发文章。这些工作推动了马克思主义在中国的传播，中国马克思主义者也很快掌握了工作方法，北京、广州等地也出现了由中国马克思主义者创办的工人刊物。

第二，深入工人群众，建立现代工会。共产国际的代表抵达中国后，很快发现中国马克思主义者基本上以知识分子为主、工人出身属于极少数的情况。为此，他们帮助中国马克思主义者组织了第一批现代工人工会，“建立了工人学校和培训工会运动干部的中心、工人俱乐部”[②]。随着现代工会的建立，工人阶级的斗争开始迅猛发展。正如瞿秋白所言：“中国工会运动最早发展的时期（一九二〇年到一九二三年），就由工业无产阶级的巨大斗争（如香港海员罢工、铁路罢工、矿工罢工）开辟了历史上空前的局面，甚至于使手工业者的组织和斗争都竭力附会‘信文化的’‘社会主义的’色彩。”这种新式工会和俱乐部组织，“尤其是北方的铁路工人的组织和斗争”等，“一开始便带着共产主义的色彩和影响”。

第三，选派先进分子前往苏俄学习，培养工人运动干部。维经斯基抵达中国后，对中国的工人运动进行了深入的了解，认识到中国必须有自己

---

① 项立岭：《天翻地覆三十年（第一册）》，少年儿童出版社，1984 年，第 44 页。

② A.И. 卡尔图诺娃著、马贵凡译：《对中国工人阶级的国际援助（1920—1922）》，徐正明、许俊基等译：《共产国际与中国革命——苏联学者论文选译》，四川人民出版社，1987 年，第 53 页。

的工会干部，才能长期推动中国工人运动和共产主义运动的发展。经过与列宁、共产国际、赤色职工国际沟通后，中国的共产党组织选派了许多同志前往莫斯科学习，“接受有关工人运动的理论和实践的训练，提高知识修养，学习结束后再回国从事工人运动”[①]。例如，唐山旅俄华工王德山就在杨明斋的推荐下，前往莫斯科东方劳动大学学习，王德山还和陈为人等在莫斯科东方大学学习的同学受共产国际委派，前往唐山领导工人运动。著名工运先驱邓培更是在 1922 年 1 月参加了在莫斯科举行的远东各国共产党及民族革命团体第一次代表大会，还在会上作了关于中国的工会、铁路和冶金工人罢工情况的报告，并受到列宁的接见。

二、共产国际对中国共产党及中国劳动组合书记部成立的影响

随着马克思主义在中国的影响日渐扩大，以及各地共产党组织工作的深入开展，建立统一的无产阶级政党及组织来领导中国工人运动就成为迫在眉睫却又水到渠成的事情。而在这一过程中，共产国际发挥了重要的指导推动作用。

随着维经斯基在中国工作的顺利开展，共产国际随后又派出一些人员前往中国指导中国的共产主义运动，特别是在建立各地的共产党组织方面，共产国际发挥了重要作用。据研究，1920 年 7 月，在共产国际来华人员的帮助下，上海、北京、广东等地先后建立起共产党组织[②]（见下表）。

时间	地点	共产国际人员
1920 年 7 月	上海	维廉斯基・西比利西科夫、维经斯基

① А.И.卡尔图诺娃：《赤色职工国际与中国工人运动——相互关系的历史》，苏联《亚非人民杂志》，1972 年第 1 期，唐玉良：《赤色职工国际与中国工运相互关系的初步探讨》，《中国劳动关系学院学报》，1989 年第 3 期，第 25 页。

② 杜万启：《初期红色工会国际与中国工人运动及建党的关系》，《北京党史研究》，1995 年第 5 期，第 12 页。

续 表

时间	地点	共产国际人员
1920年10月	北京	马迈耶夫
1920年秋	广东	斯托扬诺维奇、伏尔林
1921年初	广东	维经斯基（重建广东党组织）

1921年7月，中国共产党第一次全国代表大会顺利召开。在这次大会上，马林和尼科尔斯基作为共产国际和赤色职工国际的代表出席了会议。马林在会议上介绍了他在爪哇的工作经验，并强调了注意建立工人组织。尼科尔斯基把成立共产国际远东局的消息向大会作了通报，并且建议中国共产党向共产国际汇报大会情况。① 中国共产党也作出决议，阐述了中国共产党与共产国际的关系，"党中央委员会应每月向第三国际报告工作。在必要时，应派一特命全权代表前往设在伊尔库茨克的第三国际远东书记处。此外，应派代表赴远东各国，以便商讨和配合今后阶级斗争的进程"②。由此看出，中国共产党在成立之初，虽然没有明确党是共产国际的一个分部，但在工作内容上是紧密联系共产国际的。

在中国共产党第一次全国代表大会结束后，按照党的决议，成立领导工人运动的组织便是紧接着要进行的议题。1921年8月11日，中国劳动组合书记部成立。这一组织的成立也与共产国际密切相关，卡尔图诺娃指出："同中国共产党人，即驻东方民族处和后来的共产国际远东书记处以及国际工会联合会的代表，一起筹建中共未来合法机构中国劳动组合书记部和制定该部行动纲领，这是向中国工人阶级提供国际援助的一个重要阶

① 《中国共产党第一次代表大会》（一九二一年），中共中央文献研究室、中央档案馆：《建党以来重要文献选编（一九二一——一九四九）》第一册，中央文献出版社，2011年，第21页。

② 《中国共产党第一个决议》（一九二一年七月），中共中央文献研究室、中央档案馆：《建党以来重要文献选编（一九二一——一九四九）》第一册，中央文献出版社，2011年，第6页。

段。”[①] 关于中国劳动组合书记部的成立，赤色国际工会也给予了密切的关注，驻赤塔赤色职工国际的代表斯穆尔斯基曾写信较为详细地报告了中国劳动组合书记部成立的情况，兹列其中内容如下：

从7月23日到8月5日，在上海举行了中国共产党的代表大会，或者更确切地说是自称为中国共产主义者的代表大会。这次代表大会为中国共产党奠定了基础。会议的12名参加者代表了总共50个自命为共产主义者的人。

……我之所以谈到这点，仅仅是因为代表大会的工作正与我代表赤色职工国际所做的工作有关。我们通过代表大会来使全中国的职工运动最终建立起统一的（中央）组织。

共产主义者的代表大会在结束时选出了由4个人组成的中国共产党中央（临时）委员会。中国劳动组合书记部的总部主任就是其中之一。

除了上面提到的总部主任外，中国劳动组合书记部还有6位同志（共7人）。这后几人，一个是工人，一个是在工厂工作的大学生，其余都是知识分子。

中国劳动组合书记部是在8月11日建立的，并在8月16日对中国工人发表了关于自己的组织、目的等的特别宣言，这个宣言刊登在中国劳动组合书记部机关刊物《劳动者》的创刊号上。

由于中国劳动组合书记部是由中国共产党中央委员会的一名委员主持，所以党完全结合了自己的工作领导了书记部。这正如上述的，中国共产主义者代表大会上所确定的劳动组合书记部在中国共产党中央委员会的监督之下工作，而在工作中又有充分的独立性。

这是一份非常重要的史料，反映出当时共产国际对在中国共产党领导

① A.И.卡尔图诺娃著、马贵凡译：《对中国工人阶级的国际援助（1920—1922）》，徐正明、许俊基等译：《共产国际与中国革命——苏联学者论文选译》，四川人民出版社，1987年，第53页。

下建立工会组织的重视程度。斯穆尔斯基的信比较全面地介绍了中国劳动组合书记部成立的背景情况、组织情况、工作宗旨及其与党的关系，更重要的是还指出他来华的工作就是“通过代表大会来使全中国的职工运动最终建立起统一的（中央）组织”，这说明中国劳动组合书记部的建立受到了共产国际的直接影响。

中国劳动组合书记部在其宣言中指出，它“是一个要把各个劳动组合都联合起来的总机关。它的事业是要发达劳动组合，向劳动者宣传组合之必要，要联合或改组已成的劳动团体，使劳动者自有阶级的自觉，并建立中国工人们与外国工人们的密切关系”。这说明中国劳动组合书记部在共产国际的指导下，一方面明确了自身的工作内容与工作性质，另一方面也强调了它与国际工人运动之间需要保持亲密的合作关系。

在中国劳动组合书记部成立之后，共产国际认为他们已经不需要再直接从事中国工人运动的工作，于是赤色职工国际远东局停止了它在中国的单独工作，并决定“把已开辟的工作和建立的联系移交给中国劳动组合书记部”[①]，它自己则将工作重心转移到帮助其他远东国家组织工会运动中。这一方针的确立体现了共产国际对建立当地工会组织重要性的认识。与推动共产国际与各国共产党建立紧密关系的政策不同，共产国际领导工会组织时采取的原则是以建立当地工会组织、推动当地工人运动为核心，而不是以建立共产国际分支机构来取代。赤色职工国际的领导人之一 A. 洛佐夫斯基曾说：“参加共产国际代表大会和我们代表大会的中国、日本、朝鲜等国共产党代表都建议我们在上海设一个局，但我们断然拒绝了……我们很少相信那些不是来自当地运动的材料。我们需要的不是局，而仅仅是为了进行联系和报告情况的若干代表。其他一切应当由当地力量去做。如果当地工人运动不能推举出工作人员，那么建立任何局……都是没有用

① A.И. 卡尔图诺娃著、马贵凡译：《对中国工人阶级的国际援助（1920—1922）》，徐正明、许俊基等译：《共产国际与中国革命——苏联学者论文选译》，四川人民出版社，1987 年，第 57 页。

的。”[①] 此后，中国劳动组合书记部开始单独领导中国工人运动，它与共产国际及其领导下的工会组织从最初的指导关系开始向合作关系转变。

三、从中国劳动组合书记部到中华全国总工会：与共产国际的关系变化

中国共产党和中国劳动组合书记部的成立，使中国的工人运动有了明确的运动纲领和领导组织。在中国共产党和中国劳动组合书记部的领导和组织下，从 1922 年 1 月开始，中国工人运动掀起了一个高潮。

1922 年，中国共产党正式加入共产国际，但作为中国工人运动组织机构的中国劳动组合书记部并没有相应地加入赤色职工国际，双方更多地保持一种良好的互动关系，只有在必要时，赤色职工国际才会对中国工人运动进行实质性的协助。

1922 年 5 月，中国劳动组合书记部发起第一次全国劳动大会，赤色职工国际曾发出《告中国工人书》，号召中国工人和工会参加国际无产阶级的共同斗争[②]，但没有派人参加。同年，赤色职工国际召开第二次代表大会，中国派出了两名普通工人代表与会，并没有派出书记部的相关负责人出席。1924 年，赤色职工国际第三次代表大会召开，中国也仅派出了姚祖堂和王荷波参加。可见，双方保持着一种心照不宣的默契。

当中国工人运动在 1923 年二七惨案转入低潮后，赤色职工国际及时给予了相应的帮助。“消沉期中，我们的工会工作，确实困难万分……此时给予我们最苦恼的问题，就是在困苦艰难中如何组织的问题。赤色职工国际恰于此时派代表到中国，我们与他讨论的结果，于是决定以‘工厂小组’为此时组织的中心工作，就是在每个工厂的工作处，成立若干个十人

① А.И. 卡尔图诺娃著、马贵凡译：《对中国工人阶级的国际援助（1920—1922）》，徐正明、许俊基等译：《共产国际与中国革命——苏联学者论文选译》，四川人民出版社，1987 年，第 58 页。

② 唐玉良：《赤色职工国际与中国工运相互关系的初步探讨》，《中国劳动关系学院学报》，1989 年第 3 期，第 26 页。

以下的秘密小组……这个新组织路线，的确在当时收到部分的成效。”[①]这表明共产国际并没有忽视对中国工人运动实际工作的指导。

第一次工运高潮遭受挫折，暴露出中国劳动组合书记部在组织工作中的许多问题。正如其在成立宣言中所称，书记部的职能并没有呈现出强烈的工会组织的特性，而是更多地表现为“联合”的特性，它的宗旨之一就是“促成各业工人组织团体，增高工人地位，及促进工人国际联合”[②]，当工人运动遇到挫折时，它很难再次聚拢起工人组织。因此，中国共产党认为中国劳动组合书记部已经不再适合团结广大工人。“‘二七’失败以后，我们已不常用书记部的名义去做职工运动，因为我们此时最注意的是城里产业总工会，凡属某产业的职工运动即用产业总工会去做。”[③]在这样的大背景下，第二次全国劳动大会在广东召开。在这次会议上，中华全国总工会成立了，正式取代中国劳动组合书记部成为中国工人运动的领导机构，其宗旨也改为“团结全国工人，图谋工人福利”[④]。与此同时，大会决定中华全国总工会正式加入赤色职工国际，其原因在于“现在是帝国主义时代，帝国主义是整个世界的经济系统，因此无产阶级要根本推翻现在的社会经济制度，非有全世界无产阶级及一切劳苦群众的大团结不可。赤色职工国际是世界无产阶级的总组织，中国工会竭诚加入，以与全世界无产阶级共同携手，共同奋斗，完成世界革命”[⑤]。由此，中国共产党的党组织和工会组织均加入世界共产主义运动与工人运动的轨道上。

随着中国工会组织的这一变化，中华全国总工会与共产国际之间的关系也发生了转变，中华全国总工会与赤色职工国际的联系更加密切而频

① 邓中夏：《中国职工运动简史一九一九——九二六》（一九三〇年六月十九日），《邓中夏全集（下）》，人民出版社，2014年，第1444—1445页。

② 《中国劳动组合书记部章程》，《工人周刊》第52期，1922年9月17日，第4版。

③ 邓中夏：《中国职工运动简史一九一九——九二六》（一九三〇年六月十九日），《邓中夏全集（下）》，人民出版社，2014年，第1469页。

④ 邓中夏：《中国职工运动简史一九一九——九二六》（一九三〇年六月十九日），《邓中夏全集（下）》，人民出版社，2014年，第1485页。

⑤ 邓中夏：《中国职工运动简史一九一九——九二六》（一九三〇年六月十九日），《邓中夏全集（下）》，人民出版社，2014年，第1488页。

繁。赤色职工国际专门派出代表出席第二次全国劳动大会，并且发表了演说，此后的第三次、第四次全国劳动大会，赤色职工国际也都专门出席了大会。在第四次全国劳动大会上，赤色职工国际的领导人之一 A. 洛佐夫斯基还作了有关国际职工运动的报告。作为互动，中华全国总工会也提升了参加赤色职工国际代表大会的规格，与前两次派出“名不见经传”的代表不同，1928 年召开的赤色职工国际代表大会上，派出了以中华全国总工会主席苏兆征为团长的代表团。

除了这种互动，中华全国总工会成立之后，共产国际方面还多次直接援助中国工人运动。在五卅运动期间，共产国际在国际上发起募捐，援助罢工活动。而在中华全国总工会加入赤色职工国际后，双方的组织关系也从对等地位变为上下级领导关系。1925 年 8 月，中华全国总工会成立 3 个月后，中华全国总工会执行委员长林伟民与宣传部部长邓中夏便向赤色职工国际中央执行委员会进行了工作报告[①]。

1919 年到 1925 年，是中国工人运动大发展的时期，也是中国工会组织的大发展时期。这一时期，中国工会的发展与共产国际的援助有着密切关系。正是因为有了共产国际的援助这个外部推动力，中国工会才能在群众基础尚不够坚实的基础上开展领导工人运动的工作。大革命失败后，中国革命开始探寻中国特色发展道路，中国工会也逐渐摆脱了共产国际的影响，走上了独立自主的发展道路，这是一种历史的必然，也是在吸收共产国际成功经验之后的新的成长。

---

① 《中华全国总工会致赤色职工国际函》（1925 年 8 月），中华全国总工会中国职工运动史研究室：《中国工会历史文献 1（1921.7—1927.7）》，工人出版社，1958 年，第 114—115 页。

中央苏区工会的历史贡献

⊙谢 锐*

一、中央苏区工会的产生

中国工人阶级产生之初深受帝国主义、封建主义和资本主义三重压迫，经济地位、政治地位低，生活悲惨。1921 年 7 月，中国共产党第一次全国代表大会在上海法租界望志路 106 号（今兴业路 76 号）开幕，宣告中国共产党正式成立，从此中国共产党作为工人阶级的政党，领导中国工人运动正式登上历史舞台。同年 8 月，中国劳动组合书记部成立，是全国第一个公开做职工运动的总机关。中国劳动组合书记部出版《劳动周刊》，举办工人学校，组织产业工会，开展罢工斗争。党在工人群体中和整个社会上的政治影响日益扩大。[①] 1925 年 5 月 1 日，第二次全国劳动大会在广州召开，宣告中华全国总工会成立，全国工会在政治上和组织上正式实现了团结和统一。正当大革命运动蓬勃发展的时候，国民党右派背叛了革命，于 1927 年春大肆向革命群众进攻，血腥屠杀共产党人，镇压工农群众运动，中国共产党领导的工人运动重心逐步从城市转向农村。八七会议召开后，在中国共产党的领导下，闽西、赣南地区多地先后爆发了工农武装暴动，为中央革命根据地的建立及中央苏区工人运动的蓬勃发展奠

---

* ［作者单位］福建省龙岩市总工会中央苏区工人运动史馆。

① 本书编写组：《中国共产党简史》，人民出版社、中共党史出版社，2021 年，第 13—17 页。

定了坚实的基础。

苏区工会随着革命根据地的建立而产生，随着革命根据地的扩大而发展。1929 年 3 月，毛泽东、朱德、陈毅率领红四军攻下福建长汀，在红军协助下，成立苏区第一个总工会——长汀县总工会[①]。1930 年 2 月，中共闽西特委第二次扩大会议通过了《关于工人运动的决议案》，强调“赤色区域各业工会要尽快发展”。到 1930 年夏，闽西苏区各县都恢复或重建了总工会及下属各业工会，共有会员 15000 余人，成立了闽西总工会筹备处。同年 7 月，闽西苏维埃政府颁布了《工会组织法》，11 月在龙岩召开了闽西苏区第一次工人代表大会，正式成立了闽西总工会。与此同时，赣西南苏区工会组织也纷纷建立。到 1930 年 2 月，赣西南苏维埃区域共有 31 个县，其中 25 个县建立了总工会，其余各县也建立了一些行业和集镇工会；8 月，建立了赣西南总工会筹备处；9 月，在吉安富田村召开赣西南苏区第一次工人代表大会，正式成立了赣西南总工会。[②] 1931 年 3 月，中华全国总工会苏区执行局在吉安富田正式成立，使苏区工会运动开始有了统一的组织领导，标志着苏区工会运动走上新的发展道路。

二、中央苏区工会的发展

1930 年 6 月，中央革命根据地正式形成。第三次反围剿胜利后，中央苏区得到扩大和巩固。随着中华苏维埃共和国的成立和中华全国总工会的迁入，中央苏区工会迎来了迅速发展。

（一）中央苏区工会组织领导体系正式形成

1931 年 11 月 7 日，中华苏维埃第一次全国代表大会在瑞金召开，宣

---

① 福建省地方志编纂委员会：《福建省志：工人运动志》，方志出版社，2001 年，第 7 页。

② 李玉赋：《新编中国工人运动史（修订版）》，中国工人出版社，2020 年，第 152—154 页。

告中华苏维埃共和国临时中央政府成立。在这一历史性的新局势面前，中华全国总工会苏区执行局担负的主要任务是：领导全苏区工人阶级，拥护临时中央政府，巩固苏维埃政权，扩大红军，以保障工人阶级的利益和权利，建立群众的阶级工会，巩固工会的群众领导地位，争取全中国苏维埃的胜利和工人阶级的解放。① 1932 年 2 月 7 日，闽赣两省工人代表大会召开，选举产生了闽赣两省职工联合会执行委员会。随后，福建省职工联合会、江西省职工联合会正式成立。

1932 年底，中华全国总工会迁入中央苏区。1933 年初，中华全国总工会同中华全国总工会苏区执行局合并，正式更名为“中华全国总工会苏区中央执行局”，刘少奇任委员长，陈云任党团书记。中华全国总工会苏区中央执行局成立后，竭力排除“左”倾路线对工会组织建设的干扰，健全和完善中央苏区各级工会组织，壮大了工会的队伍，使工会组织在巩固苏维埃政权中起到了支柱作用。② 至此，从中央到各省再到各县、区、乡工会的中央苏区工会组织领导体系正式形成，这一工会组织领导体系至今仍在沿用。

（二）五大产业工会的建立

在中华全国总工会迁入中央苏区之前，中央苏区各级工会组织只有地方职工会的联合，没有系统的产业工会。中华全国总工会迁入中央苏区后，委员长刘少奇凭借多年领导工人运动的经验，结合中央苏区工人运动特点建立了五大产业工会。1933 年 4 月 1 日至 7 日，中华全国总工会苏区中央执行局领导召开中国农业工人第一次代表大会，通过了《中国农业工人工会章程》和农业工人的经济斗争纲领，确定了农业工会的各项工作。1933 年 5 月 1 日，中国店员手艺工人第一次全国代表大会在瑞金开

① 中央苏区工运史征编协作小组：《中央革命根据地工人运动史》，改革出版社，1989 年，第 26 页。

② 中央苏区工运史征编协作小组：《中央革命根据地工人运动史》，改革出版社，1989 年，第 28 页。

幕，宣告成立中国店员手艺工人工会。1933 年 7 月 1 日，中国纸业工人工会正式成立。1933 年 9 月 1 日，中国苦力运输工人第一次代表大会召开，除制定了苦力运输工人的经济斗争纲领外，还动员苦力运输工人坚决响应“创造一百万铁的红军”的号召。1934 年 7 月，国家企业职工工会成立，加强了国家企业中的工会工作，教育工人用新的态度对待新的劳动，促进了国家企业的生产。①

中央苏区五大产业工会的建立对发展中央苏区生产、繁荣中央苏区经济、冲破敌人的军事围剿和经济封锁、搞好中央苏区建设发挥了巨大的作用。

三、中央苏区工会的历史贡献

1934 年 1 月，毛泽东在中华苏维埃第二次全国工农兵代表大会的报告中对中央苏区工会给予了高度评价：“苏区工人是组织了坚强的阶级工会，这种工会是苏维埃政权的柱石，是保护职工利益的堡垒，同时，它又成为广大工人群众学习共产主义的学校。”② 毛泽东对中央苏区工会的评价充分肯定了中央苏区工会的历史贡献。

（一）积极参与苏维埃政权建设

与当时的白区不同，中央苏区的政权是由工农组成的苏维埃民主政权，是在中国共产党领导下依靠广大工农群众的支持而建立发展起来的。这也决定了苏区工会和白区工会的本质区别。苏区工会建立后，积极组织工人参加苏维埃政权建设，使中央苏区工会成为苏维埃政权的柱石。

从 1931 年 10 月到 1934 年 1 月，中央苏区各级苏维埃政府开展了多

---

① 中央苏区工运史征编协作小组：《中央革命根据地工人运动史》，改革出版社，1989 年，第 29—32 页。

② 中央苏区工运史征编协作小组：《中央革命根据地工人运动史》，改革出版社，1989 年，第 4 页。

次民主选举活动，每一次选举都得到同一级工会的支持，工人群众认真选举有威信、有能力、有热情为人民办事的优秀工人当代表。为保证工人阶级在苏维埃政权中占领导地位，工会与苏维埃政府协议规定，采取从13名工人及家属中选举1名代表的比例推选工人代表名额。由于工会在选举中发挥了柱石作用，历次选举保证了各级红色政权都有一定数量的工人参加管理。1932年2月，闽赣两省工人代表大会作出的《职工会在苏维埃的任务决议案》，明确规定各级工会要"拥护和巩固苏维埃政权，扩大苏维埃区域，吸引积极分子参加苏维埃与红军的领导，使工会成为苏维埃的柱石，准备由现时民主革命转变为社会主义革命的前提"①。在《组织问题决议案》中，详细提出了职工会应领导工人帮助苏维埃推行一切法令政策，协助苏维埃开展选举运动，提拔优秀工人参加苏维埃的领导工作，使苏维埃成为强有力的工农政权。为此，中华全国总工会苏区执行局领导苏区工人开展了为时两个月的"拥护全苏大会和临时中央政府"群众运动，并举办短期训练班，挑选工会工作人员和工人积极分子接受训练，以适应红色政权建设的需要。据1934年3月中华全国总工会给赤色职工国际的报告称，一年来，仅中央苏区各级工会就为党政机关和其他群众团体输送了近万名干部。②

（二）积极参加苏维埃经济建设

国民党对中央苏区进行军事围剿的同时，实行经济封锁，企图扼杀苏维埃政权。中央苏区各级工会组织动员广大职工群众采取各种方式积极参加经济建设，工会组织在各方面成为中央苏区经济建设的主力军。

1. 发展合作社运动。在苏维埃政府领导下，中央苏区工会广泛动员工人在自愿互利的基础上，自筹资金，集体经营，民主管理，自行分配，发展生产，开展合作社运动。中央苏区合作社运动的开展不仅恢复和发展了

---

① 中央苏区工运史征编协作小组：《中央革命根据地工人运动史》，改革出版社，1989年，第88页。

② 李玉赋：《新编中国工人运动史（修订版）》，中国工人出版社，2020年，第163页。

手工业生产，调节了市场，安置了工人，而且促进了农业生产的发展，同时为苏区培养造就了更多的经济建设人才，为苏维埃经济建设作出了巨大的贡献。

2. 创建中央苏区国营工厂。在中央苏区，农民的小商品经济占绝对优势，几乎没有现代化的机器工业，只有少数小城镇出现了规模较小的资本主义工业。这种工业状况显然难以适应大规模的革命战争和人民群众日常生活的需要，因此苏区工会组织在中国共产党和苏维埃政府领导下，积极投入发展苏区经济建设，发动工人群众建立和发展苏区的公营企业。到1934年2月，中央苏区的苏维埃工厂已有33个。这些国营工厂的发展、巩固与生产的提高，对革命战争具有重要的直接影响。

3. 开展劳动生产竞赛。1933年8月，苏区各厂矿企业开展了厂与厂、车间与车间、班组与班组、个人与个人之间的劳动竞赛，提出了比数量、比质量、比成本等内容的竞赛目标，按时评比，表彰先进，评选模范，对超额完成生产任务的给予精神和物质奖励。[①]苏维埃企业中的工会加强对生产竞赛的组织领导，不仅提出了增加生产、节约材料、改良技术、遵守劳动纪律等方面的要求，还组织了生产突击队攻克难点。劳动竞赛热火朝天，生产纪录不断刷新，革新成果大量涌现。

4. 创建惩治贪腐的“工会轻骑队”。为了惩治国有企业干部贪腐问题，刘少奇从工会中精心挑选出一些思想品质过硬、办事公道、头脑反应快的工人组成一个清查小组，并称为“工会轻骑队”。刘少奇亲自带领这支“工会轻骑队”深入中央造币厂、中央印刷厂、军委印刷所等企业，广泛发动群众，共同查找问题，共查出中华苏维埃共和国临时中央直属工厂及省、县企业贪污浪费案20多起，有效遏制了中央苏区企业的贪污腐化之风，保障了中央苏区经济的平稳发展。

① 中央苏区工运史征编协作小组：《中央革命根据地工人运动史》，改革出版社，1989年，第80页。

（三）积极参军参战保卫苏维埃政权

动员和组织工人参加和支援革命战争，是苏区工会的首要任务。1932年2月，闽赣两省工人代表大会通过《扩大并拥护红军问题决议案》，强调了扩大红军是“苏维埃工会运动的实际任务”，要求工会“广泛动员工人群众，拥护红军，参加红军，是职工会经常的中心工作”。1932年2月至1934年9月，在猛烈的扩大红军运动中，苏区工会在“创造一百万铁的红军”和“加强红军中无产阶级骨干”的口号下，普遍开展了征调会员加入红军的革命竞赛和突击活动。在红军的新战士中，工会会员平均超过了20%以上。[①] 据中央苏区的长汀、宁化、上杭、兴国等12个县的统计，到1933年底，参加红军和游击队的工会会员达到19960人，占会员总数的28%。到第五次反围剿战争的紧急关头，中央苏区大约有半数以上工会会员参加了正规红军和游击队。[②] 1933年8月，中国军史上一支奇特的部队——中国工农红军中央警卫师（工人师）成立了。工人师清一色由工人组成，上至最高首长、师长、政委，下至普通士兵，都是工人，工人师的成立在历史上是新的一页，表达了中国工人阶级对中国革命事业的无限忠心和热爱，显示了工人阶级的崇高品质、雄伟气概和革命必胜的信心。中央苏区各级工会围绕“一切为了革命战争”这个中心任务，组织与动员广大工人参军参战，对创建和保卫中央革命根据地作出了巨大的贡献。

（四）积极探索创新苏区工会工作

中央苏区工会是在中国共产党领导的苏维埃人民政权中新开辟的一个崭新的工人运动领域。苏区工会积极探索创新工会工作，不仅为土地革命战争的胜利作出了重要历史贡献，还为新中国成立后工会工作的新局面提

---

① 中央苏区工运史征编协作小组：《中央革命根据地工人运动史》，改革出版社，1989年，第56—60页。

② 李玉赋：《新编中国工人运动史（修订版）》，中国工人出版社，2020年，第165页。

供了模板。

1. 创建了最早的政府与工会联席会议制度。1929 年 7 月，毛泽东在上杭县蛟洋镇指导召开了中共闽西第一次代表大会，会上通过的《中共闽西第一次代表大会决议案之苏维埃政权决议案》指出了苏维埃与职工会的关系："苏维埃应和职工会建立正确的关系，所有派往苏维埃的代表，关于苏维埃的行为，应对工会有经常的报告。同时关于工会行为，亦应在苏维埃中作有系统的报告。凡工会与苏维埃一切的纠纷，应由企业中派代表所举行之特种会议解决之，凡涉及工人阶级根本利益的一切法律和处置，应预先会同该地职工运动之指导机关讨论之。"[①] 明确提出苏维埃政府与工会须定期举办联席会议，创建了最早的政府与工会联席会议制度。时至今日，这一制度还在执行。

2. 创建了第一部劳动法规。1929 年 10 月上杭县第一次工农兵代表大会通过的《劳动问题》提案和 1930 年 2 月永定县第二次工农兵代表大会通过的《保护劳动法》是中央苏区最早的劳动法规。1931 年 11 月，中华工农兵苏维埃第一次全国代表大会通过了《中华苏维埃共和国劳动法》，确立了工会的法律地位及其职责范围，在法律层面保障了工人权利，维护了工人经济利益。中央苏区各项劳动法规的制定为中华人民共和国《工会法》《劳动法》的制定奠定了基础。

3. 创建了最早的工资集体协商机制。针对《中华苏维埃共和国劳动法》实施过程中"左"的错误倾向，1933 年 6 月至 7 月，时任中华全国总工会苏区中央执行局副委员长、党团书记的陈云深入汀州基层工会调研劳资关系，并在福建省职工联合会旧址召开工人代表座谈会，指导工会组织工人与老板友好协商，签订新的有弹性的劳动合同，并于 7 月 2 日发表《怎样签订劳动合同》，提出工人薪资福利应由工人、工会、资方共同协商确定，既维护了工人阶级的利益，又调动了资方人员的积极性，有效解决了工人与资方的纠纷，进一步繁荣了苏区经济，为苏区工运工作指明了前

① 中央苏区工运史征编协作小组：《中央革命根据地工人运动史》，改革出版社，1989 年，第 93 页。

进方向，是最早的工资集体协商机制。

4. 创建了工人参加国有企业管理“三人团”。1934年春，时任中华全国总工会苏区中央执行局委员长的刘少奇对企业管理问题经过调研后，提出了工人参加民主企业管理，协调工人与厂长、工会与厂长的关系的意见，明确了改革苏区工业企业领导制度的具体办法，提出了由厂长负责、工会委员长与党支部书记共同参与的管理委员会的“三人团”管理制，成为苏区红色政权诞生后的一个伟大创举和企业管理上行之有效的变革，至今仍在各国有、公有企业中沿用。

以闽西、赣南为中心的中央苏区工人运动是中国工人运动的重要实践。中央苏区工会自觉接受党的领导，服从服务党的全局工作，是苏维埃政权的柱石，是保护工人利益的堡垒，同时它又成为工人群众学习共产主义的学校，为革命战争的发展和革命根据地的巩固作出了突出贡献，为中国工会的发展壮大奠定了坚实基础，为中国特色社会主义工会发展道路的形成积累了宝贵的历史经验。

中国共产党党团制度与新民主主义革命时期的工人运动

⊙马思宇*

在中国百年工人运动史上，中国共产党始终扮演着决策、动员、整合、推动的核心角色，是国家治理的中坚力量。而党组制度是中国共产党区别于世界上大多数政党的独特制度，是处理党与工人运动关系的制度依托，在革命、建设和改革过程中发挥了重要作用。中国共产党自建党之初，便已开始探索以党团制度引领党外组织与革命运动的发展。1945 年的中国共产党第七次全国代表大会将党团制度更名为党组制度。考察党团制度是理解党组制度政治定位、组织特征以及制度理路的重要方法。

党团本是指中国共产党在一切党外政权与群众组织中进行组织活动的秘密机关。围绕它而衍生出的一整套渗透、整合、领导党外组织乃至其活动的组织作用和行动规则，应被归纳为党团制度。党团制度是党团组织、党团活动与党团作用的集合。1927 年的《中国共产党第三次修正章程决案》规定："所有一切非党群众会议及执行的机关（国民党，国民政府，工会，农民协会等）中，有党员三人以上，均须组织党团，党团的目的是在各方面加紧党的影响，而实行党的政策于非党的群众中。"[①] 青年团亦有类似党团的团组制度，二者在组织形式、活动方法等方面几近一致。很多

---

* ［作者单位］南开大学历史学院。

① 《中国共产党第三次修正章程决案》，中央档案馆：《中共中央文件选集（一九二七）》第三册，中共中央党校出版社，1989 年，第 153 页。

地区的党员和团员在群众组织中合组党团。①

学界关于党团制度的研究，多以党组为核心考察，研究方法上多从文本规定出发，关切中央的组织设计及调整，忽视党团内在制度演变与历史情境的互动关系，且对各地党团发展的具体情形语焉不详。②

一、党团制度的移植与工人运动的起步

列宁对党团制度加以改造和延展，重新定义党团的地位与作用。19世纪末20世纪初的西欧社会主义政党普遍受议会政治的影响，欧洲各社会民主党的重要决策都是由议会党团或需议会党团参加来决定。党实际上是议会党团的附属品和服役者。③俄国杜马中的社会民主工党党团也是如此。列宁则转变党团意涵，强调党团对党的隶属关系。1907年，列宁在俄国社会民主工党第五次代表大会上系统性阐述议会党团的工作方针、工作流程、隶属关系，强调“把作为我们党的一个组织的社会民主党杜马党团的批评、宣传、鼓动和组织的作用提到首位”。他还创造性地提出，应把党团推广至杜马以外的非党组织。④列宁认为，杜马中的党团“向真正的党组织转变”，其核心就是“从无党性走向党性”。“党性”的增强“空前广泛地伸展自己的触角”，并通过杜马、工会、合作社和文化教育团体扩大影响。⑤

① 下文为叙述方便，将党团和团组统称为党团。关于党团和团组的早期制度设计及实践，参见笔者拙作《无形与有形：中共早期党团研究》，《中共党史研究》，2017年第2期。

② 胡德平：《中国共产党党组政治研究》，复旦大学2014年博士论文；王亚红：《中共党组制的制度渊源探析——中共党组制产生以前的党团制度考察》，《学理论》，2013年36期；廉晓红：《中国共产党党组制度的历史考察》，中共中央党校2019年博士论文。

③ 徐昕：《论列宁新型政党理论的形成》，华中师范学院科学社会主义研究所：《科学社会主义教学参考资料》第三集，华中师范学院科学社会主义研究所，1982年，第26页。

④ 《俄国社会民主工党第五次（伦敦）代表大会》（1907年5月13日—6月1日），中共中央马克思、恩格斯、列宁、斯大林著作编译局译：《苏联共产党代表大会、代表会议和中央全会决议汇编（第一分册）》，人民出版社，1964年，第197—200页、第202页。

⑤ 《走上康庄大道》（1908年3月19日—4月1日），《列宁论工会》，工人出版社，1953年，第311—312页。

中国共产党较早师法苏俄，学习党团制度，并将其与工人运动结合起来。从理论上看，党团既是党与工会的重要连接，也是二者之间的必要区别。作为无产阶级的政党，中国共产党的基本任务就是成立产业工会。一方面，党与工会同为无产阶级的组织，有着天然的密切关系。中国共产党必须领导工会，工会必须跟随中国共产党。但党不是单纯的工人组织，而是领导各个群体的总机关。中国共产党还要在“一切的劳动团体”中组织强有力的团体，即便是行会、俱乐部、工人学校，中国共产党也要进去活动，组织小团体。① 所以，党需要党团作为党与工会之间的媒介。另一方面，党和工会也需要与党团加以区分。中国共产党第二次全国代表大会规定，共产党之于工会，犹如“先锋”之于“军队”、“头脑”之于“身体”，中国共产党集中而有觉悟，工会松散而需教育。中国共产党必须对工会加以政治教育，确保工会的政治路线正确。必要时，还须对旧式工会加以改组。②

早在京汉铁路大罢工中，就有了中共党团的身影。张昆弟等党团成员在石家庄正太铁路工人中组织工会，并在其中建立党团。张昆弟任党团书记，直属书记部领导。1922 年 10 月，在党团领导下，正太铁路工会向路局提出九项要求，路局延宕经月，没有下文，于是工会决定进行罢工斗争。罢工前，张昆弟从石家庄来到唐山找罗章龙，提出帮助罢工的请求。于是，罗章龙带领张隐韬、吴先瑞前往石家庄。张隐韬熟稔军事训练，负责武装纠察队的工作。吴先瑞领导过罢工斗争，有相当丰富的经验。几名党员来到石家庄后，立即召开了党团会议，讨论解决三个问题：大家分析了罢工的准备情况，认为时机成熟，可以罢工；讨论加强宣传组织工作；敲定罢工日期，正式向全体工人宣布罢工命令。③

1922 年 12 月 15 日，在工会党团等领导下，正太铁路工人举行了第

① 《关于“工会运动与共产党”的议决案》，中央档案馆：《中共中央文件选集（一九二一—一九二五）》第一册，中共中央党校出版社，1989 年，第 80—81 页。

② 《中国共产党第一个决议》，中央档案馆：《中共中央文件选集（一九二一—一九二五）》第一册，中共中央党校出版社，1989 年，第 6 页。

③ 罗章龙：《椿园载记》，生活·读书·新知三联书店，1984 年，第 232 页。

一次大罢工。罢工委员会发出正式罢工宣言，要求路局履行工人所提的九项要求。正太铁路工人在中国共产党的领导下，态度十分坚决，各地路局也纷纷来电表示声援。唐山京奉铁路职工总会、津浦铁路工会、汉冶萍总工会、京汉铁路长辛店工人俱乐部以及筹备中的全国铁路总工会筹备委员会等都给予来电和实物支援。①

1923年1月，中共北方区委召开会议，总结北方铁路、矿山罢工的经验与教训，并决定今后的斗争方向。会议认为过去罢工多偏重于经济斗争，要求以后各条铁路多组织政治斗争，在斗争中应提出反对帝国主义、反对军阀、争取组织工会的自由权利等，把政治斗争口号放在首位。原则既定，便开始规划具体方案——当前的主要工作就是积极成立铁路总工会，决定2月初在郑州公开成立京汉铁路总工会。以曹锟、吴佩孚为首的北洋当局听闻工会筹备消息，惊恐万分，调集军警达2万人。②

京汉铁路总工会党团负责筹备总工会的成立，并为应对紧急情况召开了会议。会议召集人为党团书记罗章龙，党团成员包括北京、郑州、武汉三处党员，有王仲一、史文彬、许白昊、林育南、李震瀛、项德龙、吴汝铭、李求实、康景星、葛树贵等，党团办事处设在钱塘里某号。会议讨论决定派史文彬等五位代表，面见吴佩孚。吴佩孚表面上支持工人，但并不真正支持成立总工会。1923年1月31日晚，赴洛阳代表回到郑州，在党团会议上报告与吴佩孚谈判的经过。经讨论，会议决定必要时以举行京汉铁路全路政治罢工来争取工人自由权，不达目的誓不中止，按原定计划举行成立大会。③

1923年2月1日下午，军警强迫工会工作人员离境，代表驻地亦被军警监视，总工会会址也被军警霸占，不许工人进出，文件悉被捣毁。当晚，京汉铁路总工会党团召集各处代表举行全体会议，谴责吴佩孚摧残工会。在党团同意下，代表们决定进行政治罢工，并决定成立罢工委员会，

① 罗章龙:《椿园载记》，生活·读书·新知三联书店，1984年，第232—234页。

② 罗章龙:《椿园载记》，生活·读书·新知三联书店，1984年，第240页、第243页。

③ 罗章龙:《椿园载记》，生活·读书·新知三联书店，1984年，第244页。

统一指挥全路罢工行动，当即通过一项决议和罢工宣言。罢工委员会的公开司令部是京汉铁路总工会，决策指挥机构是中共京汉铁路党团。由中共北方区委及中国劳动组合书记部负责人罗章龙、中共京汉铁路总工会支部负责人史文彬、中共北方区工委负责人王仲一三人组成领导小组。为了迷惑敌人，不致引人注目，决定将京汉铁路总工会迁至汉口，作为实际指挥机构的中共京汉铁路党团则移往北京，驻守北段，通过全路电讯系统调动机车，指挥全路统一行动。党团书记罗章龙前往长沙、汉口等地，协调各地工会。①

二、大革命时期党团制度与工人运动的蓬勃发展

随着中共党员队伍规模日益扩大，党团实践探索日益成熟，加之共产国际的指导，党团的相关规章制度日益完善。1925 年 1 月中国共产党第四次全国代表大会通过的《对于组织问题之议决案》、1925 年 8 月中共中央发出的第五十三号通告、1926 年 7 月的《中国共产党与国民党关系问题议决案》陆续对党团的性质、作用、设置范围、具体任务等方面加以规定。②1926 年底，共产国际通过决议，指示中国共产党必须巩固工会、农会等组织的党团。③1927 年 4 月至 5 月，中国共产党第五次全国代表大会召开，

---

① 罗章龙：《椿园载记》，生活·读书·新知三联书店，1984 年，第 247 页。

② 《对于组织问题之议决案》（1925 年 1 月），中央档案馆：《中共中央文件选集（一九二一—一九二五）》第一册，中共中央党校出版社，1989 年，第 381 页；《中央通告第五十三号——介绍新党员之变通办法，各团体中党团的组织与任务》（1925 年 8 月 31 日），中央档案馆：《中共中央文件选集（一九二一—一九二五）》第一册，中共中央党校出版社，1989 年，第 450 页；《中国共产党与国民党关系问题议决案》（1926 年 7 月），中央档案馆：《中共中央文件选集（一九二六）》第二册，中共中央党校出版社，1989 年，第 132 页。

③ 《共产国际执行委员会第七次扩大全体会议关于中国问题决议案》（1926 年 11 月底），中央档案馆：《中共中央文件选集（一九二六）》第二册，中共中央党校出版社，1989 年，第 681 页。

贯彻共产国际决议精神。[①]1927 年 6 月，中共中央政治局召开会议，通过了《中国共产党第三次修正章程决案》，在党章中加入党团等方面内容。相较于 1917 年俄共（布）第八次代表大会和 1926 年俄共（布）第十四次代表大会的党章，1927 的《中国共产党第三次修正章程决案》党团部分与 1922 年俄共（布）第十二次代表大会修订党章的内容更为接近。[②] 1927 年的《中国共产党第三次修正章程决案》第一次明确规定了党团的性质、作用、组织方法、隶属关系、活动规范和纪律惩处等；在党员三人以上的非党组织中均须组织党团；党团隶属于各级党委，内部可设干事会，事先讨论非党组织的重要问题。[③]

中国共产党和青年团派党员和团员渗透进群众组织之中，发挥组织和宣传作用。天津地区历来受到军阀压迫，人民思想保守、文化落后，天津的党组织和团组织发起和参与多个职业团体、学术团体，组织国民会议促成会，“参加者很多，感情亦极和洽”。党员和团员在文书、宣传、交际各科占重要位置。“一切文件，也出自我们之手”，在石家庄、唐山等地也产

① 《中国共产党接受〈共产国际执行委员会第七次扩大全体会议关于中国问题决议案〉之决议》，中央档案馆：《中共中央文件选集（一九二七）》第三册，中共中央党校出版社，1989 年，第 47 页。

② 总体而言，俄国共产党（布尔什维克）三个版本党章的党团内容并无太大变化，仅增减或调整个别语句。1917 年俄共（布）第八次代表大会的党章第六十四条提出“一经党团申请，党委员会即应派自己的代表出席”，1927 年的《中国共产党第三次修正章程决案》相对应的第七十七条并无该句。1926 年俄共（布）第十四次代表大会修订的党章第一百条提出“党外机关中的党团不直接和下设机关的党团发生关系。如果某党团有必要按党的系统贯彻自己的决议，应通过各该级的党委员会（由党委员会书记和党团委员会委员签字）”。1927 年的《中国共产党第三次修正章程决案》没有该句。《俄国共产党（布尔什维克）章程》，中共中央马克思、恩格斯、列宁、斯大林著作编译局译：《苏联共产党代表大会、代表会议和中央全会决议汇编（第一分册）》，人民出版社，1964 年，第 599—600 页；《俄国共产党（布尔什维克）章程》，中共中央马克思、恩格斯、列宁、斯大林著作编译局译：《苏联共产党代表大会、代表会议和中央全会决议汇编（第二分册）》，人民出版社，1964 年，第 228—229 页；《全苏联共产党（布尔什维克）党章》，中共中央马克思、恩格斯、列宁、斯大林著作编译局译：《苏联共产党代表大会、代表会议和中央全会决议汇编（第三分册）》，人民出版社，1964 年，第 153—154 页。

③ 《中国共产党第三次修正章程决案》，中央档案馆：《中共中央文件选集（一九二七）》第三册，中共中央党校出版社，1989 年，第 153—154 页。

生影响。[①]天津的各界联合会和学生联合会中的党员与团员合组党团，随时发起党团会议，沟通联络，指挥活动，“大会的主张都是我们的主张”[②]，工人、大部分市民及学生可以在党的指挥下活动。[③]在天津党组织和团组织的推动下，天津群众得以接触更多的进步思想。

为实现自身的“无产阶级化”，青年团自成立之初，便号召开展青年工人运动，但进展甚缓。1925 年 1 月，团湖南区委感慨过去组织的青工运动实在太少，“非努力于青工运动，实危险于本团之根本立场”[④]。湖北方面亦有同感。[⑤]经过五卅运动的大规模动员，情况有所好转。绍兴则有绍兴市民大会、绍兴店员联合会、绍兴印刷工人联合会、绍兴青年工人互助会。[⑥]武汉等地的团地委对动员青年工人的工作仍不满意。[⑦]团绍兴地委以相似方式领导绍兴店员联合会、绍兴印刷工人联合会、绍兴青年工人互助

---

① 《津地实际工作报告》(1925 年初)，中央档案馆、河北省档案馆：《河北革命历史文件汇集》甲 1，中央档案馆、河北省档案馆，1997 年，第 221 页。

② 《李志新关于组织与天津学联情况致钟英的信》(1925 年 8 月 12 日)，中央档案馆、河北省档案馆：《河北革命历史文件汇集》甲 1，中央档案馆、河北省档案馆，1997 年，第 291—292 页。

③ 《田锦报告（特别的）——政治民众团的教育和组织发展等情况》(1926 年 1 月 4 日)，中央档案馆、河北省档案馆：《河北革命历史文件汇集》甲 1，中央档案馆、河北省档案馆，1997 年，第 438 页。

④ 《团湖南区委兼长沙地委关于长地青年农工运动的报告——活动状况、组织、教育及宣传》(1925 年 1 月 15 日)，湖南革命文化史料征编领导小组、湖南省文化厅史志办公室：《湖南革命文化历史文献汇编（第一辑）1917—1927》，湖南革命文化史料征编领导小组、湖南省文化厅史志办公室，1992 年，第 119 页。

⑤ 《黄镜、子芬致团中央信——报告一月份组织情况》(1926 年 1 月 31 日)，中央档案馆、湖北省档案馆：《湖北革命历史文件汇编（群团文件）一九二五年——一九二六年》，中央档案馆、湖北省档案馆，1983 年，第 240 页。

⑥ 《绍兴团关于参加各界联合会活动情况的报告》(1925 年)，中央档案馆、浙江省档案馆：《浙江革命历史文件汇集（群团文件）一九二二年——一九二六年》，中央档案馆、浙江省档案馆，1985 年，第 286 页。

⑦ 《求实致鄂弟信——关于湖北团组织、宣传、学生运动、经济斗争、青年团体等工作的意见》(1926 年 3 月 10 日)，中央档案馆、湖北省档案馆：《湖北革命历史文件汇编（群团文件）一九二五年——一九二六年》，中央档案馆、湖北省档案馆，1983 年，第 260 页。

会等群众组织。[1] 团武昌地委则掌握武昌电话工人俱乐部和工人互助友谊会两个群众组织。[2] 各地党组织和团组织发挥党团作用，组织群众团体，成功把群众运动引向高潮。

灰色组织是共产党和青年团打开青年工人工作局面的切入点。灰色组织的组织形式较为灵活，或仿照当地传统地缘团体，或加入其中加以领导，因此往往内部松散、成员混杂，人数少而团体数量多。曾有团员讨论灰色组织的必要性和可行性：青年工人不愿与成年者相处，只有组织青年工人俱乐部，投其所好，才能吸引其加入。青年学生，也是如此。学生文化水平一般，并无革命要求，“所谓主义，更属渺茫”，但写小说、新诗的浪漫思想非常浓厚。所以不得不利用灰色组织加以拉拢，否则无从下手。[3]

截至 1927 年 6 月，中国共产党已有中华全国总工会党团干事会、全国农民协会临时党团、中华全国学生总会党团、中华全国济难总会党团、中华全国铁路总工会党团等众多全国性团体组织的党团。[4] 工会中党团数量众多，有上海总工会党团、印刷总工会党团、上海手工业总工会党团、上海店员总工会党团、上海邮电工会党团、上海海员工会党团。[5] 这些工会在工人运动中发挥着重要作用。

除去日常管理工人的工会组织外，专门领导工人运动的组织中也设有党团。省港罢工委员会党团是其中的典型代表。1925 年 5 月 30 日，上海租界巡捕房向示威群众开枪射击，造成多名学生和市民死伤，由此引发了

---

① 《绍兴团关于参加各界联合会活动情况的报告》(1925 年)，中央档案馆、浙江省档案馆：《浙江革命历史文件汇集（群团文件）一九二二年—一九二六年》，中央档案馆、浙江省档案馆，1985 年，第 286 页。

② 《团武昌地委致团中央信——关于组织整顿、宣传等工作情况》(1925 年 8 月 13 日)，中央档案馆、湖北省档案馆：《湖北革命历史文件汇编（群团文件）一九二五年—一九二六年》，中央档案馆、湖北省档案馆，1983 年，第 89 页。

③ 《大会关于宣传部工作报告及今后工作意见》(1925 年)，中央档案馆、河北省档案馆编：《河北革命历史文件汇集》甲 1，中央档案馆、河北省档案馆，1997 年，第 423—424 页。

④ 中共中央组织部、中共中央党史研究室、中央档案馆：《中国共产党组织史资料》第一卷，中共党史出版社，2000 年，第 47 页。

⑤ 中共中央组织部、中共中央党史研究室、中央档案馆：《中国共产党组织史资料》第一卷，中共党史出版社，2000 年，第 275—277 页。

五卅运动。为支援上海，广州和香港爆发了规模宏大的省港大罢工。6月13日，在中共广东区委领导下，省港罢工委员会临时办事处成立，负责统筹罢工事宜。全国总工会致函香港各工团，号召一致反对英国。6月23日，省港罢工工人和广州农商学兵各界群众10万人在东校场举行集会，并举行反帝示威大游行。当游行队伍到达沙基时，租界当局的军队竟开枪扫射游行队伍，当场打死52人，重伤170多人，轻伤无数。沙基惨案的爆发反而激发了工人的斗志，令省港罢工更为坚强。

中国共产党将省港罢工委员会作为最高执行机关，由中华全国总工会出二人、香港出七人、沙面出四人组成。中国共产党人数虽少，但掌握实际权力，而下层实际负责的干部也由中国共产党派驻。① 罢工领袖渐觉无利可图、无权可用，便频起争端，造谣生事。据黄平回忆，他与邓中夏曾为此请教鲍罗庭，鲍罗庭建议组织罢工工人代表大会，使工人明了真相，此为罢工工人代表大会之始。②

中国共产党多推国民党要人在大会上作政治报告，而将决策权牢牢攥在手中。③ 省港罢工委员会的决策核心落实于其中的中共党团。中国共产党在省港罢工委员会中的党团成员白天要处理罢工事宜，晚上要参加罢工委员会会议，只有深夜12点左右才有时间召开党团会议。党团成员先行汇报各自部门的工作情况和问题，然后讨论和决策。鲍罗庭在党团会议中处于关键地位。

黄平指出，“省港大罢工的重要决策无一不是同鲍顾问商量过的，多数是他提出来的”④。傅秉常亦回忆，鲍罗庭“实际策划一切”，并提到苏兆征每夜前往鲍罗庭公馆请示机宜，所指应为中共党团会议。

---

① 梁国志：《省港大罢工回忆》，广东省政协学习和文史资料委员会：《广东文史资料存稿选编》第三卷，广东人民出版社，2000年，第149页。

② 黄平：《往事回忆》，人民出版社，1981年，第25—26页。

③ 《中共广东区委关于省港罢工情况的报告》，中央档案馆、广东省档案馆：《广东革命历史文件汇集（广东区委文件）一九二一——一九二六》，中央档案馆、广东省档案馆，1982年，第28页。

④ 黄平：《往事回忆》，人民出版社，1981年，第25—26页。

以往的自发组织社会运动依赖的是各种各样的社会联系，如同乡、同业或同学，可以依仗政权，但本身不具有政治权力。省港大罢工则不然，省港罢工工人代表大会师从苏俄的苏维埃经验。它不仅是形式上的议事机关，更有向政治权力机关转变的趋势，中共广东区委曾展望，代表大会如再加训练，“进到真苏维埃亦未可料”①。这从罢工委员会的下设机关亦可窥得端倪。除去一般群众团体常设的文书部、宣传部、游艺部、庶务部、交际部以外，罢工委员会还设有纠察队、保管拍卖处、会审处、法制局，均仿效国家暴力机关而设，拥有垄断性权力。外国报纸判断罢工委员会与政府有同等权力，依据就是前者拥有自己的警察和法庭。

作为一个社会运动的领导机关，省港罢工委员会无疑具有特殊的时代意义。以往的社会组织仅限于自我管理，或能影响政策，但不会自立政权。而正如邓中夏所言，省港罢工委员会不但是“社会民众团体的总领袖”，更有“独立的政权性质”，因而被称为“第二政府”② 或“东园政府”③。它拥有绝对权力，可以处置一切与罢工相关之事，而广东政府不得过问。④ 因此，它在广东的地位“有举足轻重之势”⑤。省港罢工委员会开了社会组织政治化、社会组织政权化的先河。

三、土地革命时期党团与赤色工会的重建

土地革命时期，中国共产党坚持在国统区以党团制度重建工人运动。国共合作破裂后，共产党组织频遭打击，群众组织陷于瘫痪，转入地下活动。共产国际东方部在讨论中指出，“党有很多缺点，还没有明显转到群

---

① 《中共广东区委关于省港罢工情况的报告》，中央档案馆、广东省档案馆：《广东革命历史文件汇集（广东区委文件）一九二一——一九二六》，中央档案馆、广东省档案馆，1982 年，第 32 页。

② 邓中夏：《中国职工运动简史》，《邓中夏文集》，人民出版社，1983 年，第 638 页。

③ 王克欧：《省港大罢工中的广东学生运动》，广东省政协学习和文史资料委员会：《广东文史资料存稿选编》第三卷，广东人民出版社，2000 年，第 386 页。

④ 邓中夏：《中国职工运动简史》，《邓中夏文集》，人民出版社，1983 年，第 615 页。

⑤ 邓中夏：《中国职工运动简史》，《邓中夏文集》，人民出版社，1983 年，第 638 页。

众工作和群众组织方面来……”“在所有文件中通常认为，党的任务是建立和巩固红色工会……”“实际上是，红色工会运动没有发展，而好像是相反，红色工会运动的次数在减少”，国民党工会和黄色工会的力量反而加强了。[①] 周恩来引述莫洛托夫在联共（布）第十六次代表大会上报告的各国党的弱点——“群众组织里党团工作不充分，特别是工会工作不好”，并认为“批评中国党是再适当没有了”。周恩来指出，“党的政治影响虽然大，组织力量还不能巩固这一影响，所以国际指示中国党的任务应特别加强自己的主观力量”。[②]

工会是工人运动领导机关，而党团是领导机关的中心。“中国共产党要经过各总工会中的党团，才能够巩固它对于各地及各中心区域的职工运动的领导。”[③] 共产国际指示中国共产党在“所有的无产阶级的组织”中组织党团。[④] 在共产国际的指导下，中国共产党反思党团工作的缺点，认为“过去各级党部对党团的工作多不注意，或没有党团的组织，或有组织而不起作用，或则党团与支部混淆，或则混乱了党的组织系统（如上级机关党团直接指挥下级机关党团），或则妨害了民众组织的独立”。中国共产党第六次全国代表大会（以下简称“中共六大”）进而明确了党团的组织原则和工作方法，并要求各级党部遵照执行。[⑤] 在群众运动“由地下转为公

---

① 《马西在共产国际执行委员会东方书记处会议上的报告》（1929 年 11 月 14 日），中共中央党史研究室第一研究部译：《联共（布）、共产国际与中国苏维埃运动（1927—1931）》第 8 卷，中共党史出版社，2020 年，第 233 页。

② 周恩来：《关于传达国际决议的报告》（1930 年 9 月 24 日），中共中央党史研究室第一研究部：《共产国际、联共（布）与中国革命文献资料选辑（1927—1931）》上，中央文献出版社，2002 年，第 324 页。

③ 《职工运动决议案》（1928 年 7 月 9 日），中央档案馆：《中共中央文件选集（一九二八）》第四册，中共中央党校出版社，1989 年，第 382 页。

④ 瓦西利也夫：《中国共产党组织决议案草案》（1928 年 7 月 10 日），中央档案馆：《中共中央文件选集（一九二八）》第四册，中共中央党校出版社，1989 年，第 450 页。

⑤ 《中央通告第七号——关于党的组织—创造无产阶级的党和其主要路线》（1928 年 10 月 17 日），中央档案馆：《中共中央文件选集（一九二八）》第四册，中共中央党校出版社，1989 年，第 653 页。

开”的背景下[①]，党团制度被认为是解决问题的关键。

党团具有秘密性质。党团成员以掩护身份在工人组织中活动，有助于中国共产党在国统区的生存和发展。正如共产国际执委会组织部代表瓦西利也夫指出的——“群众组织公开存在的武汉时代已经过去”，要求绝对秘密的条件使中国共产党必须改变组织形式，任务是“利用一切多少有点公开的可能性的组织”[②]。中共六届二中全会也指出，必须注意党团这项秘密工作，“秘密工作的加强才可以帮助公开工作的发展，公开工作的发展又可以使党的秘密工作易于扩大”[③]。在国统区的白色恐怖之下，党团的工作方法有助于协调秘密领导与公开活动。

通过党团作用，秘密领导黄色工会等组织，成为中共白区工人运动的突破口。大革命失败后，国民党利用工厂中的工头、职员、工贼和部分思想落后分子，建立了国民党控制下的黄色工会组织，以控制工人运动的领导权。中共六大之后，全党开始意识到“在黄色工会中活动的必要”[④]。鉴于黄色工会已有一定的群众基础[⑤]，中国共产党不能放弃对黄色工会的工作[⑥]。中共六大提出，女性党员应参加黄色工会，“组织共产党的党团，在她们中间树立共产党的影响”“起党团作用”，发起赤色工会运动。[⑦]中共六

① 第二十次会议（1929年7月16日晚），中共中央党史研究室第一研究部：《共产国际、联共（布）与中国革命文献资料选辑（1927—1931）》下，中央文献出版社，2002年，第40页。

② 瓦西利也夫：《中国共产党组织决议案草案》（1928年7月10日），中央档案馆：《中共中央文件选集（一九二八）》第四册，中共中央党校出版社，1989年，第450页。

③ 《政治决议案——现在革命的形势与中国共产党的任务》（1929年6月），中央档案馆：《中共中央文件选集（一九二九）》第五册，中共中央党校出版社，1989年，第206页。

④ 《关于中央政治局工作报告的决议》（1929年6月），中央档案馆：《中共中央文件选集（一九二九）》第五册，中共中央党校出版社，1989年，第176页。

⑤ 《中央通告第三十七号——中央对国际二月八日训令的决议》（1929年5月15日），中央档案馆：《中共中央文件选集（一九二九）》第五册，中共中央党校出版社，1989年，第140页。

⑥ 《妇女运动决议》（1928年7月10日），中央档案馆：《中共中央文件选集（一九二八）》第四册，中共中央党校出版社，1989年，第436页。

⑦ 《妇女运动决议》（1928年7月10日），中央档案馆：《中共中央文件选集（一九二八）》第四册，中共中央党校出版社，1989年，第436页。

届二中全会也指出，当党在黄色工会已取得多数，仍不能推翻黄色领袖、改变工会性质时，就应领导多数群众组织赤色工会。[①] 党团制度是工会运动变“黄”为“赤”的举措之一。

由于受“左”倾冒险主义和关门主义的干扰，中国共产党的白区工会工作损失严重，到 1932 年 1 月，全国赤色工会的会员只剩下 3000 人。共产国际代表斯托利亚尔观察到中华全国总工会执行机构“实际上已经解体”，只剩 3 名党团成员“多少能经常做些工会工作”。[②] 因此，他在致中华全国总工会党团（以下简称“全总党团”）的信中，批评全总“本身太软弱”“工作是做得很不够的”，建议应该健全自身，改组上海工会联合会，“必须使它成为一个活跃的和发挥作用的机构”，并在上海最重要的行业中开展工作，培养组织干部。[③]

陈云临危受命，领导全总党团。1932 年 3 月 11 日，中共临时中央政治局会议讨论工会工作，决定改组全总党团，提议由陈云担任党团书记。在陈云的领导下，全总党团切实担负起沟通中共中央与全国工会系统的责任。3 月 21 日，陈云领导全总党团讨论抵制日货、武装工人的问题，决定召开女工、青工代表会，并组织工作检查委员会，推动罢工工作。紧接着，陈云出席中共临时中央政治局常委会议，汇报全总党团讨论的情况。3 月 24 日，陈云主持中共全总党团会议，传达了中共临时中央政治局会议精神，强调今后全总要成为有组织的集体领导，实行个人负责制；要检

---

① 《组织问题决议案》（1929 年 6 月），中央档案馆：《中共中央文件选集（一九二九）》第五册，中共中央党校出版社，1989 年，第 225—226 页。共产国际代表指出，在国民党黄色工会里，共产党员应当团结在党团里，“共产党党团要把会里一切革命分子围绕着自己而组合起来”。《共产国际执委政治秘书处关于中国职工运动的决议案》（1929 年 8 月 30 日），中共中央党史研究室第一研究部：《共产国际、联共（布）与中国革命文献资料选辑（1927—1931）》上，中央文献出版社，2002 年，第 568 页。

② 《斯托利亚尔给洛佐夫斯基的信》（1930 年 10 月 20 日），中共中央党史研究室第一研究部译：《联共（布）、共产国际与中国苏维埃运动（1927—1931）》第 9 卷，中共党史出版社，2020 年，第 427 页。

③ 《斯托利亚尔给中华全国总工会共产党党团的信》（1930 年 10 月 17 日），中共中央党史研究室第一研究部译：《联共（布）、共产国际与中国苏维埃运动（1927—1931）》第 9 卷，中共党史出版社，2020 年，第 382—384 页。

查工作，审查干部，巡视下面的赤色工会，具体讨论各工会的报告及中央的指示。7 月 31 日，陈云在传达临时中央关于党团成员分工决定的同时，还传达了《中央关于失业工人运动的决议》。[①] 重组后的全总党团与中共中央的关系更加密切，更能贯彻中央各项决议。

全总党团的工作包括制定工作方针、构建产业工会、发布宣传指南、指导罢工活动等。1931 年 3 月 21 日至 9 月上旬，全总党团总计召开会议 16 次，大约每 10 天就开一次会。[②] 上海地区是中华全国总工会的工作重点。中华全国总工会指导工会联合会及各行业工会。5 月 9 日，在全总党团会议上，陈云提出工会联合会"是有进步的"，认为其"在斗争上比较积极，组织上有些发展，已开始初步的转变"。[③] 6 月上旬，中共全总党团常委会议再次讨论上海工会联合会的工作。[④]

在全总党团的领导下，中华全国总工会管理上海地方工会和全国性行业工会，推动外省工会事业。1931 年 4 月 13 日，全总党团讨论了中华海员总工会的工作计划、失业工作决议案和赤色工会纲领。4 月 19 日，陈云主持中共全总党团会议，讨论《时事新报》报馆工人斗争问题。5 月 30 日，在中共全总党团会议讨论中华海员总工会报告时，陈云指出中华海员总工会要做三个方面工作：（一）加紧领导海员的反帝运动，组织罢工；（二）发展组织，改造组织；（三）转变工作方式，把工作重心转移到工会小组去，要大力派特派员到各港口去做海员工作。6 月 12 日，在中共全总党团会议上，陈云指出应把工作重心向外省转移，采用组织各地工会委员会的方式开展工作；在青岛可以建立地方工会；在苏区方面也应注意。陈云负责江苏、山东、河南的工会工作，刘少奇负责苏区和东北的工会工作，卢福坦负责广东、福建的工会工作。6 月 18 日，陈云在中共全总党团会议上指出，应抓紧北方工作，江西、南京等处也应派人去。后来，陈

① 中共中央文献研究室：《陈云年谱》，中央文献出版社，2015 年，第 132 页、第 134 页、第 144 页。

② 中共中央文献研究室：《陈云年谱》，中央文献出版社，2015 年，第 152 页。

③ 中共中央文献研究室：《陈云年谱》，中央文献出版社，2015 年，第 138 页。

④ 中共中央文献研究室：《陈云年谱》，中央文献出版社，2015 年，第 142 页。

云也反思，“全总的工作只是帮助了上海工联，对外省及苏区工运的指导是忽视的”[①]。

1931 年 8 月，《中华全国总工会改组以后的工作报告》指出：中华全国总工会改组后在领导工人罢工和赤色工会组织发展方面取得一些成绩。“全总首先加强对上海工联的领导与实际工作的帮助”，在领导罢工运动上，全总领导了沪西纱厂的同盟罢工，领导了报馆罢工与商务斗争、祥生斗争、电话厂及丝厂罢工，“上海十分之九以上的自发斗争及罢工，全总都派人或领导工联去参加及领导”“在组织上把上海从二百余赤色工会会员发展到一千一百人左右”“恢复了几年来失去的阵地”，在工作过程中锻炼并提拔了 20 余名从产业中出来的新的工人干部（纱厂 14 名，印刷厂 5 名，烟厂 3 名，市政 5 名，铁厂 2 名），组织了 3 次训练班。今后，在外省工作上要集中力量于天津、青岛等较有组织基础的地方，准备建立工会；在铁路工作上，首先抓紧满洲四条铁路，另派两个巡视员经常去河北、河南、山东巡视，发展上海吴淞、杭州闸弄口及南京浦口等大厂的工作；在组织上，要抓紧上海纱厂总工会的建立和工厂支部的巩固。[②]

1932 年 7 月 28 日，中共临时中央政治局常委开会，决定取消中央职工部，由全总党团担负中央职工部的工作任务。1933 年，中华全国总工会机关由上海迁至中央苏区后不久，即同全总苏区执行局合并，改称中华全国总工会苏区中央执行局，既领导苏区的工运工作，也领导全国的工运工作。刘少奇任委员长，陈云任党团书记。[③] 随着环境变动，党团不断调整工会的发展形式和路径。

---

① 中共中央文献研究室：《陈云年谱》，中央文献出版社，2015 年，第 135 页、第 141—144 页。

② 中共中央文献研究室：《陈云年谱》，中央文献出版社，2015 年，第 149 页。

③ 中共中央党史和文献研究院：《刘少奇年谱》，中央文献出版社，2018 年，第 123 页、第 126 页。

四、工厂支部与党团作用

工会是共产党发展党员和领导群众运动的重点。工会中既可设支部，也可设党团，支部还可兼为工会党团。[①]1926年6月，陈独秀在中共中央与上海区委联席会议上指出，二者分工有异，“党团是上层机关的作用，支部是当地党的作用”，但“两个作用都是必要”的。党员不应包办工会，限制党员人数在工会执行委员的半数以下，但同时党应发挥领导作用，因此“工会非有党团不可”。反之，党团应与支部密切关系，党团书记最好为支部职工主任。作为共产党领导上海工人运动的核心组织，上海总工会的情况较为特殊。上海总工会兼为中共上海区委地方职工委员会，“小事可直接指挥部委”，委员会主任兼任总工会党团书记，同时要发挥党组织和群众组织的作用。即便在常委委员都是党员、机关党员占3/5的情况下，中国共产党仍要求发挥党团作用。[②] 支部与党团的交叉，体现了早期共产党人对局势的灵活应对、对党团制度的巧妙运用。

党团与支部实有明确的分工。支部重发展，党团偏行动；支部负责吸收党员，党团则不负此责任；支部还担负教育党员、督率党员的工作，党团则决定非党的团体组织中一切斗争的方针政策与策略，指导非党团体中的党员一致行动，贯彻党的政策。[③] 党团中的每个分子，既要坚决执行党对党团的决议，也须执行党团的决议。[④] 如果工会中的负责人为非同志，

---

① 《职工运动中党的发展及其关系议决案》，中共中央组织部、中共中央党史研究室、中央档案馆：《中国共产党组织史资料》第八卷，中共党史出版社，2000年，第79页。

② 《中共中央、中共上海区委主席会议记录——关于组织工作及职工运动等问题》（1926年6月17日），中央档案馆、上海市档案馆：《上海革命历史文件汇集（上海区委会议记录）一九二六年四月——一九二六年六月》，中央档案馆、上海市档案馆，1989年，第254—255页。

③ 《中央通告第五十三号——介绍新党员之变通办法，各团体中党团的组织与任务》，中共中央组织部、中共中央党史研究室、中央档案馆：《中国共产党组织史资料》第八卷，中共党史出版社，2000年，第65页。

④ 《组织问题议决案》，中共中央组织部、中共中央党史研究室、中央档案馆：《中国共产党组织史资料》第八卷，中共党史出版社，2000年，第86页。

“应由相近的同志包围他”，使他在“无形中”执行党团决定之政策。[①] 在投票表决时，党团成员要表达一致意见；在群众运动中，党团成员要展示一致力量。

支部以区域为单位，党团以机关为单位。每一个群众组织都有其领导机关，而机关中多设党团，而非支部。上海区委在讨论时提出，支部不应按机关来组织，比如在学生联合会或上海总工会的机关中就不应建立支部，因为机关中的党组织发挥了党团作用，却不能发挥支部的基层组织作用；支部应以马路或区域组织支部，每里、每弄、每马路都可组织支部，“对于抗捐等运动有大的作用”。[②]

第一次国内革命战争结束后，为应对秘密工作、联系群众，支部的党团作用更为凸显。国统区的中国共产党组织被迫转入地下，处于秘密状态下的支部机关存在与群众日益隔绝的危险。在中共六届二中全会上，中央总结指出，以往工会和农会可以公开活动时，支部未能起到党团作用，现在党身处秘密环境，群众上级的赤色组织多半消失，“党的活动中心益发需要建立在下层基础上”“故党团的作用必须在党的支部活动中特别表现其重要”。[③] 共产国际也指出，工厂支部应发挥党团作用。[④] 中共中央还一再告诫各级党组织，在秘密状态下，支部“不可向群众公开”，也不可代替群众团体，而应发挥党团作用。[⑤]

随着中国共产党的重心从城市转移到苏维埃地区，苏区各地支部的党

---

① 《职工运动中党的发展及其关系议决案》，中共中央组织部、中共中央党史研究室、中央档案馆：《中国共产党组织史资料》第八卷，中共党史出版社，2000 年，第 79 页。

② 《中共中央、中共上海区委主席会议记录——关于组织工作及职工运动等问题》（1926 年 6 月 17 日），中央档案馆、上海市档案馆：《上海革命历史文件汇集（上海区委会议记录）一九二六年四月——一九二六年六月》，中央档案馆、上海市档案馆，1989 年，第 254 页。

③ 《组织问题决议案》（1929 年 6 月），中央档案馆：《中共中央文件选集（一九二九）》第五册，中共中央党校出版社，1989 年，第 245 页。

④ 瓦西利也夫：《中国共产党组织决议案草案》（1928 年 7 月 10 日），中央档案馆：《中共中央文件选集（一九二八）》第四册，中共中央党校出版社，1989 年，第 450 页。

⑤ 《组织问题决议案》（1929 年 6 月），中央档案馆：《中共中央文件选集（一九二九）》第五册，中共中央党校出版社，1989 年，第 223 页。

团作用也日益受到重视。苏区的党员干部缺乏组织经验，对党团作用不甚了解。1933 年 8 月，中央组织局给苏区各级党部的信中指出，“过去的支部一般的是没起党团作用的”，不讨论苏维埃和群众组织工作。中央要求支部在群众中发挥核心作用，“经过党团作用去领导群众组织”，以后支部委员会必须经常分别地检查和讨论乡苏、工会、赤少队、青年团、贫农团、妇女代表会、反帝拥苏同盟以及互济会等工作，“在各个干事领导之下，经过每个群众组织的积极分子，把支委的决定运用到各个群众组织中去”，支部必须给同志以具体的发展群众组织的任务，介绍群众加入群众组织。①

中共中央一方面要求支部发挥党团作用，另一方面仍强调支部对党团的领导作用。1928 年，中共六大提出，各地党部可决定在群众团体中的组织形式，或单独组织党团，或即由支部起党团作用。在工厂工会、乡农协中，支部可以代替党团，发挥党团作用。② 党团与支部的密切联系也使支部代替党团发挥作用成为可能。1929 年，中共六届二中全会指出，支部应与党团工作密切联系，一方面，党团日常工作应当建立在支部的工作上；另一方面，支部应在每个群众组织中，进行组织群众的工作。③ 党团作用不拘泥于组织形式，而更在于其原则、方法，正如湘赣边界特委常务委员、中共茶陵县委书记宛希先所言，即便只有一名党员，也应在非党组织中发挥党团作用。④ 1931 年 1 月，中共六届四中全会召开后，中央领导集体主持恢复党的支部工作。1933 年 2 月，中央下发关于支部工作的文件，强调支部对于党团的领导作用。中央要求，支部委员会的工会干事应组织

---

① 《中央组织局给苏区各级党部的指示信——关于健全地方支部生活的问题》(1933 年 8 月 19 日)，中央档案馆:《中共中央文件选集（一九三三）》第九册，中共中央党校出版社，1991 年，第 299 页、第 301—302 页。

② 《组织问题决议案提纲》(1928 年 7 月 10 日)，中央档案馆:《中共中央文件选集（一九二八）》第四册，中共中央党校出版社，1989 年，第 465 页。

③ 《组织问题决议案》(1929 年 6 月)，中央档案馆:《中共中央文件选集（一九二九）》第五册，中共中央党校出版社，1989 年，第 226 页。

④ 宛希先:《共产党组织根本原则》，彭东明:《井冈元勋——宛希先》，中共党史出版社，2013 年，第 265—267 页。

建立党团小组，讨论工人的日常斗争与工会工作问题。厂内其他群众组织，如互济会、反帝分盟、红军之友、俱乐部、读书会等，均应有党团的建立，由支部委员会的群众工作干事管理。支部委员会领导党团的方法，除群众工作干事经常地分别领导各党团或召集各党团书记联席会议外，必须按时听党团书记的报告。支部委员会和各党团利用厂内时间经常接头，或举行短时的会议，传达党的指示，解决厂内日常发生的问题。①

党团既是连接党与群众的纽带，也是区别党与群众组织的方式。正如中共六届二中全会通过的《组织问题决议案》所言："先锋队的党可以在群众组织中起核心作用，以扩大党的政治影响和领导，而群众的组织则须直接接触群众，吸引群众，发动群众，然后才能尽其组织的作用。这两者中间的性质既然有别，故他们中间的关系亦须于此处确定，即是说党……经过它的党团起领导作用。"②

党团既是党领导工人运动的媒介，也是区别于工会的标识。自 1927 年国民党反共以来，面对白色恐怖"疯狂似的"进攻，共产党与工会的正确关系显得尤为重要。1928 年，中共六大通过的《职工运动决议案》要求党既要领导工会，又必须与工会在组织上"分工并行""界限要分明"。因此，党对工会的领导"非经过党团不可"③。

秘密工作的需要，也是党团区别党组织与群众团体的一大功用。在党团制度设计下，党团成员掩饰党员身份，以便秘密影响群众，贯彻党的政策。党团的秘密性也有助于保护党组织不被国民党当局镇压。刘少奇批评部分党员"用党的工作方式去进行群众工作，同时又用群众工作的方式来进行党的工作，使二者混淆起来。如是弄到应该公开的不能公开，应该秘

① 《中央关于产业支部的现状与目前党的任务的决议》（1933 年 2 月 15 日），中央档案馆：《中共中央文件选集（一九三三）》第九册，中共中央党校出版社，1991 年，第 85 页。

② 《组织问题决议案》（1929 年 6 月），中央档案馆：《中共中央文件选集（一九二九）》第五册，中共中央党校出版社，1989 年，第 238 页。

③ 《职工运动决议案》（1928 年 7 月 9 日），中央档案馆：《中共中央文件选集（一九二八）》第四册，中共中央党校出版社，1989 年，第 383 页。

密的不能秘密，结果是党与群众工作都被破坏”[①]。

五、结语

党团是中国共产党组织推动群众组织发展的引线。自建立初起，中国共产党以党团为核心，逐渐建立以农民、青年、妇女和儿童等类别为划分的群众组织。党团广泛分布于工人组织之中，自上而下地将工人统合到既定的政治框架中，形成组织化的政治社会。

党团制度对应着党政群同心圆式的复合格局。在这一格局中，中共居于核心地位，工会、农会、学生会以及各界联合组织按照阶级划分，按照亲缘性和重要性向外扩展，形成一张环环相扣、层层深入的蛛网结构。而党团恰是中心射向四方的蛛丝，勾连政党与工人群体。在中国共产党的组织设计中，党与工人既密切联系、不可分割，又有不同职能、分工合作。权力统筹集中于一，职能分工分散于多，如臂使指，责任明确。同心圆式的复合结构是在革命历史中探索和形成的。中国共产党通过党团活动，既可派人渗透或重组工人组织，贯彻党的政策，以有形化无形，也可造成工人组织自下而上地响应，化无形为有形。

研究党团制度是深化百年工运史、深化工会发展史的重要途径。新民主主义时期党团制度的发展历程充分证明，中国共产党是中国工会组织壮大和工人运动发展的核心领导和主导力量，中国共产党的坚强领导是工人运动历经曲折压迫而始终顽强发展的根本保障。

---

① 《怎样进行群众工作——给群众工作的同志们一封信》（1936 年 10 月 15 日），中共中央文献研究室、中华全国总工会：《刘少奇论工人运动》，中央文献出版社，1988 年，第 205 页。

地方工运史研究

工运史

安徽现代工人运动史上的首次大罢工

中共创立初期广州工人运动的历史经验

湖南早期工人运动

论水口山工人运动为党的“三大法宝”理论形成进行的探索和实践

从自在到自觉：红军长征对贵州工人运动的影响

石家庄早期产业工人队伍的基本特征及对工人运动的影响

第六次全国劳动大会前后哈尔滨工人运动的贡献及发展

从枣庄工人运动发展看中国共产党的领导

安徽现代工人运动史上的首次大罢工

⊙顾永俊*

鸦片战争以后，帝国主义的炮舰打开了中国的大门，中国逐步演变为半殖民地半封建社会。1876年，英国政府强迫清政府签订《烟台条约》，芜湖被辟为通商口岸。从此，帝国主义势力直接进入安徽腹地。

在封建主义和外国资本主义的双重挤压下，安徽的民族工业在夹缝中求生存，发展缓慢，仅限在面粉、碾米、织布、采煤等行业。伴随着民族工业的发展，安徽工人阶级队伍也在不断壮大，但是真正的产业工人数量很有限，大部分是黄包车工人、码头工人、城市店员以及进城的手工业工人。工人阶级虽然代表着社会生产力的发展方向，但他们的社会地位低下，在生存线上苦苦挣扎。以芜湖市的黄包车工人为例，20世纪20年代初，全市共有黄包车600余辆，分归五六家车行所管。黄包车工人约有2000人，其中以颍州人、寿县人居多。高语罕在1920年5月的《新青年》上发表调查报告《芜湖劳动状况》，其中这样描述黄包车工人的生存状况：他们分日夜两班轮流拉车，穿的“是破烂污糟的”“住的房子和猪圈差不多”，甚至“没过十六岁的小孩拉车子的很不少”。车行老板和官厅互相勾结，任意盘剥工人，使车夫们的生活难以维持。

中国共产党成立后把领导工人运动当作中心工作，于1921年8月成立了中国劳动组合书记部作为领导工人运动的工作机关，工人运动开始出

---

* ［作者单位］安徽省委党史研究院科研规划处。

现蓬勃兴起的局面。1922 年，芜湖黄包车工人罢工正是在这种大背景下发生的。

1922 年 3 月的一天，在芜湖省立第二甲种农业学校读书的寿县籍进步学生薛卓汉和胡金台等人，散步到东门外铁路埂，看见一群黄包车工人蹲在地上低声怨叹：“日子真是过不下去了，车行里又加租了。”薛卓汉和胡金台细问原因，得知车行老板通过警察厅增加黄包车牌照税，将原来每辆车的租价由 24 个铜板调高到 38 个铜板。原本已十分贫寒窘迫的黄包车工人被老板加租后，生活更加艰难。工人们怨声载道，但苦于没有应对的办法。随后，薛卓汉向芜湖市学生联合会汇报了这一情况。

芜湖市学生联合会决定全力开展对黄包车工人的支援：分区段组织黄包车工人罢工；向教师、学生募捐，维持工人罢工期间的生活；推选代表向芜湖警察厅请愿，取消增收黄包车牌照税及车行加租；召开芜湖劳动大会。薛卓汉和胡金台还脱去长衫，穿上黄包车工人的服装，跟工人们一道拉车，利用拉车的机会向工人们做宣传鼓动工作，并帮助他们组成十几个小队，确定指挥和联络人员，做好举行罢工的一切准备。

1922 年 3 月 21 日，芜湖黄包车工人举行全体罢工。次日上午，一支由黄包车工人和学生混编而成的多达 2000 余人的请愿队伍，高举“誓死反对加租”“请求各界援助”两面白旗来到警察厅，向警察厅厅长陈述举行罢工和要求减租的理由，并提出借大舞台（今芜湖市大众影都）召开大会、取消增收黄包车牌照税和车行加租、命令车行退回已收的新加车租、车行按照原租减少一成四点要求。警察厅厅长面对上千名罢工工人和学生的呼喊声惊慌失措，当即答应取消黄包车牌照税，并把车行老板传来大骂一通，命令他们立即减租。罢工工人听到这一消息后雀跃欢呼，齐声高呼“劳动者万岁”，工人罢工取得了初步胜利。

为了巩固斗争的胜利成果，防止反动当局和资本家勾结起来进行反扑，在芜湖学生联合会的宣传和帮助下，芜湖劳动界决定召开劳动大会并成立劳工会，维护工人利益。安徽省军政当局及芜湖地方当局得知消息后大为恐慌，立即在工人经常聚会的地方张贴告示，下令禁止召开劳动大会。

1922年3月28日，芜湖市学生联合会召集各校代表及黄包车工人代表举行临时会议，决定连夜面见警察厅厅长，要求批准开会，遭到断然拒绝。双方僵持很久，没有结果，代表们气愤地离去。次日，数千名工人和学生不顾当局的阻挠和恐吓，按原计划齐聚东门外铁路埂召开劳动大会，宣布成立芜湖劳工会。会场上高悬芜湖学生联合会赠给劳工会的白布横幅，上书“劳工神圣”四个大字。打扮成黄包车工人的薛卓汉在大会上发表演说：“今天召开芜湖劳动大会，大家看这个‘働’字吧，就是‘動’字加上站人旁，它的含义是告诉我们，这个世界上的一切，没有我们劳工就不能推动，也是要那些当官的、富贵的人把我们劳工当人看待。”随后，大会选出芜湖劳工会的正、副会长及各部部长，就职人员当场发表演说。同时，大会还发表了由学生代为起草的《芜湖劳工会宣言》（以下简称“《宣言》”），并向全国发出通电。《宣言》指出：“我们是劳动者，我们的‘吃’在哪里呢？我们是劳动者，我们的‘人权’在哪里呢？”“我们如今醒了！”大会结束后，举行游行。

芜湖劳工会的成立在全国产生了很大的影响，受到中国共产党的关注和指导。1922年5月，中国劳动组合书记部在广州召开第一次全国劳动大会，薛卓汉作为芜湖工人领袖出席了这次大会。芜湖劳工会的成立也极大地震撼了反动当局，他们在派出密探进行侦查后，将人力车工人领袖俞鸿喜密捕，移送地方检察厅查办。不过，这并没有吓倒芜湖劳工会。在芜湖劳工会的组织和发动下，芜湖市成衣、纱厂、油漆、锯木、鞋业等各行业工人相继举行罢工，取得了一定的胜利，部分行业工人的工资增加了，工作状况也有所改善。

1922年芜湖黄包车工人罢工是青年知识分子与工人运动相结合的产物，是安徽现代工人运动史上第一次工人罢工，虽然规模不大，但开创了安徽现代工人运动的先例，书写了芜湖乃至安徽工人运动史的破题之篇。

中共创立初期广州工人运动的历史经验

⊙王贯军*

中国共产党创立初期，在党的领导下，广州一度是全国工人运动的中心。第一次、第二次、第三次全国劳动大会均在广州召开，中华全国总工会在广州成立，广州成为中国工人运动的滥觞之地；沙面罢工作为国共合作后的第一次反帝政治大罢工，开启了二七大罢工失败后工人运动的转机；省港大罢工历时16个月，在中国工人运动史、国际工人运动史上都具有深远的影响和伟大的历史意义。“欲知大道，必先为史。”百年来，党史与工运史相互交融，认真发掘在中国共产党创立初期尤其是1924—1927年的广州工运史，分析其历史背景和经验，从光荣历史中传承红色基因、汲取奋进力量，为推动新时代广东工运事业和工会工作取得更大成就提供切实可行的方法论。

一、广州工人运动的历史条件

广州工人阶级是随着近代工业的出现和兴起而产生和发展的，特别是1919年五四运动发生前的数十年，广州近代工业有了较大的发展，工人阶级也得以壮大。与其同时，受地理位置、产业结构、劳动环境影响，广州工人阶级具有自己的特点。

* ［作者单位］广东省总工会研究室。

（一）广州工人运动具有良好的阶级基础

广州是中国产业工人最早的诞生地。第一次鸦片战争后，广州变为英帝通商口岸，西方的现代工厂企业在中国兴起，因此，广州的第一批产业工人首先是在外资企业中产生的。1845 年，英国人柯拜在广州黄埔兴建了船坞公司，后又有英商于仁船坞公司、美商旗记铁厂等，这些船舶修造工人成为广东乃至中国第一代产业工人。

广州第二批产业工人在清政府官僚资本创办的企业中产生。1869 年，两广总督瑞麟在广州创办军装机器局；1874 年，又在广州增设军火局，两者约有工人 200 余人。其他官商合办和官督商办的企业以及采矿、铁路等各业工人也有万人以上。[①] 据不完全统计，到 1894 年，全国近代工业工人数为 75850~78060 人（不含采矿业工人），其中广州有 10300 人，约占总人数的 13%，仅次于上海和汉口。[②]

广州第三批产业工人在民族资本创办的厂矿企业中产生和发展。清末民初是民族资本主义发展的“黄金时期”，广州工人作为新兴的阶级初步形成并日益壮大。1921—1923 年，广州工人共有 15 万人左右，其中约有机器工人 1 万人、木工 1 万人、泥水工 13000 人、驳载工 28000 人……[③]1924—1926 年，“当时广州工人总数共 25 万~30 万人，其中多是手工业和工厂手工业工人、码头工人、苦力、渔工”。广州产业工人的逐步增多，为工人运动的发展奠定了坚实的阶级基础。

（二）广州工人阶级富有斗争精神

广州工人阶级身受外国资本帝国主义、本国封建主义和官僚资产阶级的压迫与剥削，而且这些压迫是十分严重和残酷的，这激发了广州工人阶

① 广东工人运动史研究委员会：《广东工人运动史（第一卷）》，广东人民出版社，1997 年，第 20—21 页。

② 孙毓棠：《中国近代工业史资料（第一辑）》下册，中华书局，1962 年，第 1202 页。

③ 广州《民国日报》，1923 年 9 月 25 日。

级强烈的反帝爱国思想和反压迫的斗争精神。

一是劳动时间长、强度大，条件恶劣。广九铁路机车厂规定一年350日上班，加班2小时不算在内。[①] 广州协同和机器厂的工人每天工作十三四个小时。广东兵工厂每天工作12个小时。广东士敏土工厂厂章规定“春分后，早6点开工，11点半放工；饭后12点半开工，晚6点收工。秋分后，早6点开工，12点放工；饭后1点开工，晚6点半收工”[②]，全日工时达11个小时。工人的工作环境条件也十分恶劣。缫丝、烟草、橡胶、纺织等产业工人长期在狭小低矮的高温厂房劳动，空气混浊，健康安全受到严重威胁。

二是工资低微，生活困苦。广州工人的月薪一般为8~10元，其中机器工人的月薪为20~30元，电工的月薪为8~10元，织布业男工的月薪为10元、女工的月薪为6~9元。当时，每石大米为8~9元，房租为3~4元，低微的工资仅能糊口。[③]

三是备受歧视。由于国家积弱，中国工人与白种人的待遇相差极大。工人在外轮工作，只能做副手。轮船的外籍高级职员和水手可以任意驱役中国海员，稍有不满则谩骂、殴打。在工资待遇上更是相差甚远，中国工人的工资仅为美国同类工人的1/14。广州工人阶级为改善自身的经济待遇和反对各种迫害，反抗极为坚决，是最具革命性和斗争性的阶级。

（三）广州工会具有广泛的组织基础

广州的工人组织出现得比较早。1851年，广州打包工为了反对工头的欺凌和外国殖民主义的剥削，自发成立了全国最早的工人团体组织——广州打包工人联合会，凡本地同业工人均可参加。然而，联合会订有会规，还没有完全摆脱行会的影响。1861年，联合会被清地方当局勒令解散。

① 刘明逵：《中国工人阶级历史状况（第一卷）》第一册，中共中央党校出版社，1985年，第280页。

② 孙毓棠：《中国近代工业史资料（第二辑）》，中华书局，1962年，第1203页。

③ 广东工人运动史研究委员会：《广东工人运动史（第一卷）》，广东人民出版社，1997年，第35页。

1904 年，广州木匠、石匠及油漆工人曾联合建立工会。1906 年，广州邮员俱乐部成立。1909 年，广东机器研究公会在广州成立，这是一个劳资混合的机器行业同人组织，并在 1912 年改组为纯粹的工人团体，易名为“广东机器研究总会”，会址由长堤迁至如意坊，还于 1913 年同广州华侨工业联合会牵头在广州举行了广东第一次庆祝“五一”国际劳动节活动。[①]

1912 年，推翻清王朝后，全国掀起了民主热潮，广州大批工会随之出现。1913 年，沙面各洋行 800 多名雇员组织了惠群工社。1918 年，广州茶居行会改组为广州市茶居联合工会，包含了旧有的 43 家行会工人，拥有会员 1000 多人。1919 年，广州工会团体有 26 个。到 1921 年，广东已有工会团体 130 多个，香港有 120 多个，其中 1920 年 11 月—1921 年 4 月，广州共成立工会 32 个。[②] 广泛的组织基础壮大了工人的力量。广州工人阶级通过工会团体，从谋求自身生活的经济斗争逐渐向政治斗争和阶级解放斗争过渡。

（四）广州具有宽松的政治环境

中华民国成立后，南北方的政治环境迥然不同。

在北方，北洋政府严令禁止工人罢工与集会、结社。1912 年颁行的《中华民国暂行新刑律》第 224 条规定，从事同一业务之工人同盟罢工者，首谋者处四等以下徒刑、拘役或三百元以下罚金，余人处拘役三十日以下或三十元以下罚金。“聚众为强暴胁迫或将为者”依第 164 条至第 167 条（骚扰罪）之例处断。该条所定“同盟罢工罪”是指同“就业之人”，外来发动罢工的处罚自然更为严厉。[③]

在南方，孙中山在袁世凯篡夺辛亥革命果实后，一直为维护民主共和国的制度而奋斗。1917 年 7 月中旬，孙中山南下广州，联合在反袁世

① 刘明逵：《中国工人阶级历史状况（第一卷）》第一册，中共中央党校出版社，1985 年，第 606 页。

② 卢权、禤倩红：《广东早期工人运动历史资料选编》，广东人民出版社，2015 年，第 52 页。

③ 陈承泽：《中华民国暂行刑律释义》，商务印书馆，1925 年，第 87—88 页。

凯的护国运动中发展起来的、宣布“自主”的南方各省地方军阀进行护法活动。9月，成立护法军政府，恢复《中华民国临时约法》。“从此南北分裂，国会南迁于广州，自建所谓护法政府。但既号称护法政府，政治上不能不略取开明，故人民颇有集会结社的自由，南方工人就因此得以组织工会。”① 孙中山非常重视和支持工人，1922年2月24日，他以大总统令公布《暂行工会条例》，规定凡从事于同一职业之劳动者有五十人以上得依本条例组织工会；工会为法人；工会之区域以市或县之区域为准，其合两区域以上设立工会者，须经省之主管官署认可；成年劳动者可自由为工会会员，并可自由退会。这是中国历史上第一个承认工人有组织工会权利的法令，是中国现代工会立法的开端。

二、中国共产党领导下的广州工人运动发展历程

1921年7月，中国共产党第一次全国代表大会在上海召开。广州共产党小组选派陈公博为代表，受陈独秀的指派，当时在广州活动的包惠僧也参加了大会。大会通过了《中国共产党纲领》和《关于当前实际工作的决议》，确定中国共产党成立后的中心任务是组织工人阶级，领导工人运动。同年8月，在广州共产党小组的基础上，成立了中国共产党广东支部。此后，在中国共产党的领导下，广州工人运动翻开了全新的篇章。

（一）中国共产党的领导让广州工人运动进入新发展阶段

中国共产党第一次全国代表大会召开后，中国共产党把发展工人运动作为自己工作的重点。为此，1921年8月，中国共产党在上海成立中国劳动组合书记部。随后，在广州成立南方分部，作为中国共产党公开领导工人运动的机关。南方分部根据工人组织状况及特点制定了自己工作的方针，一方面争取改造派别团体控制的旧工会，另一方面在工人群众中进行

---

① 邓中夏：《中国职工运动简史》，人民出版社，1979年，第10页。

宣传教育工作，组织新的工会。在南方分部的领导下，石井兵工厂成立了十人团和兵工厂工人俱乐部；粤汉、广九、广三铁路成立了工会。1922年，冯菊坡、阮啸仙等人还以南方分部的名义，联络油业工会、轮船工会、革履工会和纺织工会，共同成立爱群通讯社，出版《星期报》，同时还发行了油印小册子《共产主义 ABC》《阶级斗争浅说》等，对工人群众进行革命宣传教育和组织发动。广州土木建筑工会还在南方分部的帮助下，扩大为广东全省土木建筑工会，会员发展到 1 万多人。

在中国共产党的领导下，广州地区的工人罢工斗争不断兴起。从 1921 年 10 月至 12 月，广州先后发生了金属、车衣、铁路、纸业、盐业等行业工人罢工，要求增加工资，结果都取得了胜利。比较典型的有：1921 年 11 月 11 日，广三铁路全体职工举行罢工，反对铁路当局无理开除员工，迫使当局撤销决定；1921 年 12 月 23 日，广州印刷排字工人罢工，各报停刊，要求加薪五成，后加薪四成，至 12 月 27 日，各报恢复出版。[①]1922 年初，香港海员大罢工发生，事件虽然发生在香港地区，但大部分罢工工人回到了广州，以广州为基地开展斗争。中国共产党广东支部、中国劳动组合书记部南方分部全力支持大罢工。1922 年 2 月 9 日，中国共产党广东支部散发了《敬告罢工海员》传单，表示全力支持，号召大家“坚持到底，团结一致，严守秩序，注重自治”。广州地区的党员还参加各种接待工作，并向群众宣传演讲。所有这些都极大地鼓舞了罢工的香港海员。1922 年 3 月 8 日，历时 56 天的香港海员大罢工胜利结束，极大地鼓舞了中国工人阶级，推动了全国工人运动的发展，成为中国共产党成立后中国工人第一次罢工高潮的起点。

（二）国共合作迎来广州工人运动高潮

1924 年国共合作后，“联俄、联共、扶助农工”三大政策在广州得到贯彻，为中共中央、中共广东区委开展工人运动创造了有利条件。中共广

① 广州工人运动史研究委员会办公室：《广州工人运动大事记》，内部资料，1995 年，第 36—37 页。

东区委工委根据中共中央的指示，决定改造旧式工会，巩固发展革命工会，促进广州工人运动的统一。1924 年 5 月 1 日，广州工人代表会召开，选出由 17 个工会的代表组成的广州工人代表会执行委员会，其中有 9 人是共产党员。广州工人代表会领导广州大部分的工会，它的成立基本上实现了广州工人运动的统一，标志着广州工会组织在中国共产党的领导下，开始从职业组织走向产业组织，从分散和各立门户走向统一联合。

1924 年 7 月 15 日，沙面 3000 多名洋务工人因《新警律》事件[①]宣布罢工，中共广州地委和广州工人代表会声援罢工工人，提供了许多帮助和支持。8 月 17 日，罢工取得胜利，成为国共合作后第一次反帝政治大罢工，显示了中国工人阶级的团结精神和斗争毅力。

1925 年 5 月 1 日，中国共产党在广州召开第二次全国劳动大会，成立了中华全国总工会，掀开了中国工人运动的新篇章。6 月，为声援上海五卅运动，中国共产党策划、发动、组织、领导了震惊中外的省港大罢工。7 月初，在中共广东区委的推动下，罢工的领导机关——中华全国总工会省港罢工委员会成立，苏兆征担任委员长。委员会下设干事局，作为委员会的日常办事机构，还设立了财政委员会、会审处、法制局、纠察队、骑船队等。在委员会的统一领导下，各机构高效运作，并时刻接受工人代表的监督，为罢工斗争取得胜利发挥了巨大的作用。罢工历时 16 个月，给帝国主义以沉重打击，“使大不列颠帝国主义在中国八十年的尊严和威望被所谓奴隶们扫得干干净净”[②]。省港大罢工的胜利，标志着广州的国民革命运动进入了高涨时期。

（三）大革命后期的广州工人运动陷入沉寂期

随着北伐战争的顺利进军，全国革命中心向北转移到武汉。1927 年

① 1924 年 6 月 30 日，沙面租界帝国主义当局借口法国驻越南总督遇刺，宣布实行《新警律》，规定从 1924 年 8 月 1 日起，华人出入沙面，必须携带贴有雇主相片的护照，而欧美人、日本人、印度人、越南人均可自由出入，引起了沙面中国工人的极大愤慨。

② 《英帝国主义之危机》，《人民周刊》第 6 期，1926 年 3 月 29 日。

初，国民政府、国民党中央党部、中华全国总工会先后决定北迁武汉，国民党左派及在广东的工人阶级力量逐渐失去领导权。

国民党右派在广州实施了一系列限制、镇压工人运动的措施。1926年7月中旬，广东政府宣布广东进入战时状态，所有产业、贸易和一切社会团体的互动都置于广东军事当局的直接控制之下，不准发生任何“违令”行为；11月，新改组的广东省政府认为，工人阶级不能置一个阶级的利益于国民利益之上，工人们不能举行罢工，因为罢工违背国民利益。12月15日，广东省政府颁布《广东省暂行解决工商纠纷条例》，对工会进行严厉限制，规定工人有违例时，“政府应随逮捕之”。国民党右派对工会的抵制态度暴露无遗。

国民党右派还不断插手破坏工人运动。他们控制腐败无能的广东总工会，收买利用广东机器工会，寻找各种借口，分裂广州工人运动。国民党右派甚至向广东机器工会暗示，对中国共产党领导的工会进行破坏和进攻不会受到政府的干涉。于是，广东机器工会利用手中的武装队伍疯狂向革命工会和进步工会进攻：1927年1月，袭击粤汉铁路工会宿舍，打死6名铁路工人；1月3日，袭击广三铁路工会，打死4人。广东省政府纵容暴徒，竟未追究，实际上支持了国民党右派及广州黄色工会对革命工人的反扑，限制了广州工人运动的发展。特别是四一五反革命政变和广州起义失败后，广州共产党组织屡遭破坏，广州工人运动也处于暂时的沉寂状态。

三、中国共产党领导下的广州工人运动的历史影响

（一）促进了广州地方党组织的发展壮大

中国共产党不断加强领导，促进了工人运动的发展，而工人运动的深入发展又推进了广州共产党组织的进一步健全和发展。1921年9月，广州共产党小组成立时，共有陈独秀、谭平山、陈公博、谭植棠等9名党

员。中共广东支部成立后，大力发展组织，特别重视在工人中发展党员，到 1922 年 6 月，共有党员 32 人（其中一半是工人）。[①] 省港大罢工发生后，中共广东区委积极在工人中发展党员。1925 年，中共广东区委在罢工工人中吸收党员 200 余人。在海员工人中，中共党员发展得更快，“在省港罢工当中，海员党的组织发展到最高程度的时候，党员人数在五百以上”[②]。据统计，在省港大罢工发生前，广东仅有中共党员 400 多人，罢工后的 1926 年 9 月，中共党员已发展到 5000 多人，仅广州一地就建立了共产党支部 30 多个。通过领导工人运动，广州地方党组织深入各个产业，建立基层组织，发展工人党员，在改变创建初期以知识分子为主的结构的同时，也扩大了群众基础和基层力量，为中国共产党补充了新鲜血液。

（二）为党组织培养了一大批革命人才和骨干

在广州轰轰烈烈的工人运动浪潮中，中国共产党不但培养和训练了大批青年知识分子党员，也成功培养了一批优秀的工人党员，为大革命乃至土地革命战争时期中国共产党的发展打下了坚实的基础。在罢工运动中成长起来的一大批优秀共产党员，成为日后党内的骨干和重要领导人，例如：海员出身的苏兆征于 1921 年与林伟民等人在香港地区建立中华海员工业联合总会，参与领导震惊中外的省港大罢工，被推选为罢工委员会委员长，在 1927 年广州起义中又被推举为广州苏维埃政府主席；湖南宜章人邓中夏在广州筹备并组织第二次全国劳动大会，参与成立中华全国总工会，任秘书长兼宣传部部长，还组织和领导了省港大罢工，被称为“天才的组织者”；省港大罢工工人代表林锵云参加了广州起义，在工人赤卫队做政治工作，抗战爆发后，在南海大榄、顺德西海等地建立党支部，组织了一支抗日游击队，成为珠江三角洲敌后游击战争的骨干力量，新中国成立后，任广东省总工会第一任主席。

---

① 中共广州市委党史研究室：《中共广州地方史（新民主主义革命时期）》，广东人民出版社，1995 年，第 25 页。

② 《中共香港市委报告》，1928 年 1 月。

（三）促进了广东革命根据地的巩固和统一

国民党第一次全国代表大会召开后，建成了以国共合作为基础的革命统一战线，广州成为全国革命的中心。然而，广东革命力量很薄弱，革命政权很不稳固。在中国共产党领导的工人运动高潮的影响下，经常有大量罢工工人聚集在广州，形成了一支有组织、有纪律、有战斗力的阶级队伍，极大地改变了广州地区阶级力量的对比，成为广东革命根据地和革命政权的坚强柱石。特别是省港大罢工工人在继续坚持罢工封锁斗争的同时，还积极支持广东革命政府从事统一广东、巩固广东革命根据地等一系列斗争。例如，罢工工人参加了东征讨伐陈炯明叛军、南征讨伐军阀邓本殷部的战争，使广东革命根据地在政治上、军事上不断得到发展和壮大，为巩固广东革命政权和革命根据地作出了重要贡献。

（四）推动了广东全省乃至全国工人运动的发展

作为当时国民革命和工人运动的中心，广州的工人运动势必具有带动引领效应。

一是当时中国共产党的领导中心在广州。1923 年 5 月，中共中央机关从上海迁到广州办公，中国共产党第三次全国代表大会胜利召开。会议通过的决议案指出，“引导工人农民参加国民革命，更是我们的中心工作”。

二是当时全国工人运动的领导中心在广州。中国共产党第三次全国代表大会在广州召开，中华全国总工会在广州成立，总部设在广州，成立不久后就直接指挥领导了省港大罢工，推动了第二次全国工人运动高潮的到来。

三是广州工人运动具有引导性。在广州沙面工人罢工以前，全国发生了一系列惨案，尤其是京汉铁路工人罢工失败，使工人运动进入了低迷阶段。1924 年 7 月，中国共产党领导的广州沙面工人罢工取得胜利，在广东、香港引起了轰动，对中国北方地区的工人运动也产生了巨大的影响，是工人运动由低潮转向高潮的信号。邓中夏对此作了高度评价："自'二七'失败以来，消沉状态直到一九二四年上半年还未改变，七月广州沙面发生大罢工，才表示着这种状态应该消失中止了。"[①]

① 邓中夏：《邓中夏文集》，人民出版社，1983年，第526页。

湖南早期工人运动

⊙宋银桂*　江　军**

湖南早期工人运动的时间一般认为是1919年五四运动至1928年湖南各地工农武装暴动失败这段时期。在这一历史时期，地处内陆的湖南虽然工业落后，但工人运动风起云涌，在中国工人运动史上占据了重要地位。

湖南的工人是伴随着工场手工业的出现而产生的。工场手工业的出现使此前从事手工业的生产者成为第一批手工业工人，从而有了工人阶级的萌芽。随着近代工矿业的出现，工人阶级的队伍逐渐壮大。五四运动发生以前，湖南的工人先后加入太平军起义和反洋教运动的行列，也参加了资产阶级领导的民主革命运动，但这些都只是工人参加的运动，而不是现代意义上的工人运动。现代意义上的工人运动应该具备三个条件：一是要有工人自己的组织从中组织和领导；二是要形成阶级的自觉；三是要有一致的目标和共同的行动。五四运动后，在反帝反封建的斗争中，中国的工人阶级在民族主义和民主主义的旗帜下，逐渐形成了阶级的自觉，明确了本阶级的历史使命和行动目标，建立了自己的组织。五四运动发生以后，中国工人阶级作为独立的政治力量登上历史舞台，掀开了中国现代式工人运动的新篇章。

湖南早期的工人运动约始于五四运动。四一二反革命政变和马日事变

* ［作者单位］湘潭大学哲学与历史文化学院。

** ［作者单位］湖南省总工会。

发生后，湖南全境被一片白色恐怖笼罩。但是，湖南的工人阶级没有屈服于敌人的屠刀，他们在共产党的领导下，联合自己的同盟军，组织工农义勇军，义无反顾，前赴后继，先后组织了10万名工农义勇军反攻长沙，发动秋收起义、长沙工人“灰日暴动”、安源路矿工人罢工、水口山工人暴动、湘南起义、桃源暴动、石门暴动、醴陵暴动、安化扑城、平江起义、桑植起义等惊天地泣鬼神的壮举。自1927年5月以后的一年多时间里，湖南的工人和农民举行了数十次武装暴动、千百次“红色清乡”，走上了武装反抗国民党新军阀的道路。然而，由于种种原因，这些起义和暴动大都失败了。毛泽东率领参加秋收起义的工农革命军转战湘赣边界的井冈山，建立了第一个农村革命根据地。接着，在湘鄂赣、湘赣、湘鄂西、湘鄂川黔诞生了作为“星星之火”的苏维埃政权。而在国民党新军阀统治下的湖南广大地区，赤色秘密工会被逐渐封杀而代之以国民党的御用工会。1928年6月，中国共产党第六次全国代表大会通过的《职工运动决议案》规定：“职工运动现在的基本任务就是动员所有的无产阶级群众来围绕着党的阶级组织（党及职工会），在组织问题上的基本策略是组织无产阶级的日常经济斗争，反对反动工会，组织革命工会，用宣传与煽动的方法来提高广大工人阶级的觉悟。”从此，湖南的工人运动转入低潮。

一

1920年11月21日，湖南省第一个现代工会组织——湖南劳工会正式宣告成立。它的主要组织者黄爱是一个进步的爱国青年。1917年，黄爱自湖南甲等工业学校毕业后，在工厂做过技术工人，对工人的疾苦有亲身体验。五四运动期间，他在天津参加爱国运动，担任过由周恩来任主编的《天津学生联合会报》的编辑。到北京后，他参加了李大钊主办的工读互助团，后经李大钊介绍，到上海任《新青年》杂志社缮写。在这个过程中，黄爱越发感觉到建立工人自己的团体、谋工人阶级自身利益的重要性。于是，他与志同道合的庞人铨一起，共同创立了湖南劳工会。湖南劳工会成立之初，虽然在一定程度上受到了基尔特社会主义和无政府主义的影响，但通过开办工人夜校、组织和援助工人罢工、组织湖南工人首次纪念“五一”国际劳动节和反对太平洋会议的示威游行、领导湖南第一纱厂工人运动等措施和行动，自始就将反封建、反资本家剥削与反帝国主义联系在一起，对启发工人的阶级觉悟、提高工人的思想意识发挥了积极的作用。1921 年 11 月，中国劳动组合书记部湖南分部成立后，积极帮助湖南劳工会改组，黄爱接受时任湖南分部主任毛泽东的建议，修改湖南劳工会章程，消除无政府主义的影响。至黄爱、庞人铨牺牲之时，湖南劳工会事实上已被置于中共湖南支部和中国劳动组合书记部湖南分部的领导之下。毛泽东在《所希望于劳工会的》一文中，赞誉“劳工会这一年来的艰难缔造，在湖南劳动运动史上写完了头一页”①。黄爱和庞人铨英勇献身后，李大钊在《黄庞流血记序》中写道：“中国社会运动史的首页，已由黄、庞两先生用他们的血为我们大书特书了一个新纪元！”② 因此，尽管湖南劳工会在黄爱、庞人铨牺牲后开始游离于湖南工人运动之外，但是，它对湖南早期工人运动的影响，它在湖南乃至全国工人运动中的先声地位是不容否定的。

中国共产党第一次全国代表大会通过的《中国共产党纲领》确定党的基本任务之一是从事工人运动的各项活动，加强对工会和工人运动的研究和领导。同时通过的《关于当前实际工作的决议》提出党成立后的中心任务是组织工会和教育工人，领导工人运动。1921 年 8 月，中国共产党在上海成立了第一个领导全国工人运动的组织——中国劳动组合书记部，从 1922 年 1 月到 1923 年 2 月，中国工人运动出现了第一次高潮，全国罢工次数在 100 次以上，参加罢工的工人多达 30 多万人。在这个高潮中，湖南的工人运动激流涌动，据毛泽东《一九二二年至一九二三年中湖南工

① 湖南省总工会、湖南省社科院历史所、湖南省档案馆：《湖南工运史料选编》第一册，湖南省总工会、湖南省社科院历史所、湖南省档案馆，1984 年，第 65 页。

② 湖南省总工会、湖南省社科院历史所、湖南省档案馆：《湖南工运史料选编》第一册，湖南省总工会、湖南省社科院历史所、湖南省档案馆，1984 年，第 95 页。

会数和一九二二年湖南工人罢工统计》，1922 年 8 月—12 月，“共计罢工十次，胜利及半胜利九次，失败一次。罢工人数总计二万二千二百五十人”。[①] 从罢工的规模而言，不论是罢工次数，还是参加罢工的人数，几乎占全国的 1/10，这对当时湖南工矿业尚属落后、工人队伍也赶不上沿海及开埠早的省份的内陆省份的状况而言，确实是难能可贵的。就罢工的影响而论，当时有粤汉铁路工人大罢工、安源路矿工人大罢工、水口山铅锌矿工人大罢工、长沙泥木工人大罢工、印刷工人大罢工、制造业工人罢工、缝纫工人罢工、理发工人罢工、笔业工人罢工等，参与罢工的行业很多，尤其是安源路矿工人大罢工和水口山铅锌矿工人大罢工在全国范围内都产生了很大的影响。时任中国劳动组合书记部主任邓中夏在其《中国职工运动简史》中写道：“中国矿山虽多，唯有全部组织的，只有江西之安源，及湖南之水口山二处，而水口山铅锌矿罢工，其雄壮不亚于安源。”[②]

尤其值得称道的是，安源路矿工人大罢工打破了矿业中由来已久、积弊甚大的“包工头制度”。刘少奇曾说，1922 年 9 月的安源路矿工人大罢工在安源路矿最显著的意义是“厥为打破‘包工头制度’”。“安源煤矿包工头的收入真是骇人听闻，工头从工人身上剥削所得超过工人工资一倍以上，甚至有超过三四倍的，工头每月收入有银圆七八百元者，有上千元者。”[③] 通过这次罢工，“将窿工处及窿外各处包工悉改为由工人合作，窿工处工头每月工资自十元起至三十元止，工人工资照罢工时条约规定不改，其余各项消耗归合作账内开支，所得红利，工头占百分之十五，管班占百分之五，余百分之八十，由工人平分（详见最高代表会议报告）……于是破天荒改包工为合作的办法，在萍矿乃告成功了”[④]。“包工头制度”

---

① 湖南省总工会、湖南省社科院历史所、湖南省档案馆：《湖南工运史料选编》第一册，湖南省总工会、湖南省社科院历史所、湖南省档案馆，1984 年，第 315 页。

② 邓中夏：《中国职工运动简史》，《湖南工人运动史》编写组：《湖南工人运动史》，中国工人出版社，1994 年，第 117 页。

③ 邓中夏：《中国职工运动简史（选录）》，长沙市革命纪念地办公室、安源路矿工人运动纪念馆：《安源路矿工人运动史料》，湖南人民出版社，1980 年，第 62 页。

④ 刘少奇、朱少连：《安源路矿工人俱乐部略史》，长沙市革命纪念地办公室、安源路矿工人运动纪念馆：《安源路矿工人运动史料》，湖南人民出版社，1980 年，第 164 页。

的废除，在当时的全国工人运动中产生了很大的影响，正太铁路总工会石家庄工会在安源路矿工人俱乐部罢工胜利周年纪念的祝词中热情洋溢地赞叹道："好个英雄伶俐的孩子，刚生出一个周年，就大战了一场资本家，打破了一切工头制，建设一个坚强大营寨，立学校图书馆，倡设合作社，这些都是周岁英雄伶俐孩子的伟绩呵！"[①] 废除工头制，建立工人消费合作社，加强对工人的教育，作为安源路矿工人俱乐部及其领导的工人运动的成果，在全国工人运动中起到了示范作用。"安源路矿工人俱乐部当时确有很多的成绩，最大的为消费合作社、工人教育等。"[②] "在过去一年的运动中，我们的俱乐部——我们一万多名工友——颇得了些许胜利，也颇干了一二件可观的事业——合作社与学校——并没有遇着多大的阻碍，也并没有显出我们工友的无能，这本来是事实，是的确的。"[③]

二

1923 年 2 月，京汉铁路工人大罢工失败后，全国范围内的工人运动转入低潮，但是湖南的工人运动仍在继续，"中国的劳动运动自京汉罢工失败以后，差不多都受了封建武人的摧残。而安源工友的团体，独能依然存在，无丝毫的损失"。[④] 不独安源俱乐部如此，湖南全省各地、各行业、各工矿的工会组织和工人运动同样有声有色。

粤汉铁路总工会成立后，到 1923 年 2 月初，工会会员由 1900 人增至 2500 人。在郭亮的领导下，1923 年 3 月，建立了铜官窑业工会和工人夜校，会员达 3000 余人。水口山工人俱乐部于 1923 年 4 月创办了工人学

---

① 长沙市革命纪念地办公室、安源路矿工人运动纪念馆：《安源路矿工人运动史料》，湖南人民出版社，1980 年，第 105 页。

② 邓中夏：《中国职工运动简史（选录）》，长沙市革命纪念地办公室、安源路矿工人运动纪念馆：《安源路矿工人运动史料》，湖南人民出版社，1980 年，第 64 页。

③ 求实：《朋友，歇歇脚力，预备爬山吧！》，长沙市革命纪念地办公室、安源路矿工人运动纪念馆：《安源路矿工人运动史料》，湖南人民出版社，1980 年，第 139 页。

④ 达时：《安源工友应注意的几件事》，长沙市革命纪念地办公室、安源路矿工人运动纪念馆：《安源路矿工人运动史料》，湖南人民出版社，1980 年，第 111 页。

校和工人消费合作社，工人学校分补习部与小学部，补习部有学员 200 余人，小学部有工人子弟 100 余人。湖南黑铅炼厂于 1923 年 4 月成立了工人俱乐部，会员达 300 人。1923 年 4 月，湘潭锰矿的运砂工人成立了湘潭第一个产业工人的工会组织——土车子运输工会。在此期间，长沙的电气工人、碾谷工人、茶居工人、商店工人、箩业工人、油漆工人以及铜匠、鞋匠等都组织了工人俱乐部或工会。醴陵成立了窑业工会，水口山附近的松柏也成立了砂船工会和运输工会。与此同时，湖南造币厂工人开展了驱逐厂长宾步程的斗争。长沙人力车工人为反对栈主抬高日租举行罢工并取得了胜利，在罢工过程中喊出了“打倒危害工人的军阀政府”的口号。曹锟贿选后，水口山工人俱乐部通电全国各报馆并全国国民，谓曹锟“窃登国位，如此之罪魁祸首，实我工人全体亦全国国民之公敌也”。这篇掷地有声的檄文被誉为“工团反对曹锟之第一声”[①]。这些说明湖南工人运动由争取经济权利、政治权利的斗争提升到了打倒军阀政府的高度。

这个时期的湖南工人运动，除了组织工人团体、开办工人学校、举行工人罢工，还积极声援国内的工人运动。二七惨案发生后，湖南全省工团联合会一面致电全国各工团和各农、商、教育会、学生联合会以及各报馆，一面召集各工团代表开临时紧急会议，讨论援助办法。粤汉路“全路于八日早均行停止开车，湘鄂交通，一时断绝，消息停滞，商旅维艰”[②]。与此同时，湖南全省工团联合会还分别致电吴佩孚和肖耀南。在致吴佩孚的电报中道：“北起长辛店，南迄武汉，杀声遍地，冤呼震天，先生安坐洛阳，指挥若定，金口掘堤，重庆犯顺，方之是役，犹未为勇。吾闻古有民变，今则工变。俄罗斯工变矣，数百年盖世威凌之尼古拉斯，一旦如摧枯拉朽。如德如法如意大利，旦晚有事，其军阀政客资本家悉属尼古拉斯第二。”在致肖耀南的电报中道：“世曰劳工神圣，先生必曰军阀神圣，以

---

① 《工团反对曹锟之第一声》，《民国日报》，1923 年 11 月 19 日，第六版。

② 《湘工团援助京汉路工之热烈》，湖南省总工会、湖南省社科院历史所、湖南省档案馆：《湖南工运史料选编》第一册，湖南省总工会、湖南省社科院历史所、湖南省档案馆，1984 年，第 283 页。

武汉近事观之，军阀则诚神圣矣，然吾闻世有杀不绝之劳工，未有杀不绝之军阀。”① 从这些字里行间可以读出湖南工人对直系军阀屠杀政策的悲愤和对军阀统治的不屑。

二七惨案发生后，湖南工人运动中的反帝斗争渐成波澜壮阔之势。1923 年 4 月 5 日，湖南全省工团联合会召开联席会议，声援收回旅大运动，同时通电全国各报馆、各工团、各学校，“愿我同胞联合而起，共谋抵抗，如日本人狼心不死，则誓与断绝邦交，抵制劣货。务必做到废止所谓中日新约，保障国权，而维持东亚和平”。②5 月 13 日，湖南外交后援会颁布《对日经济绝交公约细则》，工人、学生自动走上街头，日夜轮班，在车站、码头检查日货。凡查出日货，一律没收销毁；凡坐日轮者，皆在其衣上强印“亡国奴”图章。这种不屈不挠的斗争再次招致日军的屠杀，酿成了六一惨案。1923 年 10 月，湖南全省工团联合会为收回威海卫通电全国各报馆、各团体，表示：“吾人应以对付日本者对付英国，及一切有侵略吾国行为之列强，庶几足以表示民族独立之精神，而达世界改造之目的。”③ 这些反帝斗争进一步促进了湖南工人运动与反帝斗争的结合。

这一时期，湖南工人运动的显著特点是工人运动与农民运动结合。最典型的事例是岳北农工会的成立。岳北是指南岳北麓以白果为中心的衡山县境内方圆四五十里的地方，白果还是当年湖南省省长赵恒惕的“胞衣地”。这里因为天灾人祸致农民穷困潦倒，十室九空。很多农民都去安源和水口山卖苦力。安源和水口山罢工胜利后，作为中共党员的刘东轩和安源工人骨干谢怀德均回家乡岳北度春节，在农民中传播了工人罢工胜利的消息和经验。1923 年夏初，水口山矿党支部派刘东轩回岳北做宣传和组织农民运动的工作。不久，安源党组织又派谢怀德回乡协助刘东轩。就这样，在他们的串联和发动下，岳北农工会于 1923 年 9 月 16 日在白果正式

---

① 湖南省总工会、湖南省社科院历史所、湖南省档案馆：《湖南工运史料选编》第一册，湖南省总工会、湖南省社科院历史所、湖南省档案馆，1984 年，第 284—285 页。

② 湖南省总工会、湖南省社科院历史所、湖南省档案馆：《湖南工运史料选编》第一册，湖南省总工会、湖南省社科院历史所、湖南省档案馆，1984 年，第 293 页。

③ 《工联会为争回威海卫通电》，长沙《大公报》，1923 年 10 月 20 日，第六版。

成立。农工会的命名象征着工人运动和农民运动的结合，中共衡阳地方组织和中共湘区委员会先后派共产党员雷晋乾和戴晓云到岳北建立党组织，巡视和指导工作。岳北农工会成立后，先后组织和领导了当地的阻禁、平粜、减租减息、减租退押的斗争并取得了胜利，给当地及邻近的衡阳、湘潭、湘乡的农民以很大的鼓舞，他们纷纷要求加入农工会。至1923年11月上旬，入册会员达4万人。

湖南的工人运动在这一期间之所以能够继续发展，主观方面是因为以毛泽东为代表的工人运动领导人能够从实际出发，注重工人教育，提高工人觉悟；党的领导有力，工会组织严密，罢工纪律严明；善于运用正确有效的策略。客观原因是当时湖南的社会环境相对有利。邓中夏在总结第一次全国工人运动高潮的教训时，认为当时最大的错误是关门主义，没有在工会中发展党的组织，唯有湖南的党组织，从最初的湖南支部，经中共湘区委员会到中共湖南区委，都很重视在工人中发展党员，建立党的组织。除了党组织的建设，湖南的工会组织也相对健全并且有自己的特色。以省级工会领导机构而言，继中国劳动组合书记部湖南分部成立之后，1922年11月5日，又成立了湖南全省工团联合会，这是当时全国两大省级工会组织之一（另一个是湖北工团联合会）。就工矿的工人组织来说，安源路矿工人俱乐部首创以“十人团”为基本单位，将工人组织起来。“当时该矿全体工人是已经完全组织在一个严密系统之下。”[①] 湖南全省工团联合会在致安源路矿工人俱乐部罢工胜利周年纪念典礼的祝词中更是认为“安源路矿工人俱乐部的成立是经过一次艰苦卓绝的大奋斗而来的，虽产生将及一年，而组织之完密，实力之充实，诚为国内劳动团体所仅见”[②]。安源路矿工人俱乐部的这种组织形式很快便推广到了水口山矿以及岳北农工会，在全省乃至全国的工人运动组织中起到了示范作用。

① 邓中夏:《中国职工运动简史（选录）》，长沙市革命纪念地办公室、安源路矿工人运动纪念馆:《安源路矿工人运动史料》，湖南人民出版社，1980年，第64页。

② 邓中夏:《中国职工运动简史（选录）》，长沙市革命纪念地办公室、安源路矿工人运动纪念馆:《安源路矿工人运动史料》，湖南人民出版社，1980年，第96页。

在湖南早期工人运动中，以毛泽东为代表，罢工策略的运用也是很成功的，主要体现在：“一是团结内部，分化敌人，争取社会舆论的同情与支持，建立广泛的统一战线；二是注意把工人阶级的目前利益与长远利益结合，掌握火候，适可而止，进行有理、有利、有节的斗争；三是善于审时度势，随时分析敌我力量的对比，运用‘以彼之矛，攻彼之盾’的策略，讲究斗争艺术，迫使对方签署条约，消除“左”的影响，反对盲目冒进。”①

于湖南工运有利的客观条件就是当时湖南正处在北洋军阀与孙中山广东革命政府的要冲，一方面，直系军阀吴佩孚在英美的支持下准备进攻广东的革命政权；另一方面，孙中山在1923年2月回到广东后，建立了新的政权并准备北伐，公开支持工人运动。处在南北两大势力的夹缝中的赵恒惕，虽然骨子里必欲置工农运动于死地，但表面上又不得不对南方政权有所迁就，因而标榜自治，实施“省宪”，这样就给湖南的工农运动提供了有利的环境。

三

1923年八九月间，以吴佩孚为后盾的赵恒惕与孙中山委任的湖南省省长兼湘军总司令谭延闿之间的战争，因陈炯明叛变，经短兵相接之后，以赵恒惕的暂时胜利而告终。随后，赵恒惕便把矛头指向支持过谭延闿的政党和团体，对中国共产党领导的湖南工人运动采取血腥镇压的政策。1923年冬，“水口山工人罢工失败以后，湖南职工运动才完全进入秘密状态，因为赵恒惕不仅以铁血摧残水口山工人，连带亦以强力封禁湖南所有的工会”②。除安源煤矿工会“巍然独有”以外，湖南各地的工会都被赵恒

① 《湖南工人运动史》编写组：《湖南工人运动史》，中国工人出版社，1994年，第155页。

② 邓中夏：《中国职工运动简史（选录）》，长沙市革命纪念地办公室、安源路矿工人运动纪念馆：《安源路矿工人运动史料》，湖南人民出版社，1980年，第62页。

惕《湖南工会暂行规程》下的御用工会取代，湖南早期工人运动进入低潮，直到1926年3月赵恒惕被逐出湖南才结束。

1924年1月，中国国民党第一次全国代表大会通过了由共产党人起草的以反帝反封建为主要内容的宣言，确定了“联俄、联共、扶助农工”三大政策。会后，国民党各级党部都设立了工人部。中国共产党为了更好地积蓄力量、开展工人运动，经中国共产党第三次全国代表大会正式确定了与国民党实行党内联合的策略，共产党员以个人名义加入国民党，一方面利用国共合作的统一战线发展壮大共产党的队伍，另一方面通过在国民党内的公开地位争取国民党左派，组织和领导工人运动。

湖南的国共合作起步较早。1923年7月，中共湘区委员会贯彻中国共产党第三次全国代表大会的精神，派李维汉、何叔衡、夏曦与国民党人覃振、邱维震商议，组织了国民党湖南省党部筹备处。9月，中共湘区委员会与受国民党中央派遣回湘筹组国民党地方组织的夏曦、刘少奇、覃振、毛泽东等一起在湖南建立了国民党湖南总支部，辖长沙、安源、宁乡4个分部（其中长沙设有2个分部）。1924年4月中旬，中国国民党临时省党部成立，夏曦任书记，这是国共合作统一战线在湖南形成的标志。共产党人在这个过程中发挥了重要的作用，在第一次国共合作、领导湖南工人运动中扮演了重要的角色。著名的工运领袖郭亮曾任国民党湖南省临时省党部委员、湖南省党部执行委员，负责工农运动。1926年5月，郭亮在第三次全国劳动大会上当选为中华全国总工会候补执行委员，之后便回衡阳，与何叔衡、夏曦、曾三、熊亨翰等人组成了中国国民党湖南省党部特别委员会，大力组织湖南工农支援北伐。邓中夏在1922年5月中国劳动组合书记部改组后当选为书记，国共合作后的中华全国总工会成立，他任秘书长兼宣传部长。1925年5月，通过第二次全国劳动大会，刘少奇当选为中华全国总工会执行委员会副委员长。以领导安源路矿工人俱乐部和安源大罢工而著名的李立三，在1926年5月召开的第三次全国劳动大会上当选为中华全国总工会执行委员、组织部长。这一时期的湖南工人运动，很多时候虽然是以国民党湖南及地方党部的名义组织和发动的，但因为这时的国民党湖南省党部以共产党人为核心，各县市党部的工农委员也多由共产党员担任，所以湖南全省工人运动及其他群众运动是中共湘区委员会通过国民党党部的名义实现的。

这个时期，迫于不利的外部环境，工人运动的重点放在了在工人中发展党的组织和工人教育方面，但是有领导的和自发的小规模罢工斗争并未间断。长沙的印刷工人、箩业工人、染坊工人、泥木工人、篾业工人、棕店工人、缝纫工人、人力车工人罢工，平江纸业工人罢工，湘潭人力车工人罢工，衡阳码头工人罢工等各行业的苦力和手工业工人的罢工此起彼伏。其中，1924 年 10 月爆发的平江 2000 名纸业工人罢工是这一时期规模最大的一次手工业工人大罢工。产业工人的罢工则有湖南第一纱厂、安源煤矿和湘潭锰矿工人的罢工，其中，1924 年 5 月 1 日开始的湘潭锰矿运砂工人的罢工是二七惨案后，“从 1923 年 5 月 1 日至 1924 年 5 月 1 日这一年里全国 36 次罢工中仅有的两次产业工人罢工斗争之一，冲破了当时全国工人运动的消沉状态，影响颇大”。①

如果说前一阶段湖南工运中的反帝斗争开始形成波澜壮阔之势，那么，从 1924 年 1 月到 1926 年 3 月的反帝运动则汇成了澎湃的洪流。在洪流中，有由五卅惨案引发的遍布全省的声援示威运动，有安源、水口山和锡矿山工人的罢工抗议运动，有长沙工人收回大金码头的运动，有反对湘潭日商殴伤杭发女工的大风潮，有平江工人禁运英国煤油的斗争。五卅惨案点燃的反帝怒火，促进了湖南工人运动的复苏，“而且湖南工人的反帝思潮与上海五卅反帝浪潮由于民族资产阶级的破坏而过早退潮不同，没有出现明显的退潮，这也是此时期湖南工人运动的特色之一”。②

随着广东革命势力的壮大和工人运动的复苏，给北洋军阀的统治造成了日益严重的危机。在山雨欲来的大革命背景下，赵恒惕犹作困兽之斗。

① 《湖南工人运动史》编写组：《湖南工人运动史》，中国工人出版社，1994 年，第 177 页。

② 《湖南工人运动史》编写组：《湖南工人运动史》，中国工人出版社，1994 年，第 192 页。

1925年9月20日，安源工人再次实行全体总罢工，遭到了赵恒惕政府的血腥镇压，史称“九月惨案”（“安地事件”），年轻的工运领袖黄静源壮烈牺牲。11月，长沙爆发了争取集会、结社、言论、出版自由的大学潮，也遭到了军警的弹压。长沙铅印活版工人举行声援学生运动的同情罢工，印刷工会被查封。赵恒惕的疯狂无异于自掘坟墓，使湖南的工人、农民、学生进一步认清了军阀的真面目，认清了军阀、帝国主义和资本家之狼狈为奸、沆瀣一气的关系，于是他们建立起自己的联合战线，并且利用唐生智与赵恒惕之间的矛盾，开始采用“联唐驱赵”的策略。赵恒惕在民怨沸腾、众叛亲离的情况下，被迫于1926年3月11日发表“去职通电”，统治湖南6年之久的赵恒惕政府最终被湖南民众推翻。

四

赵恒惕被赶出湖南后，由唐生智代行省长职权。在“驱赵”的过程中，唐生智之所以倒戈相向，一方面是因为中共湖南区委“联唐驱赵”策略的成功实施，另一方面也因为唐生智在一定程度上受到了工农运动的感召。因此，在他取代赵恒惕以后、革命形势继续高涨之时，他对湖南的工人运动持同情的态度。加上广东政府正在酝酿北伐，所以，从1926年4月到1927年5月马日事变发生，湖南的工人运动从白色恐怖中走向公开，继而投入北伐的洪流中。

湖南是北伐的最前线，是南北争夺的首战之区，因此，战事相当激烈。1926年5月，北伐军叶挺先遣团进军湖南，湘南地区的工农纷纷起来开展各种支前服务活动。6月1日，叶挺独立团由永兴进入安仁，安仁工农群众箪食壶浆，自愿为北伐军带路、运送弹药。在湖南境内，北伐军所到之处，工人有投身革命、参加北伐军的，有张贴标语、宣传北伐的，有肩挑手推、随军做运输的，有熟悉地形、放哨指路的，有乔装打扮、探敌营摸岗哨的。各地组织的宣传队随军到前线鼓舞军心、号召民众，慰劳队帮助送茶饭、慰问伤员，疑兵队摇旗呐喊、蛊惑敌军，破坏队撬铁轨、毁电线、断桥梁，交通队探敌情、送情报、当向导。印刷工人负责印刷传单和标语，铁路工人、码头工人、篓业工人、人力车夫负责兵员和军需的输送，矿工负责挖掘地道，土木工人负责生产土炸弹。北伐军进军岳阳时，粤汉铁路工人破坏铁轨，使吴佩孚援兵难至而最终败北。北伐军占领南昌后，孙传芳败走九江，并在败退途中破坏了南昌至九江的铁路，安源路矿工人便组织铁道队连夜赶修铁路。在北伐军进攻的过程中，工农和市民积极配合，多方支援。北伐军移师他向后，工农和市民又组织力量协助城防、维持秩序。

湖南工人在北伐战争中奋勇争先，屡建奇功，为北伐在湖南的凯歌行进写下了多姿多彩、可歌可泣的一笔。协夫在《湖南工、农直接参加北伐战争的一些事实》中指出："尤其是湖南的工、农群众之直接拥护战争，则确为北伐军此次伟大胜利中不可忽略之一事实。"①

北伐战争的胜利带来了湖南工人运动的大发展。1926 年 7 月 30 日，中共湖南区委督促湖南省建设厅颁布了孙中山在大元帅任内制定的工会条例。1926 年 8 月 16 日，国民党湖南省第二次代表大会召开，接受了中共湖南区委的建议和区委对湖南政局的宣言，通过了《工人运动决议案》。全省各地、各行业的工会按照新条例重新登记、改组，并向当地主管官厅注册、具报备案。原来维护业主利益的工业总会和长沙县工会等招牌工会被查封，湖南劳工会也于 1926 年 10 月解体。1927 年 5 月，湖南全省 75 个县中成立了县总工会或筹备处的有 60 余个县，全省总工会拥有会员 40 万人。

1926 年 8 月 26 日，湖南全省工团联合会改组为湖南全省总工会，由郭亮任委员长。1926 年 12 月 1 日，湖南全省第一次工人代表大会和农民代表大会在长沙教育会前坪隆重开幕。到会的 175 名工人代表了全省 32.6 万多名工会会员。代表大会的召开"是几年以来全省工人运动和一年多以来全省农民运动的大检阅，是湖南的工人运动农民运动继续增高的象征，

---

① 湖南省总工会、湖南省社科院历史所、湖南省档案馆：《湖南工运史料选编》第二册，湖南省总工会、湖南省社科院历史所、湖南省档案馆，1984 年，第 218 页。

是湖南的工人群众和农民群众在革命征途中携手并进共同奋斗的表现”[①]，也是大革命时期湖南工人运动发展到顶峰的标志。

北伐战争推动了湖南的反帝爱国运动。1926 年 9 月 25 日，长沙 3 万余人举行反英示威游行大会，抗议英帝国主义制造万县惨案。1927 年初，在帝国主义把持下的外国轮船和在长沙海关工作的海员、海关工人相继爆发了反英罢工斗争。1927 年 2 月 9 日，为抗议英国水兵在长沙港登陆行凶，湖南全省总工会组织长沙 10 万人举行反英示威活动。1927 年 2 月 28 日，为声援上海工人的罢工斗争，长沙、湘潭、衡阳等地的工会相继举行大规模反英反孙（传芳）反奉罢工。这些罢工斗争后来发展成为联合各业的以收回内河航行权、海关自主权为目标的政治斗争，自 1927 年 1 月中旬至 4 月上旬，共坚持了 2 个月又 25 天之久。罢工时间长，参加罢工的工人队伍发展到帝国主义在湖南的企业，反映了这一时期反帝斗争的深入发展。

这一时期反帝斗争最突出的成果是收回了湖南的邮权、湘雅医院和长岳海关。由于湖南邮务工人据理力争，1927 年 3 月 17 日，国民政府交通部下令解除法国籍邮务长饶略的职务，同时收回了被帝国主义分子统治了数十年之久的湖南邮权。1927 年 3 月 20 日，湖南人民对英罢工委员会宣布收回湘雅医院，并开展救济工人和整顿院务工作。1927 年 4 月 6 日，湖南人民收回海关委员会和长沙海关。4 月 10 日，岳阳海关税务司阿克乐同意将岳阳海关交还给湖南人民。这些收回主权和利权斗争的胜利是北伐战争胜利的成果，也是湖南反帝斗争进入新阶段的标志。

这个时期的湖南工人运动还造成了湖南农村的一个大变动，造成了工人运动与农民运动更紧密的联系。根据湖南全省第一次工农代表大会通过的《惩办土豪劣绅贪官污吏决议案》，1927 年 1 月，湖南先后成立了有省总工会参与其中的审判土豪劣绅特别法庭，颁布了《湖南省惩治贪官污吏条例》和《湖南省惩治土豪劣绅暂行条例》。之后，湖南全省各地开展了

① 湖南省总工会、湖南省社科院历史所、湖南省档案馆:《湖南工运史料选编》第二册，湖南省总工会、湖南省社科院历史所、湖南省档案馆，1984 年，第 293 页。

轰轰烈烈的镇压土豪劣绅和贪官污吏的运动。

与此同时，湖南的工人运动与农民运动进一步结合，中共湖南区委以国民党湖南省党部的名义派往各地的农运特派员大部分是从事工运或工人出身的党员。由广州农讲所派回湖南做农运特派员的湖南籍学员几乎都是工人。水口山工人骨干宋乔生等人帮助附近的农友查封假农会，建立自己的农会组织。水口山矿工会还先后派出一批工人骨干分赴衡山、衡阳、宝庆等地开展农民运动，津市、新化、安乡、宝庆等县工会发动会员深入乡村宣传革命，建立农会组织。各地工会还联合农会采取没收、罚款、赔偿、抄家、出谷、戴高帽游行等方式向豪绅地主开展减租减息、清算逆产、平粜阻禁、打富济贫、取消苛捐杂税等经济斗争。

工农运动的结合还荡涤着封建的宗法思想和落后的风俗习惯。各地的工会和农会一起组织宣传队，在街头闹市、人行要道以张贴标语、搭台演讲、高呼口号等方式进行大张旗鼓的宣传和发动。不少地方废族规、烧族谱、打菩萨、烧神像、折庙宇，限制巫婆、神汉的迷信活动。禁烟（鸦片）、禁赌、禁娼以及提倡妇女解放、男女平等的宣传和活动在各地普遍开展，社会风俗和精神面貌为之一新。

毋庸讳言，在大革命的洪流中，工人运动也发生过一些过火的行为。一些地方工会成了一级政权机关，在镇压贪官污吏和土豪劣绅的过程中出现过乱捕滥杀的情况；在破除封建宗法思想、改造社会风俗的时候，有强迫命令的倾向和一些过激的行为。这些“左”的举动，一方面在社会上造成了一定程度的恐慌，不利于争取群众，另一方面也给反革命势力的反扑提供了口实。

五

如火如荼的湖南工农运动触及了地主豪绅和有产者的利益。1927 年 3 月 14 日，湖南全省总工会、湖南省农民协会在长沙召开 10 万人市民大会，反对蒋介石军事独裁，给蒋介石的独裁统治造成了威胁。1927 年 4

月 11 日，蒋介石密令北伐军克复的各省一致实行“清党”，次日，在上海公开发动反革命政变。1927 年 5 月 20 日，长沙发生马日事变，此后，湖南的工人运动走上了武装反抗国民党反动派屠杀政策的道路。

1927 年 5 月 23 日，中共湖南省委和工农运动的领导人在湘潭县城和化坛召开最高军事会议，决定以革命的暴力反抗反革命的暴力。随后组织长沙、湘潭、湘乡、浏阳、株洲、茶陵、醴陵、攸县、衡山、华容、岳阳、邵阳、宁乡以及安源、水口山、锡矿山等地的十多万工农武装进军长沙。虽然这次军事行动因为中共中央的右倾错误思想的指导以及准备仓促、缺乏统一有效的指挥等原因而以失败告终，但仍不失为武装反抗的先声。早于南昌起义和八七会议两个多月。

八七会议后，中共中央派毛泽东回湖南组织秋收起义。为了充分发动工人参加起义，中共湖南省委设立工人部，秘密恢复了湖南全省总工会。一些工会负责人到农村做农运工作。平江县成立了暴动委员会，由纸业工会首领罗纳川任暴委会主任。安源工人中仅青年团员报名参军的就有 400 多人，修理厂的工人拉开 40 多座红炉，夜以继日地为起义军赶制马刀和梭镖。有 1300 多人分别组成了炸弹队、梭镖队、看护队、宣传队。长沙的 60 多名铁路工人分成几个行动小组，破坏长沙至岳阳、长沙至株洲、易家湾至大托铺之间的铁路，炸毁株洲至白关铺、长沙至大托铺之间的桥梁。在秋收起义前敌委员会指挥的工农革命军第一军第一师中，有平江的工农义勇军、浏阳工农义勇军，还有安源工人纠察队和矿警队，它们是这支正义之师的主力，任弼时在当时给党中央的报告中说：“工人参加这次暴动非常热心，并极勇敢，炸弹队、梭镖队、看护队、宣传队等队内均系工人（约有一千二三百人参加）。”① 书记彭公达在《关于湖南秋暴经过的报告》中也说：“在秋收暴动经过中，湖南的无产阶级——安源工人、铁路工人等——的奋斗精神，特别表现得十分坚固和勇敢，确是革命的先

① 长沙市革命纪念地办公室、安源路矿工人运动纪念馆：《安源路矿工人运动史料》，湖南人民出版社，1980 年，第 54 页。

锋队。”[①]

在蔓延10多个县市、持续半年之久的湘南起义中，参加起义的工农达100多万人，参加工农革命军的有7万多人。其中，参战的工人有6900多人，参军的工人有2461人[②]。在工农起义中使用的武器，除了从敌人那里缴获的，大都是工人自制的。郴县、宜章、桂阳、耒阳、永兴、桂东、安仁、汝城8个县的工人在湘南暴动期间自制了数万支梭镖、数千支鸟铳，还有匕首、大刀、土炮、土枪、土驳壳、手榴弹、松树炮、五响炮、单响毛瑟枪等11种武器。“特别是水口山（矿工）与沿湘江及粤汉线上的苦力工人，在地方党的领导下，进行了英勇的斗争，表现了无产阶级的先锋队作用，给予群众有力的配合，在耒阳、桂阳、衡阳、宜章等地打了很多胜仗。”[③]

除秋收起义和湘南起义以外，在湖南全省各地，以工人为组织者或骨干力量，举行了数十次武装暴动，影响较大的有长沙工人“灰日暴动”，安源工人暴动，水口山工人暴动，桃园、石门、安化、平江的工农暴动等。这些暴动充分体现了湖南的工农大众在反动势力的屠刀面前不屈不挠、英勇无畏。马日事变发生后的一年多时间里，湖南全省工农革命分子被杀害的达10万余人。1928年3月28日，杰出的工人运动领袖、湖南全省总工会委员长郭亮被害于长沙司门口“铲共”法院门口，并被悬首示众，各地各行业的工运领导人几乎被惨杀殆尽。

在血腥的白色恐怖中，湖南的工人运动由武装自卫走向武装反抗，继而又走向武装割据。

秋收起义后，继三湾改编，还留下了近1000人的队伍，这支队伍以工人为骨干，是开辟井冈山革命根据地的种子。在湘南起义的过程中，朱

① 长沙市革命纪念地办公室、安源路矿工人运动纪念馆：《安源路矿工人运动史料》，湖南人民出版社，1980年，第55页。

②《湖南工人运动史》编写组：《湖南工人运动史》，中国工人出版社，1994年，第311—312页。

③ 中共水口山矿务局委员会宣传部：《水口山矿工人运动资料》，湖南人民出版社，1978年，第221页。

德、陈毅的工农革命军从宜章挺进郴州时，杨得志和他的哥哥杨得麒带领30多名修公路的工人参军。在耒阳，朱德接收了400多名要求参军的青年工农，其中有工人90多人。参加湘南起义的工农武装有15000多人走上了井冈山革命道路。衡阳总工会委员长王球在衡阳、耒阳、常宁3个县交界处的桐梓山建立了工农游击队，开辟了桐梓山革命根据地。水口山工人暴动成功后，这支工人武装在水口山特别支部书记宋乔生的带领下来到了桐梓山，与那里的工农游击队会合在一起，成立了一支由800多名工人和200多名农民组成的"中国工农革命军独立团"。1928年4月，这支武装随朱德、陈毅上了井冈山。朱德曾回忆道："在所有革命队伍中，铁军老战士和水口山矿工最迅捷、最有纪律、最有警惕性，政治上也最先进。"①

六

湖南的早期工人运动在全国工人运动史上占有重要的地位，体现在以下的史实和湖南工人运动的特点之中。

第一，湖南劳工会作为工人自觉组织起来以保护自己的经济利益、培养阶级的意识、提高个人的思想觉悟为目的的工会组织，是全国第一个现代意义上的工会组织。黄爱和庞人铨为工人运动献身，成了为工运而喋血的第一人。

第二，湖南早期工人运动从一开始就置于中国共产党的领导之下。1921年11月成立的中国劳动组合书记部湖南分部是全国最早成立的省级工会组织之一。1922年11月成立的湖南全省工团联合会也是当时全国两大省级工会组织之一。各地各行业的工会组织，以安源路矿工人俱乐部为代表，建立了相对完善的组织领导机构，这些机构的领导人都是共产党员。从湖南的早期工人运动中走出了刘少奇、李立三、郭亮、邓中夏等具

① 艾格妮丝·史沫特莱：《伟大的道路：朱德的生平和时代》，生活·读书·新知三联书店，1979年，第266页。

有全国影响的工运领导人。

第三，湖南早期工人运动最早实现了与农民运动的结合。1923 年 9 月 16 日，岳北农工会的成立是工人运动和农民运动结合的标志。1926 年 12 月召开的湖南全省第一次工农代表大会“乃湖南工农运动的统一的具体的事实，而且湖南工农运动从此日益扩展”。①

第四，在二七惨案以后全国工人运动转入低潮的逆境中，湖南的工人运动仍在努力坚持，没有出现明显的低潮，并且创造出新的转机，为全国的工人运动储备了能量并产生了积极的影响。

第五，湖南的工人阶级在早期的工人运动中付出了巨大的牺牲。“湖南工人的武装斗争，遍及城乡，此起彼伏，持续年余，其规模之大、范围之广、时间之长、牺牲之巨，在中国工人运动史上，实属仅有。……湖南工人阶级忠诚地为实现党的决议而作出的英勇斗争和壮烈牺牲，实足以惊天地而泣鬼神，这是湖南工人阶级的光荣和骄傲。”②

第六，工人运动最终走上了由武装暴动到武装割据的道路。秋收起义中的工农武装和安源、锡矿山的工人，湘南起义中的工农起义军和水口山工人转战湘赣边界和湘南大地，在毛泽东、朱德的率领下走上了农村包围城市、武装夺取政权的道路，成就了凤凰涅槃的辉煌。

湖南的早期工人运动足以彪炳青史、光照千秋。

---

① 湖南省总工会、湖南省社科院历史所、湖南省档案馆:《湖南工运史料选编》第二册，湖南省总工会、湖南省社科院历史所、湖南省档案馆，1984 年，第 285 页。

② 《湖南工人运动史》编写组:《湖南工人运动史》，中国工人出版社，1994 年，第 278 页。

论水口山工人运动为党的“三大法宝”理论形成进行的探索和实践

⊙吴　豪[*]　傅建平[**]

1921 年 7 月，中国共产党成立。在中国共产党第一次全国代表大会上，讨论并通过了《中国共产党的第一个决议》，规定“本党的基本任务是成立产业工会”[①]，决定将主要精力放在建立工会组织上。8 月 11 日，在上海成立了中国劳动组合书记部，作为领导全国工人运动的公开合法机构，并创办了机关刊物《劳动周刊》。在党组织的发动和领导下，全国工人运动出现了蓬勃兴起的局面。

一、水口山工人大罢工是在中国共产党和毛泽东直接领导下进行的工人运动，是党的建设的生动实践

中国共产党第一次全国代表大会召开后，毛泽东回到长沙，于 1921 年 10 月 10 日成立了中共湖南支部（1922 年 5 月，改称“中共湘区执行委员会”），担任书记并兼任中国劳动组合书记部湖南分部主任，把领导工人斗争、开展工人运动作为湘区党组织的工作重点，为水口山工人运动

* ［作者单位］中共常宁市委组织部。

** ［作者单位］中共常宁市委党史研究室主任科员。

① 《中国共产党第一个决议》(一九二一年七月)，中共中央文献研究室、中央档案馆:《建党以来重要文献选编（一九二一——一九四九）》第一册，中央文献出版社，2011 年，第 4—6 页。

的开展运筹帷幄、精心策划，倾注了极大的热情。

（一）建立中共衡阳地方党团组织，成立水口山工人俱乐部——奠定了坚实的组织基础

1921年10月中下旬，毛泽东在自修大学教务主任夏明翰的陪同下，乘船逆湘江而上到达衡阳，亲自主持了蒋先云、黄静源、唐朝英、蒋啸青四人的入党宣誓仪式，并指导建立了第一个中共衡阳地方组织——中共湖南省立第三师范学校（以下简称“三师”）党小组。与此同时，毛泽东在“三师”发展了一批先进师生入团，并建立了衡阳第一个社会主义青年团支部。此后，“三师”党小组经过严密的考察，又在衡阳其他几所中学的进步师生中发展了刘泰、韦汉、罗严等人入党。

建党初期，衡阳党组织的工作重点在青年知识分子集中的学校和以工人为主的工矿企业中，当时主要是“一学一工”，“一学”指“三师”，而“一工”指水口山铅锌矿。“可以说衡阳第三师范和水口山是党在湘南的两个重要地点。”[①]

随着形势的发展，1922年10月，“三师”党小组改为党支部。此外，衡阳早期中共地方党组织还建立了省立三中党支部、新民中学党支部、水口山党小组。到1922年底，衡阳境内党员已经发展到12人，占当时全省中共党员人数的1/3。衡阳几所主要学校都建立了团支部，共青团员发展到101人。

对于“一工”的水口山铅锌矿建党问题，毛泽东的指示更为明确，要求衡阳的地方党组织：“你们要到水口山矿去，那里有很多工人，工人革命性最强，建党要与工人结合起来，在工人中发展党员、团员，建立党团组织。”按照毛泽东的指示，衡阳地方党组织派人到水口山进行宣传发动、发展组织工作。1921年冬至1922年4月，水口山铅锌矿有70多名工人被吸收入团，并成立了中国社会主义青年团水口山支部。在大罢工前夕，

① 《与李维汉的谈话》，常宁市史志办：《水口山工人运动资料汇编》，第364页。

1922年11月23日，经中共湘区委员会批准，成立了中共水口山小组，蒋先云任组长，吸收工人刘东轩入党。同日，还组建了湖南水口山工人俱乐部筹备处。11月27日，在康家戏台正式宣告湖南水口山工人俱乐部成立，为使俱乐部合法运行，筹备处事前向常宁县府备案，并且请求矿局负责人指导俱乐部成立，以合法的形式开展工人斗争。罢工胜利后，水口山党小组把经过斗争锻炼和考验的先进分子宋乔生、杨发秀、雷发徕等人吸收入党。

二七惨案后，不少工会、俱乐部遭到反动派的封锁，全国工人运动暂时性转入低潮，但湖南的工人运动仍在发展。为了巩固工人运动，1923年3月，中共湘区委员会派唐际盛、贺恕、朱舜华、毛泽覃等到水口山加强领导。5月，经中共湘区委员会批准，中共水口山支部成立，蒋先云任书记。6月，中共水口山党团获批成立，蒋先云任书记，下设2个支部，有党员30余人。9月，党员发展到40余人，下设3个支部。10月，发展毛泽覃等人入党，全矿党员总数达60余人，下设5个支部[①]。可见，不断建立和发展党团组织、加强党的建设，是湖南工人运动不断取得胜利，在全国工人运动转入低潮后仍保存完整的主要经验之一。

（二）广泛宣传马克思主义，提高工人思想觉悟——奠定了浓厚的思想基础

在衡阳宣传马克思主义的过程中，毛泽东发挥了极其巨大的作用，他曾多次来衡阳进行演讲，培训了大批马克思主义的传播者。

1922年4月底，毛泽东在考察完水口山铅锌矿折回衡阳后，在“三师”的风雨操场，面对1000多名师生，发表了以“社会主义”为题的演讲，在长达2个多小时的过程中，毛泽东对什么是社会主义、为什么要实行社会主义、怎样实现社会主义等问题，从理论到实践条分缕析、明晰透

① 水口山铅锌志编纂委员会：《水口山铅锌志》（1896—1980），内部资料，1986年，第393页；中共常宁县委党史资料征集研究办公室：《中共常宁党史资料汇编》，内部资料，1991年，第7—8页。

彻。[1] 号召青年人要坚持马克思主义，抵制和批判其他各种反动思想，为在中国实现马克思主义的社会主义而奋斗。“他讲了五种不同的主义，最后一种是马克思主义，认为只有这个主义才能挽救中国，解放全人类。”[2] 此外，毛泽东还在衡阳作了“中国历史上的农民战争问题”“马克思生平及其艰苦奋斗简史”等演讲，并作出指示：“衡阳应以水口山为重点，加速马克思主义在工人中的传播。”

由于马克思主义在衡阳得到了广泛的传播，那些早期接受并认识马克思主义的进步革命师生纷纷走向革命道路。“三师”国文教员彭粹夫在听了毛泽东的演讲后，撰写了《我们为什么主张马克思主义》，发表在《大公报》上，提出“我们的主张，就是用马克思主义改造中国”，在衡阳城乡乃至整个湖南都产生了强烈的反响。

1922 年 5 月，张秋人、黄静源等人来到水口山，在康家戏台办起了工人夜校，演文明戏。韦汉、唐朝英、夏明翰、刘泰等共产党员也来到水口山，为工人输送《向导》《新青年》《共产主义入门》等革命书刊，举办工人识字班，传播马克思主义。水口山工人通过学习，逐渐接受了马克思主义，提高了思想觉悟。

（三）中共湘区委员会及毛泽东的具体指导——提供了坚强的领导保障

1922 年 10 月，受安源路矿工人罢工胜利的鼓舞，刘东轩代表水口山工人赴安源学习经验，请求援助。在听取安源工人俱乐部负责人李隆郅（即李立三）、刘少奇的汇报后，中共湘区委员会和毛泽东经过慎重考虑，决定派蒋先云、谢怀德到水口山指导工人斗争。临行前，中共湘区委员会书记毛泽东在长沙清水塘会见蒋先云、谢怀德、刘东轩等，并当面指示“我们要加强工人内部的团结，我们团结得越紧，敌人越害怕，我们松懈

---

① 《中国共产党衡阳历史》第一卷（1921—1949），中共党史出版社，2007 年，第 45 页。

② 邝积典：《四十七年前毛主席在衡阳三师范讲演情况纪实》，常宁市史志办：《水口山工人运动资料汇编》，第 402 页。

了，敌人会咬我们的”[①]。

大罢工开始后，中国劳动组合书记部湖南分部和北京总部及时发出了要求全国各工团支援水口山工人罢工的通告。1922 年 12 月 11 日至 13 日，毛泽东率领湖南全省工团联合会所属的 11 个工团代表 23 人，同省长赵恒惕、长沙县知事周瀛干、省警察厅长石成金等省政府官员进行面对面的说理斗争。利用赵恒惕制定的《湖南省宪法》，以子之矛，攻子之盾，迫使赵恒惕及其军阀政府宣称“政府对工人全采保护主义”[②]，承认工人有集会、结社等自由权利。毛泽东与赵恒惕及其军阀政府面对面说理斗争的胜利，在法律上确立了水口山工人罢工的合法性，保护了水口山工人罢工的顺利进行。

此次罢工，在以毛泽东为首的中共湘区委员会的具体指导下，以及全国社会各界的竭力援助下，蒋先云等率领水口山全体工人进行了有理、有利、有力的激烈斗争，最终迫使矿当局答应工人提出的争取工人自由、维护工人利益、改善工人生存待遇等 18 项条件，工人们所提条款无一更改和取消，矿局全部答应。1922 年 12 月 25 日夜，双方代表订好协商条款，26 日下午签字盖章，27 日上午举行集会。之后，通知工人 27 日下午复工。水口山工人经过 23 天的激烈斗争，取得罢工的完全胜利。事后，中国劳动组合书记部主任邓中夏给予了高度评价：“继安源而起的有十二月水口山铅锌矿罢工，其雄壮不亚于安源，其条件大致于安源相同，结果胜利。”

二、水口山工人运动建立了工农联盟，实现了与农民运动的有机结合，是对统一战线思想的重要探索

1922 年 7 月，中国共产党第二次全国代表大会召开，通过的《关于

---

① 中共常宁县委党史资料征集研究办公室：《中共常宁党史资料汇编》，内部资料，1991 年，第 3—4 页。

② 中共常宁县委党史资料征集研究办公室：《中共常宁党史资料汇编》，内部资料，1991 年，第 5 页。

“民主的联合战线”的决议案》提出联合全国一切革命党派，联合资产阶级民主派，组织民主的联合战线[①]。这是党最早提出的关于统一战线的思想和主张。1925 年 1 月“四大”召开，明确提出“工农联盟”，强调中国革命需要“工人农民及城市中小资产阶级普遍的参加”，农民是“重要成分”“天然是工人阶级之同盟者”，无产阶级及其政党如果不发动农民起来斗争，无产阶级的领导地位和中国革命的成功就不可能取得。

（一）水口山工人大罢工催生了统一战线的思想萌芽

水口山工人大罢工得到了社会各界的广泛同情和支持。大罢工期间，在党的领导下，俱乐部向外求援，对象涉及“军政绅学农工商各界”，尽可能地寻求一切可以联合的力量一起开展斗争，尽最大努力寻求各方面的支持，从而形成统一战线思想的最初萌芽。

一是各级媒体进行宣传造势。许多新闻报刊对水口山工人大罢工进行了及时和客观公正的报道。1922 年 12 月 17 日，《工人周刊》登载《湖南水口山矿工大罢工》消息，之后又登载多篇罢工信息。12 月 24 日，北京《晨报》登载了《京汉铁路援助水口山矿工》并许诺：“同一个阶级之下，我们定要首先起来援助的呵，并且希望你们坚持到底。”《工人周刊》还揭露了矿局对工人所提要求“无诚意解决”。此外，《民生月刊》《民国日报》、湖南《大公报》等也作了相关报道。

二是教育界罢课进行支持。各学校闻声而动，纷纷发电声援，一些学校举行罢课遥相呼应。衡州学界提出此次罢工“一切损坏之机器”应由矿务局的新旧局长负责赔偿，甚至直接电告湖南省署“请饬令水矿分局速予解决”“如湘政府不速醒悟，决取一致行动”，这样就给湖南省当局和水口山矿务局造成了很大的压力，使他们在处理罢工时特别谨慎，“当局虽硬如铁石，也不得不软化了”。

三是全国各工团积极声援。社会各工团召开联席会议、发电声援。当

① 《中国共产党历史》第一卷（1921—1949）上册，中共党史出版社，第 81 页。

时，安源、唐山等地的工人俱乐部从经济上给予了有力援助，其中，安源“给济水口山工人俱乐部罢工费用伍佰元”。全国各工团还密电水口山工人俱乐部，准备作实际的援助——实行全国总罢工。社会各阶层对水口山工人的正义行动给予了积极的回应，“无数函电贴满了俱乐部的墙壁，对工人斗争意志鼓舞很大”①。

四是争取了军队士兵的同情支持。在矿局采用种种阴谋手段、省长赵恒惕调来军队企图镇压罢工工人时，俱乐部紧密团结工人，争取军队，向士兵宣传罢工目的及工人的痛苦，使士兵保持中立。当时，水口山矿驻扎了一个炮兵连，俱乐部利用敌人营垒间的矛盾，对炮兵连士兵采取了教育争取的政策，向他们陈述了自己所受的压迫与痛苦，阐明了工人罢工斗争的正义性质，因而获得了炮兵连士兵的同情，使他们感到这次罢工不是武力所能解决的，乃张贴布告声明“决不干涉工人”。

由于实行各界大联合，结成全社会不同阶级和阶层的大联盟，形成强大的舆论合力，得到社会各界的同情和声援，最终迫使当局妥协，罢工取得胜利。这就极大地彰显了统一战线的巨大威力，也为党领导工人运动提供了丰富的斗争经验。

（二）岳北农工会建立，标志着工农联盟的开端

二七大罢工失败后，中国共产党人逐渐认识到在当时的中国，工人只占全国人口的少数，农民却占绝大多数，中国革命光靠工人阶级是无法成功的，只有工农联合起来，在中国共产党的领导下，才能取得彻底的胜利。

1923年3月，按照中共湘区委员会书记毛泽东的指示，中共水口山临时支部派刘东轩回到岳北，在白果镇祥吉兴饭店秘密设立岳北农民俱乐部临时办事处。不久，党组织又派谢怀德、雷晋乾来岳北工作，三人组成党小组，由刘东轩负责。经过几个月的串联发动，按照水口山矿工人俱

① 《赵炳乾访谈笔录》，常宁市史志办：《水口山工人运动资料汇编》，第415页。

乐部经验，以十人团为基础，以十代表、百代表、总代表的组织形式，于9月16日在白果刘捷三公祠召开了岳北农工会成立大会。在农会中加上“工”字，表示与水口山工人相连之意，这是全国第一个把农工结合在一起的革命团体[①]，是中国革命史上全国较早的农会组织之一，是中国工农联盟的伟大开端。

（三）水口山工人运动成为工农联盟的典范

水口山党组织在派出优秀党员到衡山建立岳北农工会之后，还先后派出一批骨干分子分赴衡阳、常宁、宝庆、祁阳等地开展农民运动，相互支援，遥相呼应，成为工农联盟的典范。

1926年6月，北伐军进入衡阳，水口山矿工会组织派人参军、运送武器。张国焘在《我的回忆》中说，叶挺的“独立团从五月间进到湘南以后……沿途都有农民欢迎他们，农民组织曾供给他们必要的运输队，协同他们作战，为他们带路和提供情报等等。所遭受的伤亡，很快就得到补充；安源矿工入团参军的就有约四百人，水口山的矿工和各县农民也成批的加入”。

1926年11月，中共湖南区委派何叔衡以国民党湖南省党部监察委员的身份，到水口山传达关于大力开展农民运动的指示：“以水口山为中枢，实行工农大联合，建立工农武装，开展武装斗争。”按照这个指示，水口山党组织一方面着手建立工农武装，另一方面举办工人培训班，培养出大批农运骨干，到附近农村去宣传革命道理，传播革命火种。之后，共产党员宋乔生、杨发秀、雷发徕等一批工人骨干和一些家住附近农村的工人，在陈章甫、刘汉之、涂国钦、黎海云、沈银波、江万树、谷伯珊等人的率领下，深入水口山铅锌矿周围各个村庄，发动农民组织起来与劣绅作斗争，以水口山矿为中心，先后建立了官庄等18个乡农民协会，共产党员谷伯珊任农协总会总顾问。在他们的影响下，常宁县掀起了工农联合反帝

① 衡山县史志办公室：《湖南衡山岳北农工会》，中共党史出版社，2016年，第47页。

反封建的高潮。

1927 年 4 月，水口山矿工会派出工人纠察队配合农民协会，将躲藏的土豪劣绅谷玉衡、何遥清、谷百金、廖云南捉拿归案。5 月 1 日，水口山农运总会在矿区四十八间前坪召开有两万人参加的斗争土豪劣绅大会。大会由正在水口山矿指导工人运动的中共湖南区委特派员陈章甫主持，会场贴着他写的大楹联——“有主义、有策略、有计划，怕他江山铁桶；不贪财、不怕死、不松气，看我好汉英雄”，台上挂着“五一公审大会”大字横幅。大会判处罪大恶极的土豪劣绅谷玉衡、何遥清死刑，并立即押赴火车坪执行枪决。

1927 年 6 月 10 日，水口山工人纠察队队长涂国钦率领队员会同部分农民自卫军攻克常宁县城，救出被常宁县国民党右派县长幽禁的县农会委员长肖震球、县总工会委员长詹少云、县工人纠察队队长曹梅仙等人。

三、水口山工农武装的建立与发展，为我党开展革命武装斗争提供了最初经验

（一）较早地认识到武装斗争的重要性，并付诸实际行动

水口山工人运动最早认识到武装斗争的重要性，是因为 1923 年 11 月发生的水口山工人俱乐部成立一周年事件。事先，毛泽东致信给正在水口山矿指导工人运动的夏曦和水口山党团，指出：“不要只管庆祝，要摸清敌人，敌人如今已开枪了，你们一定要掌握，要防止敌人万一袭击。”[①] 在这封信中，毛泽东暗示水口山党组织要作好两手准备，以革命的两手对付反革命的两手，以牙还牙对付反动武装。可惜，水口山党组织负责人对斗争的形势估计不足、准备不充分，结果遭到宾步程带兵用枪扫射，工人康年如被打死，工人俱乐部被强行解散，党组织负责人蒋先云被迫离开水口

① 中共中央文献研究室：《毛泽东年谱》，中央文献出版社，1993 年，第 117 页。

山。血的事实告诉共产党人：工人仅依靠罢工、谈判等和平方式是不能取得最终胜利的，必须建立革命武装，开展武装斗争，用武装反抗国民党反动派，才能取得最终胜利。

1926年冬，为落实中共湖南区委关于以水口山为中枢，实行工农大联合，建立工农武装，开展武装斗争的指示，水口山党组织召开秘密会议，提出了“工人要尽快掌握武器，建立健全自己的革命武装”的口号。为了武装工人纠察队，会后，党组织派耿飚和一些党团员到衡阳东阳渡兵工厂，在该厂党组织的配合下，暗地接运出一批枪支弹药到水口山。后来，工人纠察队在宋乔生的指挥下，用这些武器开展武装斗争，打击水口山矿警队和敌军，夺取了更多的枪支弹药。

1927年4月12日，蒋介石悍然发动了四一二反革命政变。蒋介石叛变后，中共湘南特委书记陈佑魁来到水口山召开党团负责人会议，指示：当务之急是迅速解除水口山矿警队的武装，武装工人纠察队。水口山党团员和工人骨干开会进行认真的分析和研究，制订了缜密的行动计划。根据中共湘南特委指示，水口山工人纠察队举行工农联合军事演习，实施夺枪行动。按预先计划，前两次演习时都请矿警队维持秩序，待敌人放松警惕后，在第三次演习时，以通知开会的名义把矿警队长和两个排长软禁起来，接着分三路攻打驻扎在粮子岭的矿警队，不到一个小时就结束了“演习”，缴获长短枪85支、子弹100担。

1927年5月28日，水口山矿工会和常宁县农会、总工会根据省总工会、省农民协会关于“各地工农武装于三十一日会攻长沙”的命令，集中2000多名常宁农民自卫军和水口山工人纠察队，由水口山矿工会委员长刘汉之和常宁县农会副委员长李成蹊率领，分水陆两路，经车江向衡阳进军，准备会攻长沙。因中共中央对马日事变采取和平调解的方针，常宁工农武装中途撤回。

（二）组织发动水口山工人武装起义，积极配合和策应湘南暴动

1928年1月12日，朱德率领的南昌起义部队在宜章发动了湘南起义（也称“年关暴动”）。根据朱德和中共湘南特委的指示，为策应湘南起义，水口山矿党组织决心扩大武装，作出了夺取矿警队枪支的决定。1月26日，宋乔生组织党员骨干开会，详细研究了作战计划。27日午夜，行动开始，宋乔生、雷发徕和张炳生各自率领一路人马，悄悄地包围矿警队所在地。其时，担任矿警队排长的地下党员谢文斌和司务长文叔琪早已做好接应准备，把枪分班挂好，将子弹取出，敞开了大门。工人纠察队员轻手轻脚地进入矿警队驻地，只闻鼾声四起、呓语一片。就这样，不费一枪一弹，缴获步枪108支、子弹4箱，水口山工人武装起义取得胜利。水口山工人武装起义以武装斗争的形式反抗国民党反动派，是当时发生在湖南境内的唯一一次声势较大的工人武装起义。起义后，宋乔生率领工人纠察队来到桐梓山，与当地约400名农军会合，成立了一支有1100多人的桐梓山工农游击队。这支拥有千余人的工农武装运用游击战术，打击和牵制了从衡阳向湖南起义部队进犯的敌军，有力地配合、策应了湘南起义。根据朱德指示，这支游击队改编为中国工农革命军第一师独立三团，宋乔生任团长，谢翰文为党代表。4月，这支队伍随朱德、陈毅奔赴井冈山。

（三）在巩固和保卫井冈山革命根据地中发挥了重要的作用

一是水口山工人武装是井冈山根据地的重要武装力量。1928年4月24日，朱德、毛泽东两支部队在酃县胜利会师，当时红军人数多、队伍庞大，有1万多人。4月28日，经过认真讨论，朱毛两部合编为中国工农革命军第四军，下设3个师、9个团和特务营、红军医院2个直属单位，其中包括：毛泽东率领的秋收起义部队，有1000人左右，编为31团；朱德率领的南昌起义余部，出自叶挺独立团的“铁军”部队，这支部队最能打仗，有1200人左右，编为28团；湖南农军约有8000人，共设

置6个团，即29团（由宜章农军组成）、30团、33团、34团、35团、36团；井冈山地方武装，即袁文才、王佐的部队，编为32团。但因为井冈山地区“人口不过两千，产粮不过万担”，这么多人上井冈山，吃饭都是个大问题。军部领导艰难地决定，将大部湘南农军遣返回去。红四军主要保留了4个团，即28团、29团、31团和32团，加上特务营（由水口山武装工人为主体）后，红军人数保持在5000人左右，而水口山工农武装就占1100人，约占红军人数的1/5。

毛泽东在1928年11月写给中共中央的报告《井冈山的斗争》一文中，阐述了边界红军的来源：潮汕叶贺旧部；前武昌国民政府警卫团；平浏的农民；湘南的农民和水口山的工人；许克祥、唐生智、白崇禧、朱培德、吴尚、熊式辉等部的俘虏兵；边界各县的农民。当时水口山工人武装的人员分配，除编为特务营的300人和军械处的几十人外，其他人员的出处则由艾格妮丝·史沫特莱在《伟大的道路：朱德的生平和时代》一书中提到：“为了提高他们的效率，朱德分派水口山矿工在农民队伍中担任军事和政治领导人，还把五六百名农民‘起义领导’调到特别训练支部去。”相比“敌军俘虏兵往往过来不久，就要当连排长；今年二三月间的俘虏兵，现在有当了营长的”情况，水口山工人无论是在政治、军事上还是在专业素质上，在当时的红军中都是最高的（1927年四五月间，水口山工人纠察队曾举办了一期为时两个月的武装训练班）。因此，朱德称赞“老铁军战士和水口山工人是最敏捷、最有组织纪律性、最有革命警惕性和政治上是最先进的”。毛泽东在1965年重上井冈山时盛赞：“井冈山革命当初的四股力量中，以部队素质、武器精良和精锐程度来论，宋乔生率领的水口山工人武装当属头筹。”

二是组成了以水口山工人武装为主体的军部特务营。1928年5月红四军成立时，组成了以水口山工人武装为主体的军部特务营，宋乔生担任营长。特务营的主要任务是保卫毛泽东、朱德等领导的安全，担负起保卫军部和首长的安全警卫工作。在中共湘赣边界第一次代表大会、永新联席会议召开时，领导安全和会务保卫工作都是由特务营担负的。将红四军安危交给水口山工人武装，体现出毛泽东、朱德等首长对水口山工人武装的高度信任。此外，特务营还参加了井冈山革命根据地的军事斗争，与兄弟部队一道，先后打败了江西单方面敌军的三次进剿，取得了五斗江、草市坳、龙源口的三次大战胜利。后来，又打败了湖南、江西两省敌军的联合会剿，使敌人遭到了重创，但是特务营也减员较多。

1928 年 7 月上旬，中共湖南省委巡视员杜修经和中共湘赣边界特委书记杨开明来到湖南酃县，利用 29 团士兵严重的思乡情绪，怂恿他们向湘南冒进。7 月 12 日晚，由宜章农民编成的 29 团秘密召开士兵委员会会议，径自决定去湘南。为避免 29 团孤军深入，朱德、陈毅、宋乔生率领 28 团和特务营一同前往。7 月 24 日，29 团先行攻入郴州。杜修经不顾朱德与范石生曾有“今后我们相遇时，你不打我，我也不打你”的约定，命令红军发起攻击，杀向城内。傍晚时，敌军主力部队两个师约五个团向城内发起攻击。朱德命令撤退，29 团在战斗中伤亡惨重，所剩人员不足百人，特务营为掩护 29 团撤退也伤亡过半。7 月下旬，部队退到桂东、资兴、汝城之间的龙溪十二垌进行整顿，将 29 团及特务营一同并入 28 团，宋乔生调入军部工作。10 月 26 日，重建红四军特务营，任命毕占云为营长，但此时在特务营的水口山工农武装人员已经不多了。

三是成立军械处为保卫井冈山红色根据地作出了贡献。朱毛红军会师时，枪支特别紧张，一方面是枪少，另一方面是许多坏了的枪不能修理——当时设立在茅坪步云山的修械所设备简陋，也无专业技术人员。经毛泽东和朱德商议，抽调一批水口山工人充实到修械所，并改名为“军械处”，宋乔生任军械处处长。军械处大多是水口山机械科出身的工人，另外招收了周围的铁匠艺人参加，工人们为了打仗的需要，夜以继日地忘我工作，修理枪支，打制长矛、大刀，制造大炮，为红军修造了大批枪支武器，解决了当时红军和地方武装部队严重缺乏武器的问题，提高了红四军的战斗力，成为我军最早的兵工厂。此外，他们还为当地农民修制农具，融洽了军民关系。特别值得一提的是，水口山工人在黄洋界保卫战中发挥了独特的作用。1928 年 8 月 30 日，湘赣敌军趁红军主力未归，对根据地发动了第二次会剿，向井冈山黄洋界哨口发动进攻，企图占领井冈山。当时的红军守军不足 1 个营，而湘赣敌军有 4 个团。红 31 团团长朱云卿、党代表何挺颖带领 2 个连的红军及当地群众进行抵抗，战斗从早晨持续到下午四点，关键时刻，红军把在茨坪军械处修好的一门迫击炮迅速抬上了黄洋界，向敌人接连发射了三发炮弹——前两发是哑炮，第三炮打中了敌人的指挥所。敌人误以为红军主力回山，不敢恋战，掉头逃回湖南去了，敌军会剿失败。此时，毛泽东正在迎接兵败湘南的部队返回井冈山途中，欣闻黄洋界保卫战胜利，挥笔写就雄壮的史诗《西江月·井冈山》，词中最后一句写道："黄洋界上炮声隆，报道敌军宵遁。"后来，毛泽东又在《井冈山的斗争》中记述："我守军不足一营，凭险抵抗，将敌击溃，保存了这个根据地。"① 从一定程度上说，水口山工人修好的这门迫击炮，挽回了战局，保住了根据地。

四是水口山工农武装为井冈山革命斗争作出了重大贡献和巨大牺牲。宋乔生于 1928 年 4 月率领水口山工人武装跟随朱德、陈毅奔赴井冈山后，先后任工农革命第四军（后称"红四军"）军委委员、特务营营长，参加了井冈山革命根据地反国民党军"进剿""会剿"的战斗，7 月又被任命为红四军军械处处长，充分发挥自己的专长，指导军械处积极为部队修理轻重武器，并挤出时间为根据地群众修理农具，受到根据地军民的一致赞扬。11 月 6 日，他又被选为红四军前敌委员会兼工农运动委员会主任，成为井冈山革命根据地党政军领导人之一，为井冈山根据地的斗争与建设发展作出了重要贡献。毛泽东曾在《井冈山的斗争》一文中记述道："前委是十一月六日重新组织的，依照中央的指定，以毛泽东、朱德、地方党部书记（谭震林）、一工人同志（宋乔生）、一农民同志（毛科文）五人组成，毛泽东为书记。"1929 年 1 月下旬，宋乔生随红四军进军赣南时，在大余县南平坳战斗中与部队失去联系，转移途中遭当地地主武装袭击，宋乔生冲锋陷阵，头、颈、胸部连中 3 弹，为革命事业献出了宝贵的生命，

① 《毛泽东选集》第 1 卷，人民出版社，1991 年，第 61 页。

时年 38 岁。全国解放后，毛泽东还对宋乔生念念不忘，说："宋乔生组织能力很强，带了许多人上井冈山，很有功。"

在井冈山斗争中，水口山工农武装 1100 多人为根据地的建立、巩固和发展作出了重大的贡献和巨大的牺牲。其中 300 多人编入特务营和军械处，1928 年在红军反"进剿""会剿"和 7 月攻打郴州的战斗中损失过半，后被编入 28 团；其他人员被朱德分派到基层部队担任班长、排长、连长等基层指挥员。在长期的革命斗争中，他们冲锋在前，奋力杀敌，大部分都英勇阵亡了。耿飚后来在回忆这段历史时，曾深情地说："水口山矿工对中国的革命贡献很大，800 多人上井冈山，这些矿工很守纪律，打仗很勇敢，可是后来大部分牺牲了。"

纵观水口山工人运动的全过程，我们不难发现，水口山工人在中国共产党的领导下，有组织地与反动派开展了不同形式的斗争并取得胜利，最后拿起武器，发动工人武装起义，建立革命根据地，奔赴井冈山。水口山工人运动为中国共产党党的建设、统一战线和武装斗争"三大法宝"重要理论的形成，进行了开拓性的、不屈不挠的探索和实践，奠定了坚实的基石。

从自在到自觉：红军长征对贵州工人运动的影响

⊙杨　杰*

世界工人运动的历史表明，工人阶级从产生、发展到成熟，经历了一个从自在、自觉到自为的过程。贵州工人阶级从自在到自觉的飞跃，是在中国共产党的领导和中国工农红军的直接影响下实现的。中国工人阶级从被压迫、剥削和奴役的地位翻身成为领导阶级和国家的主人，不能忘记在中国共产党领导下艰苦奋斗的历史。对贵州的工人阶级来说，尤其不能忘记中国工农红军对早期工人群众的教育、启发和帮助，也不能忘记工人阶级革命前辈在红军长征期间对革命作出的积极贡献。

一、贵州近代工业的产生和早期工人阶级状况

贵州历来属于欠发达和欠开发地区，素称“蛮荒之地”，明朝洪武年间才被正式纳入中央政府的统一领导，并且长期实行的是“以夷制夷”的土司统治，因此工业化的进程非常迟缓。以1886年开办青溪铁厂为标志，贵州近代工业正式诞生。当时，该厂有工人约5000人，是贵州最早的产业工人。经过清末民初近50年的发展，到1935年，贵州才拥有煤炭、冶

＊［作者单位］贵州省总工会。

金、食品、轻工、印刷、纺织等行业企业160家、从业人员6万人左右。贵州的近代工业企业除个别属于外资企业和官办企业外，大部分是商人、地主和官僚私人兴办的。同沿海发达地区相比，贵州的近代工业，一是出现晚，在时间上晚近半个世纪；二是数量少，发展缓慢；三是规模小，经济总量小。

与此相适应，贵州的产业工人队伍也呈现出早期工人阶级的基本特征：一是队伍年轻、阶级意识不强。大多数工人为刚刚从田野里洗脚上来的农民和城镇手工业者，成为工人阶级一分子的时间不长，尽管是当时掌握先进劳动工具的先进生产力的代表，但其工人阶级意识还不强，小农意识和城市小市民意识比较浓厚。虽然受到严重奴役、压迫和剥削，但由于信息不畅通，对外界产业工人的状况不了解，对自己应该得到的待遇和地位无从比较，与自身当雇农和手工艺人相比，不少人的状况还有所改善，所以当时贵州的工人阶级总体上属于一个逆来顺受的自在阶级（自然存在，尚未觉醒）。二是受压迫、剥削的程度深。贵州的工人阶级从诞生起，就受到半封建、半殖民地的统治和军阀、封建反动势力、资本占有者的压迫、剥削。在政治上、人身上无任何权利可言，工作中稍有不慎就会受到各种体罚；劳动条件差，工作环境恶劣，身体健康和生命安全得不到保障；工作时间平均在12个小时以上，劳动强度极大，工资收入却少得可怜，生活非常艰难。三是有组织的反抗斗争少。哪里有压迫，哪里就有反抗，但早期的工人斗争大多数是自发的、局部的，斗争的矛头指向和具体要求也不确定，大多处于较低的层次。从史料记载来看，贵州工人阶级从产生到1935年的50年间，有影响的反抗斗争只有6次：1900年万山汞矿工人反对英法掠夺者的斗争，1908年黔东南排筏工人要求增加工资的斗争，1909年镇远工人参加捣毁百货厘金局的斗争，1919年贵阳、遵义等地工人声援五四运动的反帝爱国斗争，1927年遵义丝织工人为求生存进行的罢工斗争，1933年赤水兵工厂工人的反迫害斗争。因此，1935年以前的贵州工人阶级还是尚未觉悟和觉醒的自在阶级。

二、红军长征期间的贵州工人运动

1930年至1936年，中国工农红军先后6次转战贵州，曾经攻克榕江、镇远、遵义、毕节等31座县城，并途经从江、贵定、贵阳、安顺等30多个县境，足迹几乎遍及贵州全省，历时470多天。红军每到一处都宣传反帝反封建的革命道理和抗日救国的主张，传播革命思想，指明工农大众求解放的道路，推动工农斗争，建立苏维埃政权，对贵州革命和工人运动产生了重大而深远的影响。

从有关史料记载来看，红军在贵州的革命活动，一方面唤醒和教育了贵州工人阶级，促进了贵州工人运动的健康发展；另一方面，觉醒的贵州工人阶级积极配合红军的革命斗争，开展了各种形式的革命活动，有力地支援红军战胜了各种困难，取得了长征的胜利，同时也使工人阶级队伍自身得到了思想解放和革命锻炼。

（一）红军在工人群众中宣传革命道理

1930年4月，红七军进入贵州，攻克榕江县城后，在5月1日召开庆祝“五一”国际劳动节大会，8000多名工人和其他劳动群众参加了会议。红七军总指挥李明瑞等人发表了讲话，宣传“五一”国际劳动节的意义，阐述工农反帝反封建斗争和翻身求解放当家做主的道理，引起了与会群众的强烈共鸣。1935年，红军到达黔北时，所到之地不断召开群众大会，宣传革命思想，启发群众觉悟，并到处书写宣传标语口号，推动群众斗争。例如，在湄潭县城，写有“工人增加工资”“工人有罢工自由”“反对老板打骂工人”“工农群众自动起来当红军”“把旧社会打得落花流水，为新社会创造灿烂光明”等标语。在桐梓县城，写有“地主官僚住洋房，工人农民住草棚，苛捐杂税剥削多，把工人血汗全吸光，只有支援红军打胜仗，工人才能得解放”等标语。

（二）工人群众支持红军革命斗争

1930 年 4 月，在红七军从广西转战贵州荔波、黎平、从江、榕江期间，100 多名船工帮助红军渡河作战、运送物资与伤员。1934 年 5 月，红三军进攻沿河县城时，20 多名船工运送红军渡江作战，在红军进驻沿河期间，缝纫工免费为红军加工军服，铁匠为红军修理打造枪械。1934 年 10 月，中央红军红六军团与红三军会师印江，在转战黔东南 2 个多月期间，当地工人、店员和其他劳动者给予红军以巨大支持，使红六军团度过了最困难的时刻。1935 年 1 月，中央红军突破乌江天险，进入黔北地区，转战于余庆、绥阳、遵义、桐梓、仁怀、赤水等地，受到当地工农群众的热烈欢迎和大力帮助，积极帮助红军筹集军粮、缝制军衣、印刷布告、修理枪械。党中央在遵义召开了著名的遵义会议，中央红军也在遵义得到了较好的修整，当红军离开黔北挥师北上时，粮草充足，衣着整洁，战斗力大增。1935 年 9 月，红二军、红六军团面对国民党多达 150 个团的兵力的围追堵截，在贵州境内外迂回作战，得到贵州工农群众的大力支持和帮助。

（三）党领导下的贵州省第一个工人阶级群众组织诞生——遵义县赤色工会成立

红军多年在贵州的活动极大地提高了工人阶级队伍的觉悟，中央红军和党中央在遵义的活动更是把工农群众的革命觉悟推向了新高潮。中央红军进驻遵义后，立即开展群众工作，发动群众建立革命群众组织和工农武装。中央组织部部长兼红军总政治部地方工作部部长李维汉在一次群众大会上，号召各行业的工人“组织起来，参加斗争”，特别提出要改善工人生活，实行 8 小时工作制等，受到与会工人群众的热烈拥护。在红军的宣传鼓动下，遵义各业工人纷纷行动起来，自动串联、讨论成立赤色工会的问题，并选出了各自的代表。1935 年 1 月 11 日，在红军代表的指导下，各行业工人代表大会在鲁班庙（今遵义四中）正式召开，由工人代表吴相臣带领泥水工，石工代表冉海臣带领石工，缝纫工代表冯树清带领缝纫工，木工代表邓云山带领木工、漆工等约400人出席，红军代表宣布成立遵义县赤色工会。会议选举邓云山为赤色工会主席、吴万益为副主席。会议结束时，红军代表向工会颁发了“遵义县赤色工会”印章一枚。与此同时，在红军进驻的其他地方也建立了一些工会组织，例如：三岔街上的手工业工人建立了手工业工会，枫香花苗田的红陶工人建立了陶业工会。

赤色工会成立后，立即开展了各种活动，显示了觉醒的工人阶级组织起来的巨大力量。一是组织成立了工人游击队。在赤色工会的组织下，一支由约800名青壮年工人组成的工人游击队建立起来，积极协助红军总政治部捍卫遵义革命政权，镇压反革命，保卫革命斗争成果。二是帮助红军动员招募青年参加红军。旅栈工人苏红贵、苦力工人刁光明到总政治部要求参加红军，红军总政治部安排他们“扩红”，他们不到一天时间就动员招募了100多名苦力工人和帮工入伍，被总政治部单独编为“革命先锋队”。三是帮助红军清理奸细。红军在开展群众工作的过程中，不少反动分子和奸细混在群众队伍中伺机造谣破坏，被工人们及时报告红军进行清理。四是配合红军打土豪、分田地。在工人游击队和革命先锋队的配合下，红军在遵义县打土豪153家，没收大地主、大军阀的财产分给穷苦人民，镇压鱼肉百姓的恶霸多人。中央红军在黔北活动的3个月间，遵义成了穷人的天下。

（四）黔东革命根据地颁布工人保护条例

1934年5月，由贺龙、关向应、夏曦领导的红三军进入贵州东部，建立了贵州境内第一个红色革命根据地——黔东特区。红军在特区开展土地革命、武装斗争和根据地建设中，颁布了《雇农工会的斗争纲领和组织方法》，明确“工会是雇农工人自己的组织，只有雇工、苦力和手工艺人才能参加。雇农工会的主要任务是保护工人自己的利益，并帮助苏维埃建设和红军发展”，规定“雇农工会的乡设工会支部，区设农村工会，县设农村工会总会”。同年7月，在沿河县召开的黔东特区第一次工农兵苏维埃代表大会通过了贵州第一部对工人运动具有重大指导意义和深远影响的法规——《农村工人保护条例》，对工人的工作时间、工资报酬、女工和青工保护、安全与卫生、社会保险、雇工方法以及劳动法令的执行等，都作出了明确而详尽的规定。《农村工人保护条例》颁布后，各级苏维埃和工会首先发动乡镇工人开展了增加工资的活动，使特区境内工人的工资都有了不同程度的增加。例如，印江县手工业工人的日工资由 800 文增加到 1200 文，普工工资由 300 文增加到 600 文。工人的劳动条件有了改善，劳动强度也有所降低，雇主、厂主再也不能随心所欲地压榨工人了。

（五）红军长征过后的贵州工人阶级

红军离开贵州北上抗日后，贵州结束军阀统治，正式纳入国民党中央政府的直接统治，工人组织被破坏，工人运动积极分子受到迫害。但贵州的工人阶级在支持红军的革命斗争中，思想觉悟得到了很大的提高，队伍得到了锻炼，工人阶级的自觉性、责任感和使命感大大增强。在抗日战争时期，贵州工人阶级积极参加抗日救亡运动，支持党的地下组织开展工作。在解放战争期间，贵州工人阶级积极进行了反迫害、反饥饿、反内战的斗争。在贵州解放前夕，贵州工人阶级又开展了反搬迁、反破坏的护厂斗争，为革命的胜利提供了有力的支持。

三、红军长征对贵州工人阶级和工人运动的影响

回顾历史，我们可以清楚地得出以下几点结论：

1. 红军长征使贵州工人阶级队伍对自身的合法权益有了新认识，懂得人格尊严、人身自由平等，知道自己享有参加劳动就业、获取合理报酬、享受休息休假、获得社会保险、拥有生命安全和身体健康等权利。红军的宣传，特别是《农村工人保护条例》的颁布实施，对工人的启发很大。红军长征使工人阶级从根本上明白了自己受压迫和剥削的原因是封建专制和国民党的反动统治，懂得了要翻身解放，必须推翻旧世界，建立新社会。

2. 工人阶级在配合红军长征开展革命中取得的成果使贵州工人阶级明白了要进行抵抗斗争，必须组织起来、武装起来、团结起来的道理。贵州工人阶级接受了革命斗争的洗礼和启发，直接推动了抗日战争和解放战争期间的贵州工人运动。

3. 红军长征中的所有活动使贵州工人阶级感受到了中国共产党及其领导的革命队伍是为解放劳苦大众服务的，是自己的队伍。跟中国共产党走，支持红军干革命的思想和感情从此在工农大众的脑海里扎根。红军在贵州发动开展的工人运动为中国共产党后来在抗日根据地和解放区开展工人运动、群众工作积累了经验，也为解放后党的工运理论、工运方针、工会工作方针及相关政策的形成打下了实践基础。

长征时期的贵州工人阶级仍然幼稚，工人运动的烽火才现苗头，中国共产党对工人运动的领导和指导也还不充分，相关的政策规定还不成熟或因为条件限制只能是停留在口头上的宣言，但这些都不能掩盖贵州工人阶级和红军长征对中国工人运动和中国革命作出的历史贡献。

石家庄早期产业工人队伍的基本特征及对工人运动的影响

⊙孟增会*

石家庄早期产业工人队伍是伴随着外国资本、官僚资本和民族资本企业的出现而产生和发展的。1898年5月，经井陉县署及直隶总督府批准，石家庄第一家近代资本主义股份制企业——横西煤矿公司（现冀中能源井陉矿业集团有限公司前身）开工建设，由此，石家庄第一批产业工人队伍诞生了。

20世纪初，随着京汉铁路、正太铁路兴建和正太铁路总机厂、石门炼焦厂、大兴纱厂等较大企业的建立，产业工人队伍得到了迅速发展。1898年至1928年，产业工人增加至1.6万人。这些产业工人大多来自当地破产农民，进入现代企业后，机器大工业把他们紧密联系在一起，高度集中，他们在与资本家的长期斗争中表现出了革命性最坚决、最彻底，阶级特征更加明显，为独立登上政治舞台、成为革命的领导阶级创造了先决条件。

一、石家庄早期产业工人队伍的发展

石家庄早期产业工人队伍主要集中在煤炭、铁路、纺织三个行业，随

* ［作者单位］石家庄市总工会。

着企业规模的逐步扩大，产业工人队伍逐步发展壮大起来。

（一）产业工人队伍的形成与发展

1898 年井陉煤矿成立至 1910 年，煤矿工人由 200 多人增加到 2000 人。1923 年至 1925 年，矿工增加到 4000 人。

1900 年，井陉正丰煤矿成立。1918 年至 1928 年，矿工发展到 3000 人。

1902 年，京汉铁路修到正定，在正定建立二级车站，并将火车房、机修、工程等工段设在正定，拥有铁路工人 1000 余人。

1903 年，京汉铁路石家庄站建立，随后高邑站、元氏站建立，拥有工人 40 余人。

1904 年，正太铁路兴建。1905 年，正太铁路总机厂兴建。1907 年，正太铁路全线通车，拥有铁路工人 2000 余人；正太铁路总机厂投产，拥有铁路工人 400 余人。

1914 年，石家庄炼焦厂建成，到 1928 年企业鼎盛时，拥有工人 700 人。

1922 年，石家庄大兴纱厂建成。1927 年，大兴纱厂职工达到 3030 人。

1927 年，石家庄电灯公司、自来水公司、电话局及其他小工厂职工有 2000 余人。

到 20 世纪 20 年代末期，石家庄职工共计 1.6 万余人。

20 世纪 30 年代，由于战乱频繁，石家庄工业发展缓慢，职工人数变化不大。

20 世纪 40 年代，在日本占领期间，石家庄全市面积达到 121.8 平方公里，城市人口达到 167713 人，产业工人达到 2 万人左右。

1945 年至 1947 年，在国民党统治石家庄期间，工业再遭破坏。在石家庄解放前夕，市区面积达到 124 平方公里，城市人口达到 19 万人，产业工人仍维持在 2 万人左右。

（二）石家庄产业工人的来源

井陉煤矿工人大多来自当地农村和周边县的农村，都是贫苦农民和破产农民。

京汉铁路和正太铁路石家庄各工段的3000多名工人来自全国各地，可谓五湖四海皆有，其中大多数是农村的破产农民，少部分有技术的工人来自其他铁路站线。

正太铁路总机厂建厂时是一个名副其实的大厂，拥有工人500余人，他们来自全国不同地区，1/3是建路、建厂时从天津、唐山等地招来的技术工人，属于技术骨干；1/3是从福建、两广、江浙一带来的工人；余下的1/3是从河北、山东和石家庄当地招来的，多数没有技术，属于学徒、苦力工人，这部分工人付出的劳动最多、工资最低。

石家庄大兴纱厂的第一批工人起初多来自河南省彰德府（今河南安阳）的广益纱厂，双方招工工头达成协议：每人每天工资4角，饭费4角，对这批工人不许开除，只许告退，每年报销两次回家探亲的往返车费。就这样，广益纱厂的几个工头暗中联络了200多名技术工人，并规定了时间、集中地点，秘密来到了石家庄。后来，大兴纱厂又陆续从广益纱厂及郑州的豫丰县、武陟县招来了约300名工人。其他工人都是从石家庄近郊及正定、获鹿、宁晋等地招来的，大多兼工兼农。厂内的70名职员大部分是从总部汉口过来的，与资本家有着裙带关系。由于大兴纱厂的工人来自不同地域，技术水平高低不等，加之管理层派系斗争，工人队伍从形成之日起就存在着严重的不团结问题。

当时，这些破产的农民进工厂当工人、卖苦力，寻求生活出路，也绝非易事。例如，想进正太铁路总机厂当工人要过道道难关，第一道难关是向法国人或工头送礼，交运动费，少则三五十元，多则七八十元，后来增至一二百元。当时石家庄的一亩地才值30元，不卖两三亩地是进不了工厂的。第二道难关是考试关，报上名后，首先要考工。没有技术的人特别是没有交运动费的人，需要考力气，扛枕木、提沙袋、抬大筐，一口气要走一二百米，中途不得休息。当然，对有技术但没有送礼的人，也会故意刁难。

（三）石家庄早期产业工人的政治地位

在中国两千多年的封建集权统治下，中国普通老百姓是不存在政治地位的。随着近代产业工人的兴起，在“资强劳弱”的情况下，开始出现一些自发的工人组织来对抗强大的资方的剥削和压迫，这些组织没有在国家和法制层面得到保障，甚至被政府认定是违法行为，产业工人的政治地位根本得不到保障。

井陉煤矿建立后，为了防止和镇压矿工的反抗，资本家豢养了由数十人组成的保卫队，正丰煤矿还建有稽查部和矿警房。他们与井陉县衙相互勾结，一发现矿工有反抗行为，就马上抓起来送官府衙门。1934 年，《井陉县志》记载：“自欧战而后，势力陡然膨胀，首推正丰矿，……以商人资格，与县长往来公文，皆用公函而不用呈。自是境内大小各矿厂及矿厂附近区域，俨然成为县境内有治外法权之租界地。……乃各矿上下人等，纵有违警事宜，亦绝不许地方警察过问。”井陉县衙和警察成为外国资本家镇压矿工的帮凶，那些被资本家送往县衙的矿工，轻则坐牢，重则丢命。

正太铁路总机厂的厂区虽然有 12 个厂门，但到处摆着“不许华人与狗走”的牌子，进厂的工人只被允许走一个三尺宽的“转子门”，出门不仅要向武装护勇鞠躬喊“老爷”，还得被搜身。法国资本家和工头根本不把工人当人看，伸手就打，张口就骂，完全当作干活儿的奴隶。

大兴纱厂女工多，经常受到资本家和工头的欺凌和侮辱，进厂后，挨个儿向工头鞠躬；下班出厂时，必须经过门警搜身，门警对下班工人从头到脚搜查一遍才能出厂，有的门警借搜身之机对女工进行侮辱猥亵。

石家庄早期产业工人不论是在国家社会层面，还是在厂矿企业层面，都根本没有政治地位。不仅如此，资本家还与地方官僚勾结，对工人反抗进行压制。

二、石家庄早期产业工人的劳动状况

在封建压迫和资本剥削下，石家庄近代产业工人的劳动状况十分悲惨，从资本家制定的厂规厂纪、劳动时间、工资待遇、劳动条件、资本家及工头的层层盘剥几个方面可窥一斑。

（一）枷锁一般的厂规厂纪

列宁曾说："资本主义的社会劳动组织是靠饥饿纪律来维持的。""农奴制的社会劳动组织是靠棍棒纪律来维持的。"帝国主义、资本主义和封建主义的多重压迫在石家庄早期外国资本和民族资本企业中体现得淋漓尽致。

外国资本和官僚资本控制井陉煤矿、正丰煤矿后，为了获取最大的经济利益，制定了惨无人道的厂规厂纪，把矿工当牛马，任意鞭挞、开除。

正太铁路总机厂除了"转子门"，还有一个"打字钟"。这座钟是法国资本家从国外运来的，工人上班都要经过"打字钟"，将一个纸牌塞进钟内，一按手柄，便打上了进厂上班时间。工厂规定，迟到 3 分钟罚，迟到 3 次开除。工厂还规定：早六点上班，晚六点下班，中午吃饭一个半点，每天劳动时间十个半点。

大兴纱厂的工人 80% 是来自当地的农民，但是"要上大兴班，就得过三关儿"。第一关是要有人"作保"，第二关是"送礼"，第三关是"考试"。一建厂，资本家就在锅炉房顶上安装了一个铜制汽笛，以汽笛鸣叫作为工人上班时间，每天五点一刻鸣头遍笛，五点半鸣二遍笛，六点整鸣三遍笛。厂里规定：工人上班"头笛叫、二笛到、三笛不到就不要"。离厂远的工人来早了不让进门，来晚了怕迟到被开除，只好半夜就到厂门口候着，汽笛一响就赶紧进厂。

工人违反厂规，除了罚还有打。厂里规定：上班说笑者罚，吸烟喝水者罚，随便走动者罚，见上司不鞠躬者罚，反驳上司者罚，等等。厂里还在工人请假制度上规定：工人旷一个工罚一个工，上班半个月旷工半个月等于白上，一分钱得不到。后来随着劳动力的充裕，加重了对旷工的处罚：旷一个工罚一个工，旷两个工罚两个工加警告，旷三个工直接开除。大兴纱厂工人的工时一般是十二三个小时，经常加班加点，一加班就是两三个小时，而且加班时连吃饭时间都不给。

一些小的工厂、作坊、手工业厂、商业店铺等雇用的童工名曰“艺徒”，比大工厂的童工所受的剥削和人身摧残更为严重。入厂（店）要有家长、担保人签合同，合同签订期限一般为三年，实如一张卖身契。资本家规定“艺徒在合同期内，全由行主处置，即有疾病或不幸因疾病而死，其家属亦无控告行主之权，其医药费或棺木之资亦需家族为之担任”。合同还规定“该徒若中途无故辍业，情愿包赔饭钱，每日按大洋二角计算。再有潜逃失匿，发生性命之危险等事，均归担保人完全责任，不与行主相干”，等等。

（二）长工时、低工资

工时长、工资低是资本家剥削工人的惯用手段。井陉煤矿、石门炼焦厂、正太铁路总机厂、大兴纱厂等企业每天采用两班运转制，有的还要延长到十五六个小时，而工资却给得很低。工人们在恶劣的劳动条件下没日没夜地劳作，却仍然过着极其贫困的生活。下面是一组这些企业早期的工资表，可以清楚地看到资本家残酷剥削工人的一个侧影。

1. 井陉煤矿职员工资表（单位：银圆）

德国人			中国人		
姓名	职务	月资	姓名	职务	月资
汉纳根	总办	1389	徐世纲	总办	694.5
戈登布	矿师	400	蒋式旋	副矿师	100
海内门	总庶务	500	李士伟	督办	694.5
尤利	总收发	400	薛溶	驻矿委员	140
德国人	煤师	400	李绍良	医官	140

续 表

德国人			中国人		
姓名	职务	月资	姓名	职务	月资
德国人	井下工师	300	柴文锦	会计	200
德国人	机器师	400	梁晓师	绘图师	50
德国人	矿中庶务	200	汤树声	管账师	50
德国人	库中司事	300	陈云清	交涉员	100
德国人	井下工师	300	毕耿中	文案	100
德国人	井下工师	300	赵聘卿	文案	80

1936 年井陉矿统计资料显示：一名矿工每班劳动 12 小时，平均每天生产煤 1.575 吨，每吨价值 8.22 元，工资 0.2 元，占生产价值的 2.45%，资本家得剩余价值 97.55%。

据统计，1909 年至 1928 年 9 月，中德合办期间，井陉煤矿采煤达 7134.428 吨。12 年间，资本家攫取剩余价值 5707.5 万元，发给工人工资 114.1 万元，仅占资本家获利的 2%。

2. 正丰煤矿 1926 年企业工资发放对照表（单位：银圆）

（1）德国、中国职员工资对比表

德国人			中国人		
姓名	职务	月资	姓名	职务	月资
克里喀	矿师	1250	羡里章	矿师	300
拉思达	煤师	350	王子全	煤师	230
老艾	煤师	350	王子舟	煤师	200
克里本斯	机师	350	张棋	机务总管	60
昆达	机师	350	吕顺	机务总管	100
老菲	测绘师	450	高宪筹	煤师	80
老西	医师	350	蔡瑞庭	画图师	30
卡根	机师	500	胡红玉	画图师	30

（2）工人工资表

里工（井下工人）	月资：9~15
外工（井下工人）	每班：0.2~0.3
童工（井下工人）	每班：0.05~0.10

3. 石门炼焦厂 1935 年企业工资发放对照表

德籍工程师	月资：720
华人厂长	月资：240
二级职员	月资：50~70
三级职员	月资：20~50
工人	月资：8~12

4. 大兴纱厂 1922 年至 1929 年《营业情况报告书》

从大兴纱厂 1922 年至 1929 年《公司董事会记录》和历年《营业情况报告书》来看，4 年 9 个月间即获利 297.2547 万元，折合银圆 412.8544 万元。

时间	获利	
	银两	折合银圆
1922.9—1923.6（10 个月）	101000	556944
1923.7—1924.12（18 个月）	180000	666666
1924.12—1925.12（12 个月）	791253	1098958
1927.2—1927.6（5 个月）	654300	908763
1929.1—1929.12（12 个月）	645994	897213
合计（4 年 9 个月）	2972547	4128544

据大兴纱厂另一份资料记载，自 1922 年至 1931 年底，不到 10 年间，资本家获利 1000 余万元。

资本家除了股息分红，董事、经理、厂长及中层管理人员每人还拿年俸 1650~2400 元。董事、经理、厂长每人每年拿车马费 500 元、年终红奖 200~1000 元。厂长徐松滋一人一次年终红奖即 2000 元，总经理徐汏馀则拿 10000 元。工人每天工作 11~12 小时，分计件和日工资，一般每人每班 0.3 元，童工试工前 3 个月无工资，第四个月开始每人每月 3~6 元。1930 年前后，大兴纱厂雇用的童工占到职工总数的 2/3。

5. 正太铁路工资表

（1）正太铁路月资表（单位：银圆）

局长：550~600

处长：450~550

科长：250~450

工长：240~440

总管：140~250

工头：60~100

员司：30~70

工匠：9~35

小工：6~9

（2）1925 年正太铁路工人日工资表（单位：银圆）

旋削匠：0.69~1.52

铁匠：0.63~0.80

木匠：0.46~0.62

司机：0.92~1.63

司火：0.55~0.92

转辄夫：0.27~0.33

旗夫：0.33~0.4

学徒：0.3~0.5

（三）恶劣的劳动条件

资本家只为赚取工人血汗钱，根本不顾工人的死活。工厂、矿山既没有安全设备，又没有劳动保护用品，更没有劳动保险待遇，伤亡事故经常发生。

井陉、正丰煤矿的劳动条件极其恶劣，矿工的生命安全得不到保障。两矿虽号称“现代化机器开采的新型煤矿”，但是直接出煤的各个环节仍然是笨重的体力劳动和手工操作，煤镐刨、铁锹装，运煤得用能装200斤煤的柳条筐往外背，或者用小木斗往外拉，经常发生滑车、翻车事故，造成人员伤亡。

矿井下没有安全设备，井口运人的罐笼没有挡门，通风设备不良，工头不检查瓦斯，掘进不进行探水，矿工们长年累月在头上淋水、脚下蹚水、冒着腐败臭气的低矮巷道里劳作，一干就是十几个小时，而且时常发生冒顶、透水、瓦斯爆炸事故。

石门焦化厂许多工种的劳动强度大大超过了工人的体力。例如，抬焦炭劳动需要装煤大筐100余斤，抬煤杠20斤，再装上400斤焦炭，两个人要走28块桥板，爬上十几米高的焦坡。炼焦厂的很多工种是高温作业，但资本家根本不发放劳保用品，很多工人被烫伤、热晕，甚至死在工作岗位上。

正太铁路总机厂连一台起重机都没有，大多数工人常年进行露天作业，靠手抬肩扛来干活儿。即便个别车间有机器，也都是天轴、吊挂式皮带传动，噪声大、污染重、光线暗。

大兴纱厂厂房里光线暗淡，花毛、尘土弥漫，纱场“下雪”，布场“下雾”。工人在班上没有吃饭时间，只好把饭菜放在机房，一边干活儿一边吃饭。车间里没有通风设备，温度高达40多摄氏度，工人时常光着上身干活儿，双脚踩在半脚深的水里。由于棉毛飞扬，空气污浊，许多工人得了肺结核、心脏病，到三伏天时经常有人晕倒在岗位上。

三、石家庄早期产业工人队伍的结构特征

产业工人队伍的内部社会结构对工人运动的组织开展有着重要的影响。产业工人的性别、年龄、技术、文化、地域等差异必然会带来世界观、价值观、人生观的差异，同时也必然会对他们在面对不同的政治行动

选择时产生影响。例如，有技术、有文化的工人往往见多识广，有政治远见，对眼前出现的客观现实有着自己的分析考量，在斗争中，由于经济条件相对优越，分析事物比较理性，具有较强的、持久的战斗力；苦力工人可能在短时期内爆发较强的战斗力，但由于家庭生活压力或资本家的利益诱惑，往往会被迫放弃斗争。

（一）产业结构

石家庄由于城市形成较晚，是随着铁路的兴建而发展起来的，因此，在产业分布上比较简单和集中。

石家庄的早期产业工人大多分布在煤矿、铁路、纺织行业和商业服务业。20 世纪 20 年代末，在 1.6 万名产业工人的队伍中，煤矿工人约有 7600 人，占工人总数的 47.5%；铁路工人约有 2500 人，约占职工总数的 15.6%；纺织工人有 3030 人，占职工总数的 18.9%；城市商业服务业工人有 2000 人，占职工总数的 12.5%；其他手工业小企业工人约占 5.5%。

由此可见，在少数产业集中了大多数产业工人，而且这些产业工人还高密度地集中在了少数大型厂矿企业之中。由于没有大型的、先进的生产机器，很多岗位仍然依靠手工操作，在整个产业工人队伍中，非技术工人占大多数，女工、童工也占较大比例。

（二）技能结构

从石家庄早期产业工人的来源来看，绝大多数产业工人属于非技术工人。因为他们绝大多数来自破产农民，除了自身的力气，几乎一无所有。这在井陉煤矿、炼焦、铁路行业尤为明显。挖煤、背煤、铲煤、装卸煤只需有力量就可以了，根本不需要什么技术。这些非技术类工人为了自己的经济利益往往容易组织起来，这是开展工人运动的有利一面。但是，在大量破产农民涌入城市造成劳动力严重过剩的情况下，这些工人又很容易被替换，这对长期罢工斗争又非常不利。

（三）年龄和性别结构

在石家庄的早期产业工人队伍中，一个显著的特点就是年轻工人占大多数。这是因为随着小农经济的破产，很多农民为谋求生计而涌入城市。这些人以年轻的农民居多，他们出去闯世界的热情更高，竞争力也较强，作为家庭中的主要劳动力，他们向往能够找到长久的谋生之计，加之一些工厂普遍使用学徒和计件包工制，所以年轻人的就业机会较多。资本家为了获取更大的利润，降低成本，在农村只招收青少年，甚至招收大量的童工，必然导致产业工人的年龄结构年轻化。

为了降低劳动成本，在一些简单的劳动岗位上大量使用女工、童工和艺徒，这也是资本家剥削的重要手段。在大兴纱厂的纺织工人中，女工占了大多数，童工又占了职工数的将近 2/3。在建厂初期，资本家就招收了一大批 11 岁至 14 岁的童工，最小的甚至才八九岁，这些童工的工作量几乎和成年工人等同，前三个月名为“试用期”，分文不给，第四个月后的工资也只有成年工的 1/3 甚至 1/4。大兴纱厂整理车间共有职工 40 人，童工就有 32 人。

在井陉煤矿，资本家也雇用了大批童工，跟着成年矿工一起下井挖煤、背煤，并规定每个童工每班必须背运两车煤，运不够就不让上井。每车煤需要装 36 筐煤，每个童工每天要在数百米的狭小巷道里来回爬 72 趟，劳动时间长达十四五个小时。为了节省衣服，大多数童工光着身子下煤窑，磕碰得浑身是伤，其状极其悲惨。

四、石家庄早期产业工人的组织状况及对工人运动的影响

从 1898 年石家庄产业工人诞生到五四运动发生前，工人队伍中没有出现现代意义上的、有组织纲领和政治目的的工会组织。在半殖民地半封建社会的统治下，产业工人只能沿袭封建社会的乡党会、封建行会、行

帮、秘密结社等组织形式。辛亥革命发生后，随着产业工人队伍的不断壮大及世界工会思潮的相继传入，产业工人的阶级意识开始觉醒，会党组织开始向工人组织渗透，一些具有工会雏形的组织在工人中建立起来，这些组织团结教育工人，启发工人的阶级意识，提高工人的觉悟，为建立真正意义上的现代工会奠定了基础。

（一）亲朋、乡党自发形成的团体组织

在石家庄早期的几个较大企业中，产业工人的来源可谓五湖四海。除了当地破产农民，很多是从附近省市乃至全国各地招聘过来的。这些工人在受到外来力量的欺辱、压榨时，由于地域性联系，很自然地就会团结在一起，形成一个“小团体”或者“小帮派”，以此来显示自身的力量，维护小团体、小帮派的利益。石家庄产业工人队伍的组成结构还有一个特点，就是亲戚、朋友、本家比较多，由于存在亲缘、裙带关系，他们自然形成了更为紧密的联系，成为“亲戚窝”。于是，在工人队伍中出现了“同乡会”“朋友社”“亲友团”等自发形成的团体组织。

这些工人自发形成的团体组织由于本身处于弱势，在与资本家、工头的斗争中往往显得力量不足，而且只是为了维护自身小团体或成员的经济利益，形式关系既松散又紧密，没有长远目标，更没有行动纲领，一旦被资本家利用，就会成为资本家的忠实走狗，欺压、剥削、勒索工人，无恶不作。

（二）行帮组织

行帮是从封建社会的行会演变而来的。近代资本主义在中国出现以后，行帮与行会也有了本质区别。行帮虽然不是现代意义上的行业工会，但在组织形式上已经非常接近，行帮的出现不仅在工人队伍中产生了较大的影响，也对工人运动产生了一定的影响。

产业工人中的行帮，地域性和乡土关系非常突出。乡情和区域文化的凝聚性使背井离乡、无依无靠、占据少数的外地工人容易产生较为强烈的

归属感、亲近感、依赖感，这样的行帮组织形式成为工人情感和文化认同的归宿。在井陉煤矿、正太铁路、正太铁路总机厂、大兴纱厂，普遍存在着“本地帮”和“客帮”，它们之间既有相同的利益，又有矛盾。

行帮与资本家的矛盾和斗争是自身性质决定的，因此，行帮成为早期工人斗争的组织者。大兴纱厂建成后的第一批500名技术工人是从河南招来的，自然就形成了“河南帮”，“河南帮”下还有“安阳帮”“广益帮”“豫丰帮”“武陟帮”。这些工人有技术，是企业的中坚力量，又属于“客帮”，归属感和凝聚力很强，由行帮大佬带领，在工资待遇、生活待遇方面能够与资本家进行面对面的协商谈判，维护“小团体”的经济利益。在石家庄车站，工人也因地域或从事的工种自发形成了装卸、运输等行帮。

行帮是新兴工会的组织基础，但由于其自身的局限性，它不是工人阶级的真正组织。行帮具有把持性、排他性和保守性，维护的不是工人阶级的整体利益，也不是同一行业中全体工人的利益，只是同行业中一部分同乡工人或利益相近工人的利益。因此，行帮在一定程度上破坏了工人队伍的团结统一，并对早期工人运动的参与和组织产生了消极影响。为了争夺工作、扩充自身势力和获取小团体利益，行帮之间经常发生矛盾冲突，有时甚至非常激烈，不惜用武力解决，打死打伤工人的事件时常发生。行帮自身的局限性也很容易被资本家利用，成为资本家欺压工人的工具。正太铁路总机厂成立工会后，几次被资本家派人操控和利用，给工人运动带来了一定的损失。

（三）会党在工人中的组织渗透及早期工会思想萌芽

会党又称“秘密结社”，产生于清代，属于秘密社会组织的一种类型，是在乡村、城市中广泛存在的为反抗统治与压迫、避免被官府通缉抓捕而结成的民间秘密组织。在清朝，秘密社会组织名目繁多，较为著名的有“天地会”“三合会”“哥老会”“大刀会”“小刀会”“红枪会”等，帮派、教门比较著名的有“白莲教”“洪帮”“青帮”等。

这些会党、教门有明确的宗旨、严密的组织、森严的等级制度、繁多的条规例则、隐秘的联络暗号、隐语等。它们的成员来自五湖四海，并以虚拟的家族及血缘关系建立起稳固的联系。为了稳固成员关系，往往要求新加入者举行歃血为盟仪式。一旦入帮，就意味着成为虚拟家族的一员，不得随意脱离，不得叛会，如有违反，必遭严惩。会党的组成形式虽然比自发组成的“同乡会”“亲友团”更加严密，无限接近政党组织形式，但是它仍然带有浓重的封建色彩。

中国进入半殖民地半封建社会以来，就被动地卷入世界资本主义的大市场，与世界的联系逐渐变得紧密起来，欧美工人运动的蓬勃发展以及工会思想开始在中国传播。无论是清政府、北洋军阀，还是入侵中国的帝国主义分子，都不愿看到也不允许工人建立自己的工会组织。但是，工人依靠自发组织和其他传统组织进行反剥削、争取权利的反抗斗争从来就没有停止过。与此同时，资产阶级、小资产阶级、无政府主义者以及后来的马克思主义者不断将世界工会思潮带到中国，并在工人中传播，由此，在工人队伍中出现了一些与工人阶级有关的政治派别。

1912 年 1 月 1 日，南京临时政府成立，孙中山就任临时大总统。1913 年，同盟会成员李安良从太原来到石家庄正太铁路总机厂，组织工人成立“中华民国工党会”，成为正太铁路早期带有政党性质的工人组织。李安良带领工人学文化、练武术，与资本家进行斗争，工党会成立不久就被法国资本家取缔。

（四）石家庄早期产业工人队伍的特点及其对工人运动的影响

作为机器大工业的产物，新兴的石家庄工人阶级具有国际无产阶级的基本特点，他们与先进的生产方式相联系，是进步的、最有前途的阶级。他们在大工业生产中养成了高度的组织性、纪律性。他们不占有生产资料，富有大公无私精神，革命性最坚决、最彻底。毛泽东同志在 1925 年 12 月撰写的《中国社会各阶级的分析》中指出：“他们所以能如此，第一个原因是高度集中，无论哪种人都不如他们集中。第二个原因是经济地位低下，他们失去了生产手段，绝了发财的望，又受着帝国主义、军阀、资产阶级的极残酷的待遇，所以他们特别能战斗。”这些工人阶级的基本特征对工人运动产生了深刻的影响。

石家庄工人阶级从诞生之日起就深受帝国主义、封建主义和资本主义的三重压迫，其中帝国主义的压迫尤为残酷。因此，他们还具有以下三个特点：一是他们具有改变自己悲惨处境的强烈愿望，具有最坚决、最彻底的革命性，特别具有鲜明的反抗帝国主义精神，他们一旦被先进的理论武装，自身的先进性就会被彻底激发，自觉承担起领导阶级的重任。二是他们集中在矿山、铁路、纺织产业中，有利于工人阶级的组织和团结，有利于在工人阶级中传播革命思想和发展革命力量，从而形成强大的战斗力。三是他们大多数来自破产农民，无论在血缘关系、生活关系、地域关系、思想文化上都与农民有着千丝万缕的天然的联系，容易结成亲密同盟，为党领导工人运动和新民主主义革命的发展提供了有利条件。

石家庄工人阶级的弱点也很明显，比如人数少、年龄较轻、文化水平普遍较低、受传统观念和小农意识影响较深等。这些弱点不同程度地影响着工人运动的顺利开展，表现为工人阶级在斗争中难以与资本家进行地位对等的谈判。小农意识、地域意识也使他们难以形成稳定的联合，容易造成内部分裂，往往不能从长远利益出发，只注重眼前和局部的利益。破产农民、女工、童工的大量出现，导致劳动力竞争的压力增大，他们迫于生计，自然降低了集体团结和共同斗争的力量。

第六次全国劳动大会前后
哈尔滨工人运动的贡献及发展

⊙黑龙江省工会干部学院课题研究组*

1948年8月1日至22日，在中国共产党的领导下，第六次全国劳动大会在东北解放区首府哈尔滨召开。大会恢复重建了中华全国总工会，实现了全国工人阶级和工会组织的团结统一；总结了新民主主义革命时期工人运动的历史经验，规定了当时工人运动和工会工作的方针任务，也为新中国成立后的工人运动和工会工作指明了方向。第六次全国劳动大会是中国工人运动发展历程上具有里程碑意义的重要会议，在中国工运史和中国革命史上都占有重要的历史地位。

第六次全国劳动大会是在人民解放战争推进到彻底推翻国民党反动统治、夺取新民主主义革命全面胜利的历史转折阶段召开的。当时仍面临着国民党反动派的威胁和破坏，因此，大会会址的选择成为大会能否安全、成功、顺利举行的前提条件。选择哈尔滨作为第六次全国劳动大会会址，是中共中央的决策。哈尔滨市委、市政府和市职工总会高度重视，为大会的胜利召开做了大量积极的筹备工作。大会的胜利召开推动了哈尔滨乃至黑龙江全省工人运动和工会工作的蓬勃发展，为支援解放战争全面胜利作出了重要贡献。

---

* ［作者简介］黑龙江省工会干部学院课题研究组成员：李华梅，刘思宇，肖鹏，李林旺，张馨月，侯杰，宋迪，杜煊瞳，唐松滨，李博仑。

一、第六次全国劳动大会为何选择在哈尔滨召开

（一）哈尔滨是全国解放最早的大城市，具有特殊的政治地位

1946年4月，日寇投降8个月，哈尔滨即被东北民主联军解放，而中国共产党领导的解放区还没有其他大型工业城市。直到1948年11月东北全境解放，哈尔滨一直是东北解放区的首府，是中国共产党践行大城市管理与建设之开端，是在党中央直接领导下筹建新中国的重要基地。

（二）哈尔滨地理位置优越，交通发达，无后顾之忧

哈尔滨有便捷的交通条件，是欧亚大陆桥的桥头堡，是中东铁路的枢纽车站，中东铁路和苏联西伯利亚大铁路相连，把哈尔滨与苏联、欧洲大陆连在了一起。得天独厚的地理位置便于国统区的代表冲破封锁，从陆上或海上到达会址，这也是第六次全国劳动大会选址在哈尔滨的原因之一。

（三）哈尔滨具有良好的工人运动基础

自哈尔滨建市之始，工人阶级就是这座城市市民的重要组成部分，不仅具有中国工人阶级的共同特点，而且由于毗邻苏联，很早就接受了马克思主义的思想传播，在同剥削阶级的斗争中不断地成长壮大，到解放战争时期已经成为中国共产党在东北地区的重要依靠力量。

（四）哈尔滨具有相对稳定的社会环境

作为全国最早解放的大城市，哈尔滨所处的历史环境和战略地位在建立与巩固新民主主义民主政权、保障解放区民众的生命财产安全、恢复与发展被战争破坏的城市经济，建设后方根据地、支援前线以及完善解放区新民主主义法制建设等多方面都发挥着积极作用，也取得了一定的成果。在当时的国内形势下，哈尔滨有着相对稳定与安全的社会环境，为第六次

全国劳动大会的召开提供了保障。

（五）哈尔滨是解放战争战略决战阶段的重要后方

1947年1月，解放军“三下江南，四保临江”战役打响之后，东北局和哈尔滨市委号召“一切为了前线，一切服务前线”，动员全市铁工厂造枪造炮，支援前方。当时哈尔滨的工业基础相当薄弱，军事工业更无从谈起，为了解决前线急需，动员组织私营铁工厂进行军工生产成为唯一可行的办法。到1948年11月辽沈战役结束时，在近两年的时间里，哈尔滨全市共生产2300多门六〇式迫击炮、27万多发炮弹以及大量的武器弹药及时供应前线，为解放战争战略决战提供了强有力的后方支援。因此，选择哈尔滨召开意义重大的第六次全国劳动大会，极具代表性与号召力①。

二、哈尔滨为第六次全国劳动大会胜利召开作出的贡献

（一）各行业以实际行动迎接第六次全国劳动大会的召开

1. 铁路系统劳模运动蓬勃发展，英雄模范不断涌现

哈尔滨铁路工人开展“工作突击运动”和“献物、劳军、节约”等一系列革命和生产运动，支援前线。从1947年5月到1949年2月，哈尔滨局有3807人立功，占职工总数的11.3%，立各种功4142次，立功集体达822个。哈尔滨、齐齐哈尔、牡丹江铁路总工会选出胡景祥、杜广森、罗振扬、何景星、黄耀庭、郭树德等30位代表出席第六次全国劳动大会，乘坐由著名的“毛泽东号”机车牵引、哈尔滨机务段劳动模范李永和他的伙计们驾驶的火车环游哈尔滨，并参观了铁路工厂。

2. 煤矿工人掀起生产突击运动，迎接劳动大会

矿区机械制造厂发起提高生产整修工厂的突击运动，号召全体职工用

---

① 中国铁路哈尔滨局集团有限公司：《哈尔滨铁路百年史话》，黑龙江科学技术出版社，2019年。

实际行动庆祝第六次全国劳动大会的胜利召开。职工提出了一系列生产目标，模型班计划完成“卡机”的制作工作、翻砂工友准备完成五十马力抽水机，其他各部也都提出了响亮的竞赛条件，准备为下半年的立功“打底子”。

3. 邮政、电力工人开展立功运动，迎接大会召开

1946 年至 1948 年，电力局前后制订 4 次修建计划，修复多台发电机，修建大小变电所 11 处，修复高压送电线路 840350 米。从 1946 年 10 月起至 1948 年 6 月，发电设备容量增加了 6 倍，发电量增加近 4 倍，变电所增加设备容量 9 倍，电灯增加 3 倍，动力增加 6 倍，能够切实保障第六次全国劳动大会召开用电。通过电力工人的加班加点、不懈努力，终于在 1948 年 8 月 1 日完成了南北远程高压送电，保证了第六次全国劳动大会的顺利开幕。

（二）召开职工代表大会，选举大会代表

为迎接第六次全国劳动大会，哈尔滨市总工会决定召开第二次职工代表大会，并向全市工会组织和职工群众发出了通知，号召各级工会组织职工群众广泛讨论加紧生产支援战争、劳动保护法和社会保险条例、战时工资方案、标准劳动合同、工人参政、工会工作纲领及工会章程等问题，提出提案，并确定了代表名额和代表分配办法。第二次职工代表大会于 1948 年 5 月 1 日召开，李立三出席了大会并代表东北局六次劳大筹委会发表讲话。哈尔滨市委书记张平化、副书记钟子云、市长朱其文出席了大会，钟子云和朱其文作了讲话。会议通过了《战时暂行劳动法大纲（草案）》《战时工资标准暂行办法》等决议；选举了市职工总会新的领导机构，选举张维祯、郭林军、胡尹奎、陈晓风、关贵和、张耕仁等 26 名同志为出席第六次全国劳动大会的代表。

（三）按照大会筹委会指示，做好组织保障和接待工作

根据党中央的指示精神和东北局的安排，组成了以李立三、刘宁一同志为首的第六次全国劳动大会筹备委员会，哈尔滨市总工会承担了第六次

全国劳动大会的具体筹备工作。

第六次全国劳动大会在哈尔滨召开，对哈尔滨全市党的各级组织和工会组织是极大的鼓舞。哈尔滨市委指示市总工会要特别注意做好接待国民党统治区工人代表的工作，要热情周到地做好服务工作，要使他们体验到革命大家庭的温暖。1948 年 6 月至 7 月，全国各地代表陆续抵达哈尔滨，哈尔滨市政府、市总工会将代表们安排在马迭尔宾馆、哈尔滨市总工会职工宿舍、经纬小学等地住宿。

1948 年 8 月 1 日，哈尔滨市各界热烈庆祝人民解放军建军节及第六次全国劳动大会的揭幕。哈尔滨市政府在上午召开了纪念大会，南岗区召开了干部座谈会及各阶层代表座谈会。下午 3 点，各行业、工厂职工会集群众团体代表 500 余人，在鼓乐声中列队前往大会会场，向大会全体代表致贺献旗。各音乐团体组织的音乐晚会则于晚上 7 点在兆麟公园举行。

（四）义务劳动捐献

为支援国民党统治区工人斗争，第六次全国劳动大会向全国解放区提出倡议：各解放区全体职工在当年 8 月或 9 月的一个公休日，义务献工一天，作为斗争基金。哈尔滨市 10 万名职工以高涨的热情立即行动起来，仅用了几天的时间，道外区各行业献工折合东北流通券就达 5690 万元，新阳、道里区 23 个行业 5500 余人献 2023 万元，再加上南岗、太平、马家、香坊、顾乡共 8 个区和邮电、电车、汽车、自来水等系统，总计贡献了 14005 万元[①]。

第六次全国劳动大会闭幕以后，哈尔滨市迅速掀起贯彻落实大会精神的高潮。全市工人阶级以主人翁的姿态参加企业管理，提出合理化建议，使一些企业得到迅速恢复和发展，各界职工群众为支援解放战争从各方面做出了巨大努力，发挥了重要作用。

---

① 哈尔滨市党史研究会工运研究组：《哈尔滨市工人运动史料汇编》，哈尔滨市工人运动研究会，2021 年。

三、第六次全国劳动大会对哈尔滨乃至黑龙江的重要影响

（一）大会对工人运动、工会工作发展的促进作用

1. 建立工会组织，壮大工人力量

第六次全国劳动大会闭幕后，松江、合江、嫩江三省先后成立职工总会。1949 年 5 月，松江、合江两省职工总会合并为松江省总工会。嫩江省职工总会成立之后，因嫩江省撤销，随之合并为黑龙江省总工会。1954 年 8 月，黑龙江省、松江省工会合并为黑龙江省工会联合会。至此，黑龙江地区各省工会组织统一为一个省工会组织。在第六次全国劳动大会精神的号召下，哈尔滨贸易公司职工会、哈市印刷业区产联、道外铁工业区产联、西铁总工会、东铁职工总会等产业、行业工会组织纷纷成立。

2. 改善和提高职工群众的生活水平

第六次全国劳动大会闭幕后，各地工会组织贯彻大会精神，响应大会号召，落实大会要求，努力改善和提高职工群众生活水平。1948 年 10 月，嫩江省职工总会与企业局为了适当解决职工福利，举办职工合作社，股金按实物计算，抽股分红同样按当时的实物分数计算赔赚，在章程中保证职工薪俸的实物供给。1948 年 11 月，齐齐哈尔市三区工联办事处召开业主大会，说服动员帮助工人解决棉衣等问题，帮助该区各行业 590 名工友中 2/3 的人解决了过冬困难①。从 1948 年 8 月到 1949 年 4 月半年多的时间里，齐齐哈尔市总工会共介绍 1137 名失业工人就业，同时动员失业工人去满洲里、内蒙古和鸡西、鹤岗等矿区工作，并且组织了 1052 户、3578 人到附近 7 个县参加农业生产②。

1949 年 6 月 4 日，黑龙江省人民政府根据东北政委会命令，为保护工

---

① 《东北日报》，1948 年 11 月 25 日（第二版）。

② 齐市总工会：《齐市工会支援战争汇报提纲》，第 14 页。

人与职员的健康并减轻其生活困难，决定从 1949 年 7 月 1 日开始实行劳动保险[①]。黑龙江省职工总会于 1949 年 6 月 29 日召开各县公营企业工厂厂长和工会主任联席会议，讨论在各县公营工厂和商店实行劳动保险问题。1949 年 7 月，黑龙江省总工会召开各县工会干部会议，确定长年固定生产实行劳动保险[②]。

（二）黑龙江工会贯彻大会精神，发动组织职工群众，为支援解放战争作出重要贡献

1. 开展群众性生产支前劳动竞赛

为庆祝第六次全国劳动大会召开，解放区掀起生产竞赛高潮。1948 年 8 月，鸡西创造月产原煤历史最高纪录[③]。9 月，昂昂溪机务段司机长范永同 15 名车务人员驾驶满载军火的列车，冲过敌机的轰炸和追截，为锦州战役的胜利解决了军事急需[④]。10 月，牡丹江制材厂职工用 29 天制作完成了 51 万根枕木，受到东北野战军特殊嘉奖；双鸭山煤矿发起支前比功运动，向合江境内各公营企业提出挑战，出煤超产 140%[⑤]……通过开展生产立功运动，涌现出一批模范人物和先进集体，各地纷纷召开劳模大会给予表彰。

2. 哈尔滨铁路工人支援解放战争

由于战乱和日寇投降前的疯狂破坏，哈尔滨机务段的机车几乎全部“趴窝”，工人开展“死机复活”运动。哈尔滨车辆厂仅 1948 年就修复各种车 319 辆。哈尔滨机务段工人将废弃在沿线的破损机车拉回抢修，其中的 304 号机车经过工人们一个多月的修复，成为在支援辽沈战役和大军入

---

① 黑龙江省总工会办公室：《黑龙江工人运动大事记》，黑龙江人民出版社，1989 年，第 177 页。

② 黑龙江省档案馆：212 全宗第 2 目 1 卷。

③ 黑龙江省总工会工运史志研究室：《黑龙江工运史料》，1987 年第 1 期，第 112 页。

④ 黑龙江省总工会办公室：《黑龙江工人运动大事记》，黑龙江人民出版社，1989 年，第 165 页。

⑤ 黑龙江省总工会办公室：《黑龙江工人运动大事记》，黑龙江人民出版社，1989 年，第 166 页。

关中荣立战功的“毛泽东号”机车。

3. 捐献支前与支援国统区工人斗争

为了支援全国解放战争，黑龙江各地工会发动工人群众捐献支前，展开劳军运动。松江省政府、省职工总会筹委会、牡丹江市总工会联合发出通知，号召全省职工做义务工一日，将工资作为援助国统区工人兄弟的物质帮助；牡丹江市 40 个工厂单位自动加班，献款 5000 余万元；哈尔滨市各工厂工人献金 7000 多万元，其中有数名工友献了两天或四天的工资。解放区工人对国统区工人斗争的支援增强了彼此间的团结，为实现全国工人阶级的大团结、夺取解放战争的最后胜利奠定了坚实的基础。

从枣庄工人运动发展看中国共产党的领导

⊙王功彬[*]　刘加娇[**]

枣庄是一座以煤炭资源为依托的城市，枣庄工人运动因为有了中国共产党的领导，才得以发生了从“自在”到“自为”的根本性改变，形成铁路、纺织、煤矿、兵工四大产业工人运动，成为山东工人运动不可或缺的重要组成部分。

一、从自发斗争到接受中国共产党的领导

（一）枣庄工人运动成因

枣庄地处鲁南，地下矿藏以煤炭为主，煤田总面积可达 317 平方公里。1879 年，峄县中兴矿局（后改为中兴煤矿公司）开办以后，一度成为与开滦、抚顺齐名的中国三大煤矿之一，“在世界上特别在日本和东南亚等国亦很有名气”。①

尽管位于枣庄的中兴煤矿公司声名显赫，但工人们长期饱受多种压迫。

---

* ［作者单位］山东省枣庄市工人文化宫。

** ［作者单位］山东能源枣矿集团档案室。

① 枣庄市政协文史资料委员会：《中兴风雨》（枣庄文史资料第 19 辑），内部资料，1993 年，第 105 页。

一是工作时间长。每班劳动十几个小时，有的工人甚至每班在井下劳动 24 个小时。

二是生活条件差。矿工居住的“窑户铺”低矮破烂、蚊虫成堆、传染病流行，每天到公司医院就医的矿工可达 400 余人，重病住院者不下七八十人。

三是收入差别大。矿工分里工和外工。下井里工的每月工资最低为 20 多元，“外工每班在井下劳动 24 小时，所得工资 0.48 元，被包工头盘剥后，仅得 0.43 元”。[①] 外籍总矿师的月薪则高达 1500 元，加上奖金及补助，其年收入可达 2 万元。

四是生产事故频发。工人不仅伤亡惨重，而且抚恤金标准很低。

挣扎在水深火热之中的枣庄工人，渴望及早从苦难中解放出来。

（二）枣庄工人早期的自发斗争

为反抗资方及封建把头的压迫和剥削，中兴矿工很早就利用各种形式进行斗争。早期的斗争仅是为了维持生存和维护生命安全，组织形式和抗争手段也比较原始，有的是乡邻宗亲或结拜关系以帮会伙友的形式，在劳动中互相帮衬以对付资方的盘剥和把头的凌辱，采取的方法或怠工或“逃窑”，效果极其有限，乃至最终失败。

这些抗争虽然没有明确的阶级组织和阶级意识，但属于枣庄工人最初级的阶级行动。由于这些零散自发的斗争既没有长远明确的目标，又没有严密统一的组织，无法吸引广大工人的关注和参与，难以形成合力，以致屡斗屡败。

（三）共产党人对枣庄工人的启蒙

随着工人队伍的不断发展壮大，特别是受辛亥革命、新文化运动和五四运动的影响，以及在此基础上马克思列宁主义在枣庄地区的传播，为

---

① 《捷报》，1904 年 12 月 30 日。

中共枣庄党组织的建立创造了必要的条件。

1922年5月，中国劳动组合书记部山东支部成立。王尽美、邓恩铭等共产党人开始在山东工人群众中开展马克思主义宣传教育，枣庄工人群众开始觉醒，崭新的工人运动由此发端。

1923年6月，中国共产党第三次全国代表大会在《关于劳动运动的议决案》中指出："劳动组合书记部今后之责任为组织天津、哈尔滨、山东、上海等处已组成之路矿等工会以外之各种工会。"[①]根据这一精神，中国劳动组合书记部北方分部确定矿区为工作重点，派遣干部深入矿区，加强对矿区工人运动的领导。

1923年7月，中国劳动组合书记部北方分部主任罗章龙到徐州、滕县、临城一带视察工作，并对枣庄地区进行了社会考察，撰写了调查报告。这是枣庄大地上第一次有了中国共产党活动的足迹。

1923年11月，中国共产党三届一次中央执行委员会会议通过的《劳动运动进行方针议决案》指出："兹拟先行选择最重要的产业工人，如铁路，海员，矿工……山东之坊子、淄川博山、峄县等处的矿工运动，山东同志应把它和津浦、胶济路工运动同时并重。"[②]这是党中央第一次针对枣庄工人运动发出指示。

为使津浦、陇海铁路工人运动南北策应，在罗章龙的指导下，临城车站铁路党支部于1923年建立。该支部曾经发动铁路工人积极声援京汉铁路、陇海铁路工人的罢工斗争，但随着二七大罢工失败，中国工人运动全面转入低潮，该支部也停止了活动。

尽管如此，中国共产党组织仍继续加强对山东工人运动的领导，在1924年5月14日的《中央局报告》中强调"山东，在路矿工人运动均为

---

① 中华全国总工会：《中共中央关于工人运动文件选编》（上），档案出版社，1985年，第25页。

② 中央档案馆：《中共中央文件选集》（一九二一—一九二五）第一册，中共中央党校出版社，1982年，第148页。

重要，应加派同志前往工作”[①]，并且明确指出枣庄矿区的工运工作“因此处同志运动方法错误，也没多大发展”。

1926年初，一位李姓同志受中共山东地方执行委员会委派来到枣庄，与中兴煤矿公司工人张福林、房洪春等人结识为朋友，启发教育他们接受党的领导，走上革命道路。后因其无职业掩护，引起了国民党的注意，便于3个月后离开枣庄，以致其名字已不可考。十几天后，山东中国共产党组织又派张鸿礼来枣庄开展活动，但因环境恶劣，不得不匆匆离开。两次派员均告失败。

1926年4月，中共山东地方执行委员会第三次派富有工人运动经验的胶济铁路工人纪子瑞到枣庄煤矿，继续开展党组织的创建和工运工作。纪子瑞到枣庄后，深入群众中向工人们讲解“谁养活谁”的道理，逐步提高他们的政治觉悟，并把青年工人张福林、郭长清等人发展为党员。3个月后，枣庄矿区党支部正式建立，纪子瑞任书记。至此，枣庄工人开始有了中国共产党的领导。

在中国共产党组织的启发下，工人明白了一个道理：反抗资产阶级，争取工人权益，如果没有一个强有力的组织领导，就很难取得斗争的胜利。

二、大革命失败后的枣庄工人运动

枣庄矿区党支部成立后不久，即领导枣庄矿工秘密建立了第一个属于工人自己的工会组织——劳工会，短时间内就发展了50多名会员，为公开与资本家进行斗争奠定了基础，在大革命时期先后举行了四次声势浩大的罢工行动。

（一）迎接北伐，反抗压迫

1927年6月中旬，当北伐军逼近枣庄时，纪子瑞召开矿区党员会议，

① 中央档案馆：《中共中央文件选集》（一九二一——一九二五）第一册，中共中央党校出版社，1982年，第203页。

决定趁国共分裂尚未波及鲁南之际，迎接北伐军进驻枣庄矿区，并在北伐军的支持下，组织发动工人对长期欺压矿工的巡警局长杨竞业进行斗争。工人纷纷报名参加劳工会，会员迅速发展到4000余人，反压迫斗争初战告捷。

（二）四次工人大罢工

1. 第一次枣庄工人大罢工

1927年6月27日，全矿大多数工人被发动起来以后，矿区支部认为组织工人公开同资本家、把头谈判的条件已经成熟，可以借此改善工人的生活、生产条件，提高工人的思想觉悟和社会地位，于是纪子瑞召集张福林、蒋福义等30多名党员和工会积极分子开会，决定以劳工会的名义向资方公开提出工会有代表工人之权、工会有权开除压迫工人的职员、增加工资、实行八小时工作制、不得无故开除工人、建立工会俱乐部、建立工人学校和其他劳保福利待遇等要求，并随即宣布罢工。罢工最终取得了完全胜利，充分显示出枣庄工人的思想觉悟和斗争力量已日渐提高与增强，是大革命时期枣庄工人运动的一次壮举。

不久，北伐军南撤，枣庄军政易手奉系军阀。当张福林带领的枣庄工人工兵营随北伐军南撤受挫于1928年初返回时，第一次罢工取得的胜利成果已全部化为乌有。更严重的是，当纪子瑞返回青岛时，矿区原有的群众基础动摇，中国共产党的影响力大为下降，工运工作陷入了困境：张福林等人组建的枣庄煤矿失业工会遭到资本家查封，加之国民党派员驻矿成立枣庄矿区工会整理委员会，并强行没收中兴矿产，致煤矿停产，导致五六千名工人失业，张福林也被抓捕。至此，枣庄工人运动被完全镇压，中国共产党的活动也全部停止。

不过，中国共产党始终关注着枣庄工人运动。1928年10月17日，中共中央发布第69号通告，在“工作中心及党的力量的集中”部分，把枣庄列为山东工作的重点城市之一；在中华全国总工会第二次扩大会议上，再次强调“全国的矿工的重要区域如……山东的中兴煤矿、淄博煤矿……均属矿工工作应该注重之点”。于是，中共山东省委于1931年3月派田位东来到枣庄矿区，继续从事工人运动和党组织建设工作。

2. 第二次枣庄工人大罢工

按照中华全国总工会和中共山东省委“估计到我们现在的能力，必须首先打入到几个重要的企业中去，如……枣庄、淄博的矿工等”[①]的指示，田位东到枣庄后，积极打入黄色工会内部，争取井下矿工甚至矿警，建立了广泛的群众基础与组织力量，变“黄”为“赤”，开展日常斗争，并先后发展20多名工人群众加入了中国共产党，成立了中共枣庄特区委员会（以下简称“枣庄特委”），田位东为书记，郑乃序为副书记兼宣传部长。

为了锻炼工人的革命精神，枣庄特委决定带领矿工首先开展惩罚反动把头的斗争，先后惩治了陆姓封建把头“路倒”和包工柜“二老邓”，均获得了胜利。此举是枣庄工人继第一次大罢工后的再次凝心聚力，为日后发动更大规模的罢工斗争奠定了基础。

1932年，因受上海“一二八”淞沪抗战的影响，煤炭销路受阻，为压缩支出，中兴煤矿公司资本家不顾工人的生活维艰，开始大量裁员。4月22日，枣庄特委发动了4000余名矿工罢工。但因资本家的破坏，斗争坚持4天后即告失败。

同期，枣庄铁路工人也行动起来。1932年1月，津浦路北自天津、南至临城各段、站、厂的铁路工人参加了津浦铁路工人的反压迫斗争。

不到一年的时间，枣庄特委的工作成绩卓然，得到中共中央北方局的充分肯定：“北方的党在领导罢工运动中，最近是有显著的成绩：在唐山、天津、青岛、枣庄、河南、满洲等地发动了一些罢工的斗争……在斗争中建立了党与群众的组织，提高了支部的积极性，表现了党的进步。”[②]

① 《中华全国总工会依据职工国际八次会议给我们的任务对山东特派员的工作指示》，1932年6月18日。

② 《中共北方各省委代表联席会议关于北方各省职工运动中几个主要任务的决议》，1932年6月25日。

3. 第三次枣庄工人大罢工

1932 年 7 月 13 日，中兴煤矿工人在枣庄特委的领导下，开始了第三次大罢工。但因工贼出卖，国民党当局拘捕了田位东、郑乃序，后押至济南残杀。中共中央和山东省委对枣庄工人大罢工和田位东、郑乃序二烈士的事迹给予了充分肯定和高度赞许，先后在中华苏维埃共和国临时中央政府机关报《红色中华》上发文、报道。

这次大罢工虽然失败，但它的意义在于通过这场斗争，枣庄特委提出的“里外工平等待遇”“同分花红”的口号成了广大工人的共同呼声，尤其是通过三次罢工胜利和失败的反复，枣庄党组织经历了深刻的锻炼和严峻的考验，积累了越发成熟的正反两个方面的经验和教训。

4. 第四次枣庄工人大罢工

面临工人运动被国民党肢解和消灭的困境，中共中央及时给山东省委作出指示：“淄博、枣庄的矿山工作，省委必须找出人专门去负责……”①

为了尽快恢复枣庄矿区党组织建设、开展工人运动，中共山东省委、江苏行委多次派人来枣庄，但皆因环境恶劣而离开。1932 年 10 月，中共徐州特委决定派极富地下工作经验的郭子化到枣庄矿区开展工作。郭子化化名为庞佩霖，肩挑药箱，以行医为掩护，发展枣庄的党组织和发动工人运动。“庞先生”医术高明，广交朋友，既医身体之疾，又治心里之苦，方法隐蔽，策略灵活，工作开展得非常顺利，仅用时 4 个月就建立了中共枣庄矿区支部。见时机成熟，郭子化决定在 1933 年 5 月 1 日发动枣庄工人大罢工，以“外工也要分得花红”为条件，与煤矿资本家展开谈判，最后资方勉强答应了为外工每人每月发火炭半吨。

这次“花红”斗争的胜利，与大冶、焦作、本溪、北票、营口、五湖咀等煤矿工人先后举行的 12 次罢工斗争遥相呼应，给低迷沉闷的枣庄工人运动注入了新的活力，同时为中国共产党日后领导枣庄工人参加抗日武装锻造了不屈和勇武的精神。

---

① 《中共中央给山东省委指示信》，1931 年 12 月 30 日。

在罢工取得胜利的基础上，中共中央于 1934 年初作出指示，要求“全国党必须加强在唐山、抚顺、鹤立岗、焦作、枣庄、淄博、安源等矿山工人中的工作”[①]。这也为枣庄工人运动巩固成果、持续发展增添了信心和力量。

三、枣庄工人的武装抗日斗争

（一）创建工人抗日武装

抗日战争全面爆发以后，为了适应形势发展的需要，中共苏鲁豫皖边区特委在枣庄矿区设立枣庄中心县委，中兴煤矿公司工人补习学校教员梁度世任组织委员。枣庄中心县委根据枣庄特委指示，联络组织了枣庄各界抗敌后援会，其中有群众 400 多人、工人 200 人。抗敌后援会组成了抗日宣传队，在各学校、集市和附近农村、峄城和台儿庄进行宣传活动，工人张福林、沈春台、方奕生等人经常参加宣传活动。抗敌后援会还在中兴煤矿公司工人补习学校开办抗日训练班，对工人和学生进行军事培训，培养了一批军事指挥人才。

1937 年 9 月，参加过广州起义的共产党员朱道南组织部分工人、农民和青年学生，成立了鲁南民众抗日自卫团，后被整编至八路军一一五师苏鲁支队，成为苏鲁边区活动在运河两岸的一支著名抗日武装。

1938 年 3 月，枣庄沦陷，枣庄中心县委撤至抱犊崮山区，成立鲁南特委，原中兴煤矿公司工人张福林任职工部长。而后成立了峄县县委，工人党员就有 60 多人，成为枣庄抗日武装的重要骨干，在战斗中发挥了重要作用。在台儿庄战役期间，以中兴煤矿公司矿工为骨干的四川旅沪同乡会战地服务团组成了谍报组、宣传组和爆破组等小分队，其中的爆破组深入抗日前线，冒着炮火协同中国军队作战。“枣庄矿工游击队，炸毁敌人

① 《中共六届五中全会关于白色区域中经济斗争与工会工作的决议》，1934 年 1 月。

南下列车，配合正规军获得台儿庄的大胜利。”①

为了及时掌握日军情报，苏鲁支队从部队中挑选了两位煤矿工人出身的排长洪振海和王志胜，设立了情报站。首战洋行，致3名日特两死一伤，而后又巧劫列车，获得两挺机枪和12支马大盖步枪。

（二）威震鲁南的枣庄铁道队

1940年2月，以经营炭场为掩护的枣庄情报站先后吸收失业工人和爱国青年11人，洪振海、王志胜认为组建队伍时机成熟，就建立了一支秘密抗日武装，命名为“枣庄铁道队”。枣庄铁道队成立以后，人员不断增加，队员大都是铁路工人、矿警队员、铁路警察及各行各业的工人。后炭场因实情暴露，不得不亮出八路军铁道队的旗号，公开与铁路沿线的日伪军展开斗争。他们二打洋行，杀死13名日兵和1名翻译，缴获长短枪6支及手表、怀表100多块。8月下旬的一个晚上，洪振海、王志胜带领30多名队员，发动铁路沿线群众100多人，把临枣铁路3里多长的铁轨全部扒掉，砍断沿线电线杆100多根，致日军交通和通讯全部中断。

1940年7月，枣庄铁道队连同临（城）南、临（城）北两支由铁路工人孙茂生、田广瑞领导的铁道队，被鲁南军区合编为鲁南铁道大队，洪振海任大队长。他们战阎团、劫布车，袭临城、除汉奸，战果辉煌；积极开辟地下交通线，仅1942年一年就先后护送数百名干部过境，其中就有刘少奇、陈毅、朱瑞、陈光、萧华等党政军领导同志。

鲁南铁道大队创造的抗日事迹轰动华东，被鲁西军区政委萧华赞为“怀中利剑，袖中匕首”。铁道队队员的英勇表现无不是中国共产党教育和培养的结果，所以他们对党充满感情，例如大队长洪振海牺牲后，人们打开缠在他右手腕上的一块红色“护身符”，竟是铁道大队交给他保管的一面小党旗。

---

① 山东省总工会、山东省档案馆：《山东工人运动历史文献选编》（1938—1949），内部资料，1984年，第18页。

（三）开展地下抗日活动

在鲁南铁道大队重创日军的同时，一些留守枣庄矿区的工人在中国共产党的领导下坚持与日伪展开地下斗争。他们除了负责情报搜集，还利用下井工作之便，将雷管、炸药带出煤矿，秘密送往山里根据地，支援抗日。

山东分局城工科派张福林扮成商贩，经常到中兴煤矿与工人接头，布置任务。滕峄边县委敌工部也派人，打入枣庄矿区开展工作。例如，张协通过关系到中兴煤矿当了矿工，团结大批爱国矿工，对采煤工作面进行破坏，阻止了日军的生产计划。

在地下斗争中，共产党人为枣庄的工运事业作出了牺牲。例如，峄县运北工委书记鹿广连的妻子徐德兰连同刚满周岁的儿子被捕，于 1940 年除夕夜被日军剖腹杀害，鹿广连也于 1943 年 9 月在日伪包围战斗中牺牲。日军还将他的头颅割下，悬于中兴煤矿公司西南门外示众多日。

四、枣庄工人的彻底解放

抗日战争胜利后，国民党军队挑起了全面内战，枣庄是其重点进攻地区之一。枣庄党组织在中共山东分局的领导下，组建工人支队，配合解放枣庄，支援鲁南战役，开展护矿斗争，发挥了重要作用。

（一）首次解放枣庄，开展生产自救

1945 年 10 月，在与国民党争夺津浦沿线地区的阻击战中，枣庄工人积极参加铁路破袭战，铁道大队在原采用的松动螺丝、扒铁轨、掀枕木的基础上，发明了“飞行爆破法”，即将 1 公斤黄色炸药包围在铁轨衔接处爆破，曾在一夜之间破路 20 余公里，为持续近 3 个月的津浦路战斗再立新功。而后，召开了鲁南矿区职工第一届代表大会，同时成立了枣庄职工联合会。

津浦线战斗结束后，把守中兴煤矿公司的汉奸王继美部不断制造事端，致中兴煤矿公司被迫停产、2万多名矿工失业。枣庄矿区总工会主席张福林向新四军陈毅军长和山东省政府黎玉主席请命，为2万多名矿工和枣庄人民的生命安全，“迅即解散王逆部队，为死难军民复仇”。①

1946年6月9日，王继美部被消灭，枣庄第一次获得解放。枣庄矿区总工会组织了4000多名矿工和纠察队员直接参加了此次战斗，另有千余名矿工组成担架队、搬运队，为部队运送物资。枣庄工人参加解放枣庄战斗的消息很快传遍山东，甚至传到了延安，不仅山东省总工会号召“全体工人兄弟们要向枣庄工人学习”②，而且“党中央、毛泽东十分重视枣庄煤矿工人使用黄色炸药的经验，曾调第八师师长何以祥到西柏坡专门传授爆破技术”③。

虽然枣庄得以解放，但中兴煤矿公司已全面陷入瘫痪，住在枣庄矿区外围的，除了2万多名矿工，还有铁路、烟厂及脚力、木匠、印刷、苦力、理发等各行业工人约3000人失业。于是，枣庄矿区工会积极协助政府对失业工人和群众进行救济，矿区工人普遍领到了救济粮和救济款，而且鞠仁医院得以重开，为工人免费进行治疗。

与此同时，枣庄矿区工会积极组织工人恢复矿井生产，解决矿工生计问题。从1月枣庄解放至5月初，枣庄工会共计帮同政府发放粮食63万斤、北海币72万元、煤炭436万斤，救助工人7276户、32101人，实现了“家家有饭吃，人人有衣穿，个个有活干”④。重新就业的工人无不对中国共产党和工会充满了感激之情。

---

① 《大众日报》，1946年5月12日。

② 《大众日报》，1946年8月22日。

③ 中共枣庄市委党史研究室：《中国共产党枣庄历史》（第一卷），中共党史出版社，2016年，第101页。

④ 张福林：《在枣庄地区的革命回忆录》（手稿），山东科技大学档案馆，张福林档案第32页。

（二）成立工人支队，支援鲁南战役

蒋介石扩大内战后，战火再次燃到枣庄。为了应对国民党向解放区的全面进攻，在鲁南区党委和鲁南军区的直接领导下，枣庄矿区成立了以大批工人骨干为主体的枣庄工人支队，连同改组后的矿警总队，共有 1200 多人，司令员由原鲁南铁道大队政委杜季伟担任。枣庄工人支队在成立当晚就开赴前线投入战斗，在枣庄以东 15 公里处的西佛山击溃国民党两个营，击毙数十人，活捉 12 人。在成立 1 个月内，枣庄工人支队共作战 18 次，毙、伤、俘国民党军队近百人，收复村庄 20 余处，夺回国民党军队抢劫的粮食十几万斤。后来，枣庄工人支队与枣庄回民支队一起整编为主力部队，投入解放战争战场上进行战斗。

1947 年 1 月 2 日，鲁南战役开始，枣庄工人服从战役指挥部安排，成立小车队和担架队，运送物资，救助伤员，积极支援前线。

鲁南战役结束后，中共枣庄矿区党委和工会办事处开始对失业工人和城市贫民进行安抚救助并组织自救，既清理路障又动员店铺摊贩营业，让枣庄矿工、市民在太平环境中度过了春节。枣庄市民感叹道："和蒋军统治时期相比，真像是两个世界！"

国民党见大势已去，开始对中兴煤矿公司陶庄分矿的库存物资进行抢运，然而，经过中国共产党教育多年的工人们大义凛然，始终没有退却，最终保护了东站仓库物资，并在解放后把这批物资完整地交给了人民政府。

（三）枣庄彻底解放，工人重建家园

历经战争破坏，枣庄矿区的建筑几乎都变成了瓦砾，矿井被完全淹没，机器大部分也被拆解散失，因此，大部分工人被迫失业，生活十分贫困。

面对此情况，枣庄党组织首先对失业工人进行救济，仅 1949 年，就先后发放了 4 次救济粮和 1 次救济衣。与此同时，又先后将 4000 多名失业工人介绍到陶庄、贾汪、淄博、淮南和东北等地的煤矿工作。对暂时没有工作的工人，人民政府拨出 32 万斤小米进行专项救助，还成立了建筑工会和搬运工会，组织工人从事道路维修、房屋修缮及生活物资运输等工作，基本解决了枣庄矿区工人的就业及生活难题。

枣庄工人历经苦难与战乱，终于得到了彻底解放，开始重建自己的家园。

早期工人报刊研究

工运史

新民主主义革命时期中国共产党如何指导和宣传工人运动——以1924—1941年《中国工人》为例

从早期《中国工人》出刊续刊看中国新民主主义革命历程

天津《工人生活》与《工人小报》

回忆一九二六年天津的《工人小报》

《工人生活》的公开发行

关于《劳动》《朋友》《生活通讯》——孤岛时期上海地下工委办的工人刊物

广州解放前夕中国共产党秘密出版《广州工人》报的情况

新民主主义革命时期中国共产党如何指导和宣传工人运动
——以1924—1941年《中国工人》为例

⊙张 刃*

创刊于1924年10月的《中国工人》杂志，几经停刊、续刊、再创刊，主办机关也曾多次更迭，但始终没有更名，没有改变以工人为读者对象的定位，迄今已经延续出版了近一个世纪。考察早期1924—1941年《中国工人》的变迁，可以印证中国共产党在从建党之初到走向成熟的过程中，如何不断调整政策、策略，领导和宣传工人运动，并逐步形成有中国特色的工人运动实践和理论，不仅影响后来中国工人运动的发展，而且对今天的工会工作仍有值得借鉴的历史价值。

一、时代的产物（1924.10—1925.5）

（一）历史渊源与创刊背景

《中国工人》并不是中国最早出现的工人报刊。早在1920年8月、11月，即中国共产党成立之前，上海和北京的共产党早期组织就分别创办了《劳动界》《劳动音》两个周刊，二者都用通俗语言宣传马克思主义，启

---

* ［作者单位］退休前任职于《工人日报》社。

发工人阶级觉悟，动员工人组织起来与资产阶级、帝国主义进行斗争。不过，这两个刊物的出版时间都很短，在 1921 年初就相继停刊了。[①]

1921 年 7 月，北京的共产党早期组织创办了《工人周刊》，在中国共产党成立后，先后成为中共北方区委和中华全国铁路总工会的机关报。最初由罗章龙任主编，李大钊、高君宇、何孟雄等参加编辑工作，延续至 1926 年初停刊。[②]

1921 年 8 月，中国共产党领导中国工人运动的公开机构——中国劳动组合书记部成立后，即在上海创办机关报《劳动周刊》，发刊词宣布：自己“是中国全体劳动者的言论机关……为劳动者说话，鼓吹劳动组合主义”，希望广大工人群众都来维护它，以“扩大解放全人类的声浪，促进解放全人类的事业实现”。《劳动周刊》于 1922 年 6 月停刊，共发行 41 期。

为什么要创办《中国工人》？时任中共中央局委员、《中国工人》首任主编罗章龙回忆说：“1923 年，中共中央曾决定办一种工人运动理论刊物，但因人力不足，久未实现。1924 年，中央再次作出决定办一个革命理论与实践综合性的工人运动刊物，定名‘中国工人’。我适由欧洲回国，遂推我负责主编，并组成编辑委员会。1924 年 10 月创刊号问世。”

罗章龙的这段回忆，是有深刻历史背景的。

1921 年 7 月，中国共产党第一次全国代表大会第一个决议开宗明义地指出“本党的基本任务是成立产业工会……党应在工会里灌输阶级斗争的精神”[③]。因此，8 月成立了中国劳动组合书记部，并在上海、武汉、湖

---

① 罗章龙回忆：“《劳动音》还不能完全站在马克思主义立场上，内部思想也不统一，多少带有学院式气息和无政府主义色彩。”见罗章龙：《椿园载记》，生活 · 读书 · 新知三联书店，1984 年。以下罗章龙回忆引文除另有注明外，均出自此书，不再一一注明。

② 罗章龙回忆，《工人周刊》坚持出版 5 年，累计期数在 150 期以上，成为大革命时期持续最久的党刊之一。可惜原件留传下来的很少，不到十分之一。最早的一期为 1921 年 10 月 9 日出版的第 12 号，最晚的为 1926 年 1 月 25 日出版的第 137 号，现已被中国革命博物馆收藏。

③ 中央档案馆：《中共中央文件选集》，中央党校出版社，1989 年。以下凡关于中共中央文件的引文，除另有注明外，均出自此书，不再一一注明。

南、广东、山东设立分部。其主要工作是：通过创办各种形式的工人学校和工人读物，向工人宣传马克思主义，启发工人阶级觉悟，目的在于组织工会，开展斗争。

正是通过这些组织，中国共产党人在各地发动和组织工人开展了一系列罢工斗争，形成了中国历史上第一次全国性工人运动高潮，其中就包括著名的香港海员大罢工、开滦煤矿大罢工、安源路矿大罢工、京汉铁路大罢工等。

在这个基础上，1922 年 5 月，中国共产党以中国劳动组合书记部的名义，发起召开了第一次全国劳动大会，实现了中国工人阶级走向联合、团结的开端，并以中国劳动组合书记部被大多数工人团体承认，确立了中国共产党在全国工人运动中的领导地位。

1922 年 7 月，中国共产党第二次全国代表大会通过的《关于工会运动与共产党的决议案》指出，共产党是所有阶级觉悟的无产阶级分子的组合，是无产阶级先锋队；工会是所有工人的组合，共产党是一个人的头脑，全体工人就是人的身体。要求共产党员“决不可不注意任何工会活动，并要适当地、诚实地和勇敢地率领工会运动”。会后，又号召全国工人开展劳动立法运动。

1923 年，二七惨案发生，各地军阀相继查封工会，镇压工人，迫使其停止公开活动，全国工人运动陷入低潮。同年 6 月，中国共产党第三次全国代表大会通过了《关于劳动运动的议决案》，号召恢复工会，领导工人进行政治斗争，并决定在中央和各地方党部设立工农部，领导工农运动。

1924 年 1 月，在中国共产党的参与下，中国国民党第一次全国代表大会召开，决定实行“联俄、联共、扶助农工”三大政策。第一次国共合作的实现，成为中国革命复兴和高涨的新起点。这次大会通过的政纲第十一条规定“制定劳工法，改良劳动者的生活状况，保障劳工团体并扶助其发展”，为中国共产党组织和领导工人运动创造了有利条件。6 月，中共中央《关于工会运动决议案》要求，中央和各地方党部的工农部均“应特设一工会运动委员会，专管工会运动”。

《中国工人》杂志就是在这样的背景下创刊的。由此可见，它是中国共产党领导中国工人运动的需要，是中国革命兴起的历史产物。

值得注意的是，罗章龙回忆说：“《中国工人》当时在国内与《向导》平行发刊，销路仅次于《向导》，而为革命阵营第二大刊物。”《向导》周报是当时中共中央的机关报，《中国工人》由中共中央决定出刊，与党的机关报平行发行，且主编者都是当时中共中央负责宣传工作的中央局委员（相当于政治局常委）罗章龙，其重要地位不言而喻。况且，《中国工人》创刊早于中华全国总工会的成立（1925 年）。可以说，自从有了中国共产党，中国工人运动的舆论宣传工作就在其领导下走上了自觉的道路。

（二）举足轻重的撰稿人

《中国工人》创刊后共出版五期，每期封面要目所列作者中，有中夏、士炎、德龙、重远、伟民、能至、秋白、巨缘、一农、守常、辟世以及沧海、刘少奇、张特立……这些作者中，除刘少奇、瞿秋白的名字耳熟能详，其他人如不详加考察，很可能被忽略，而他们都是当时中国共产党或工人运动的领袖人物，例如守常即李大钊、巨缘即瞿秋白、张特立即张国焘。

其他撰稿人与当时的中国工人运动也有着密切关系和重要影响。例如：中夏、重远，即邓中夏，1920 年在北京参加共产党早期组织，是中国共产党最早的党员之一。1921 年任中国劳动组合书记部北方分部主任，负责领导北方工人运动，并在全国发起劳动立法运动。1925 年任中华全国总工会秘书长兼宣传部长，1929 年任中华全国总工会委员长兼中共党团书记，是著名的工人运动领袖。

士炎，即赵世炎，中国共产党创始人之一。先后任中共北京地方执委会委员长、中共北方区执委会宣传部长兼职工运动委员会主任，协助李大钊领导北方各省斗争，领导了震惊中外的上海三次工人武装起义，是当时著名的工人运动领袖。

德龙，即项英。中国共产党在湖北最早发展的产业工人党员，长期在武汉、上海等地从事工人运动和党的工作，是中国工人运动第一次高潮中最活跃、最有影响力的领导人之一。曾任中共第六届中央政治局常委，中共中央职工运动委员会书记，中华全国总工会副委员长、委员长。

沧海，即罗章龙，1920 年和李大钊共同发起组织北京的共产党早期组织，是中国共产党创建时的党员之一。曾任中国劳动组合书记部负责人，先后组织领导了多次工人大罢工，是中共早期著名的工人运动领袖。历任中共中央委员、中央局委员、中央工委书记，中华全国总工会秘书长、委员长、党团书记等职。

伟民，即林伟民，海员出身，中华海员工业联合总会发起人和负责人之一。1922 年 1 月，和苏兆征等领导了香港海员大罢工，是早期中国工人运动著名领袖。1924 年加入中国共产党。1925 年当选中华全国总工会第一任委员长。

能至，即李立三，1921 年加入中国共产党，1922 年和刘少奇等组织安源路矿工人大罢工，曾任上海总工会委员长，中华全国总工会组织部长，中共中央工人部部长、政治局常委兼秘书长、宣传部长等职。1949 年后曾任中共中央工委书记、中华全国总工会副主席兼党组书记等职，主持制定了《中华人民共和国工会法》。

辟世，即任弼时，1920 年加入中国社会主义青年团，1922 年转为中共党员。历任团中央总书记，中共中央政治局委员，红二方面军政治委员，中共中央秘书长、书记处书记，是新中国第一代领导集体的重要成员。

一农，即罗亦农，1921 年加入中国共产党，任中共旅莫斯科支部书记，是刘少奇的入党介绍人。回国后，参与领导五卅运动、省港大罢工和上海工人三次武装起义。先后任中共中央长江局书记、临时中央政治局常委、中央组织局主任。

以上这些撰稿人，当时都是中国工人运动的领袖人物，而那时中国共产党党员不足千人（1925 年 1 月中国共产党第四次全国代表大会召开时，全国党员为 994 人)。这么多中共高层领导都为《中国工人》撰稿，可见当时中国共产党对于宣传和发动工人阶级、开展工人运动的重视与领导，也完全契合建党初期党的工作方针与工作重点。

(三)《中国工人》关注什么

由于当时《中国工人》的撰稿人大多是中共高层领导、工运领袖，他们关注和宣传的问题既高屋建瓴，又贴近工人运动实际。这里择要、分类介绍若干文章。

1. 关于共产党与工人阶级

中国共产党建立初期，宣传马克思主义、启发工人觉悟是其首要任务。这是当时中国的共产主义知识分子走与工农相结合的道路、促进马克思主义在中国广泛传播必经的阶段，也反映了共产党人对工人阶级伟大力量的认识。正如李立三所说："五四运动以前几乎没有认识群众力量，到了五四运动以后，一般进步青年便受了这个浪潮的冲击，认识国民革命前途，必须唤起广大的群众来参加，尤其是工人群众。"① 中国共产党第一次全国代表大会、中国共产党第二次全国代表大会都专门就工人运动作出了决议，就是这一认识的体现。中国共产党第一次全国代表大会决议还特别要求，"每个地方组织均有权出版地方的通报、日报、周刊、传单和通告。不论中央或地方出版的一切出版物，其出版工作均应受党员的领导"，宣传党的政策、主张。这一时期的《中国工人》忠实地充任了党的"喉舌"，发表了许多有关文章。

赵世炎在《工人与党》一文中，阐述了工人阶级只有在自己的先锋队——共产党的领导下，才能够凝聚力量，推翻资产阶级、帝国主义的压迫和剥削，实现解放，同时抨击了反动当局剥夺工人自由权利，禁止工人结社、入党的卑劣手段。

彭述之在《中国工人阶级的责任》一文中认为，殖民地或半殖民地的

---

① 李立三：《中国职工运动概论》，唐山市总工会办公室工运史研究组：《唐山工运史资料汇辑》(第一辑)，内部资料，1985 年。

工人阶级面临国民革命与无产阶级革命两个阶段，沟通这两个革命阶段的只有工人阶级。在中国，“国民革命是绝对需要并且需要得非常紧迫，无产阶级革命虽然客观条件未成熟，然亦是迟早必然到来的命运”，中国工人阶级的使命“第一步要成功国民革命，第二步要成功它特有的无产阶级革命”。

张伯简在《向导周报与劳动阶级》一文中指出，“中国的劳动阶级所受资产阶级与帝国主义的痛苦，比别国的劳动阶级只有过之无不及”，所以，必须有自己的阶级组织和独立的言论机关，与帝国主义、军阀和资本家对抗。这个组织就是共产党和工会，这个言论机关就是《向导》周报。

硕夫（尹宽）在《工人的知识问题》一文中，驳斥了“工人没有知识，应该先受教育，再谈权益”的谬论，指出现今中国的教育不外“洋奴化的教育、复辟的教育、机械的教育或高等游民的教育，况且，即使在教育普及的欧美发达国家，工人同样没有参与政治、争取权益的资格”。

2. 关于工会组织与斗争

中国共产党人宣传马克思主义，启发工人觉悟，目的在于把工人组织起来，成立工会，开展对敌斗争。第一次全国工人运动高潮的形成，就是中国共产党领导工人运动的重要成果。

1923 年二七惨案发生后，工人运动转入低潮，各种招牌工会乘机活跃起来，与中国共产党争夺对工人运动的领导权，更有工贼把持工会，蒙骗、麻痹工人。因此，帮助工人、工会认清形势与使命，坚持工人运动的正确方向，成为当时中国共产党人的重要任务。《中国工人》担负起了自己的宣传责任。

邓中夏在《海员宣传问题》一文中，针对香港海员大罢工后的内部涣散问题，指出“海员工会应加倍努力作一番宣传工夫”，并提出五个有针对性的宣传口号：打破帮口、统一工会、建立基本组织、民族平等、联络世界无产阶级。

瞿秋白在《评职工运动中的反动派》一文中，提醒工人注意工贼问题：“工贼的行为往往表面上还是办工会、替工人奔走的。而实际上呢，他们串通了帝国主义者或本国资本家，遇有罢工或者工人和厂主冲突的时候，他们一面私通资本家教他们压迫或欺骗工人的方法，一面在工人里主张让步，主张调和，恐吓工人……比屠杀、拘禁工人的手段还要狠辣。……所以我们工人不但要反对资本家，并且要反对这些资本家的奸细。”

3. 关于罢工成败的经验教训

罢工是工人反抗资本家压迫、剥削的主要斗争形式，中国第一次全国性的工人运动高潮实际上就是各地工人罢工运动集中爆发的体现，而且都是中国共产党人组织、发动和领导的，因此，他们也十分注意总结经验教训，并且宣传给更多的工人群众借鉴。

赵世炎在《中国工人》发表译文《罢工的战术》，分“政策、战术、战略”“国家的军队与工会的军队”“罢工的种类”“支持罢工的条件”“爆发的运动、零碎的罢工与战斗的组织”“在阶级斗争中罢工的意义”“怎样才能得到胜利？”七个部分，介绍来自赤色职工国际的经验，用以指导国内罢工运动。

项英、邓中夏发表在《中国工人》的两篇文章，对中国共产党人领导的现实斗争经验教训作了深入阐述。

1924 年 9 月，上海南洋烟厂 7000 余名工人举行罢工。资方两次雇用流氓打手持械痛殴工人，并相继开除了 1700 多名工人，通缉工会人员，强迫工人开工，斗争最终失败。

项英写的《南洋烟厂罢工失败的原因和所得的教训》一文指出：“无论何种罢工，应先具有两个必要条件，一是强固的组织，二是时机问题。此次南洋烟厂罢工，组织上虽有一个职工同志会，实际上却只限于一部分长工工人，其他四五千名散工都没有组织在里面。这种缺破无力的团体，……一经罢工，当然不能统率全体工人成一精密组织的战线，在自己军队中就发生使人乘隙而入的缺点。资本家一威吓利诱，一般未加入工会的工人就容易被煽惑来破坏罢工。这是罢工失败的第一个原因。……资本家对于生产不重视，甚欲减少生产的时候，故罢工不足引起资本家的恐慌，态度异常强硬，从容不迫地实施破坏的手段，这是罢工失败的第二个原因。”

1925 年 2 月 9 日，上海日商内外棉纱厂工人为抗议资本家无故开除工人并拘捕工人代表举行罢工。在共产党员邓中夏、刘华等组织领导下，罢工迅速扩大，有 22 个工厂 4 万多名工人参加。工人坚持斗争 18 天，日本资本家被迫与工人谈判，签订了不得无故开除工人等 4 项协议，罢工胜利结束。

邓中夏在《中国工人》发表文章，实事求是地总结了这次罢工斗争的经验，坦率地指出“这次罢工，老实一句话，时机是碰巧的，并不是选择得来的……组织是不完备的，坚固更说不到……在万分危急当中竭心尽力运用种种战术……终于得到相当的胜利”。他总结了“这些战术很宝贵的经验”，即：事先领得工钱、临时组织得力、口号适当、传单得力、准对敌方弱点猛攻、有自卫的特殊组织。

项英和邓中夏从两次有重大影响的罢工的不同成败结果中总结了经验教训，对于后来的工人运动有着重要的指导意义。此外，李立三也在《中国工人》发表《谁是友？谁是敌？》一文，告诫工人在现实斗争中要分清敌友。

（四）广告、发行与停刊

作为传媒，《中国工人》也刊登广告，但它的广告全部是介绍中共党刊或工运期刊的，而且每期都有，内容不变，很难说是为了经营获利，更应该说是一种联合宣传。当时，《向导》《工人周刊》等都是公开出版发行的，《中国工人》也不例外。这与当时的社会条件和政治环境有关。这些刊物都在上海出版，而上海是近代中国工业最发达和产业工人最集中的大城市，20 世纪 20 年代，上海工人数量已超过 50 万人，占了当时全国 200 多万名产业工人总数的近 1/4；同时，上海外国租界有“治外法权”，有相对宽松的出版与言论自由，这些都为马克思主义的传播提供了一定的有利条件。

报刊公开出版发行，就有销售定价。定价既决定于制作成本，也反映市场供求关系，可以从一个侧面体现读者的购买力，并在一定意义上考察读者对象。

《中国工人》由于每期页码不同，定价分别为铜圆 4 枚、8 枚、20 枚。这个定价折合成市场购买力如何呢？根据相关资料，20 世纪 20 年代，上海 1 银圆可换 154 枚铜圆。按照当时的物价，4 枚铜圆可以买约 1 斤青菜，20 枚铜圆可以买 2 斤大米。又据《中国劳动问题》资料（光华书局 1927 年版），20 世纪 20 年代上海典型市民五口之家的生活水平，每月 30 枚银圆为贫民下等生活的分界线。而当时上海绝大多数工人的生活都在下等水平。

据此，花 1 斤菜钱买本杂志看还能够接受，如果需要 2 斤米钱就未免嫌贵了。如果以当时的工人生活状况衡量，4 枚铜圆也是难得的收入，加之考虑到这一时期《中国工人》偏重理论性内容以及当时普通工人的文化水平[①]，可以推测当时《中国工人》的读者对象应该主要是有一定文化的、从事工人运动的知识分子或觉悟工人，用以指导他们的工作，并通过他们再向普通工人作通俗的宣传。

《中国工人》第五期出版于 1925 年 5 月 15 日。据罗章龙回忆，此后由于五卅运动发生，“编委会重要成员工作繁忙，且分居各地，集稿发生困难。1925 年 6 月，经中央决定暂时宣告停刊”。

《中国工人》创刊后虽然只出了五期，但也成为当时影响较大的政治刊物。有研究者评价：“这个月刊是第一次工人运动高潮过后，新的高潮开始来临时出版的，所以带有特别鲜明的战斗色彩，该刊经常发表总结罢工经验指导工人斗争的文章，以阶级斗争艺术武装广大工人群众。该刊也曾和党内右倾机会主义进行过斗争。不过这个月刊通俗性不够，长文较

---

① 日本人西喜川一 1924 年出版《中部支那劳动者的现状和全国劳动争议》一书载，当时上海纱厂工人中，“目不识丁”者，男工占 60%，女工占 85%；能自己识得姓名者，男工占 40%，女工占 15%；能写出自己姓名者，男工占 20%，女工只占 3%。

多，文字也艰深些。”[①]

二、短暂的复刊（1928.12—1929.5）

《中国工人》再次出刊是三年多以后。在这期间，中国革命形势发生了急剧变化：中国共产党促成的国共第一次合作和刚刚兴起的以消灭封建军阀、反对帝国主义为目标的国民大革命，由于以蒋介石为代表的国民党右派的叛变而破裂、夭折，中国工人运动也再次经历了从高潮到低落的起伏。国民党的白色恐怖笼罩全国，工人阶级的反抗与斗争在隐蔽的同时也变得越发坚强。

这一时期的《中国工人》虽然出版时间短暂，但仍充分体现了中国共产党对工人运动的领导和鲜明的战斗性，同时也不免受到党内分歧、斗争的影响。

（一）1928 年复刊的历史背景

1928 年 12 月 1 日，《中国工人》出版复刊号，《卷头语》开宗明义：“《中国工人》是中国工人阶级的革命先锋，是全中国工人的灯塔。这个灯塔有好久没有照耀着全国工人阶级了。现在中华全国总工会要将这个灯塔重新建立起来，使全国工人在黑暗世界可以得到一线的光明，这是再好没有的事了。”

解读这段文字，需要简略回顾《中国工人》1925 年停刊后的历史背景。

1925 年 5 月 30 日，即《中国工人》第五期出版后 15 天，上海发生租界当局枪杀反帝示威群众 13 人、重伤数十人的五卅惨案。中共中央连夜召开紧急会议，决定发动上海全市罢工、罢课、罢市，进而掀起席卷全国的反帝爱国运动，其中的省港大罢工更是震惊中外。

---

① 宁树藩：《中国工人阶级报刊的产生与初步发展》，《复旦学报》，1956 年第 2 期。

五卅运动促进了各地工会组织的发展，全国有组织的工人从第二次全国劳动大会的 54 万人增加到百余万人。1926 年 5 月，第三次全国劳动大会总结了中华全国总工会成立和五卅运动发生以来全国工人运动发展的成绩和基本经验，确定了巩固和发展各地工会组织，支持广东国民政府北伐的方针、政策。国民革命带来了工人运动新的高涨。

1927 年 3 月，以蒋介石为代表的国民党右派背叛革命，开始镇压工人运动；4 月 12 日，更在上海公然发动反革命政变，随后制造了一系列镇压共产党和革命工会的事件，大批屠杀共产党人和工人积极分子，工人运动再次转入低潮。

1928 年 7 月，中国共产党第六次全国代表大会总结大革命失败以来工人运动的经验教训，通过了《职工运动决议案》，提出了新的工运策略，要求“革命工会应当领导工人日常生活的经济斗争去团结群众……在经济斗争的过程中，职工会应当发展与巩固自己的下层组织，造成坚定的基础……”在中国共产党第六次全国代表大会决议的指导下，白区工人运动得到了一定程度的恢复和发展。

在这样的背景下，《中国工人》复刊了。《卷头语》在概述了大革命失败后中国工人阶级政治经济状况日益恶化后指出：工人阶级“唯一的出路只有大家一致组织起来，与全世界工人阶级站在一条战线上，用自己的力量，推翻帝国主义及走狗豪绅资产阶级的国民党政权，建立工农民权独裁制的苏维埃政权！”

（二）刊物内容及撰稿人的变化

由于中国劳动组合书记部已经停止工作，复刊后的《中国工人》是作为中华全国总工会的机关刊物出版的，刊物的内容也有了变化，理论文章减少，中华全国总工会的文件和工运事件分析等内容比重增加，并且新设“劳动消息”和“镰刀与铁锤”栏目，前者报道各地工人的生活、工运动态，后者夹叙夹议工运话题，兼及有关国内外时事，而且所占篇幅明显增加，文字也变得通俗、活泼了。

《中国工人》停刊三年，一个明显的变化是此前的主要撰稿人大多不复再现——李大钊、赵世炎、罗亦农先后牺牲，林伟民病逝，邓中夏、瞿秋白赴苏，刘少奇到北方从事秘密斗争，李立三忙于主持中央工作。在新的撰稿人中，大部分使用化名，由于年代久远，今天已很难考证其真实身份。

不过，时任中共中央工委书记、中华全国总工会负责人之一的罗章龙却更加活跃了，用“沧海”的化名写了更多的文章。这一时期的《中国工人》总共出版了八期，除第六期、第八期外，以“沧海”署名的文字平均每期占了 1/4 的篇幅。

这个时期还有两个重要作者不可忽视，即林育南和苏兆征。

林育南，中国共产党早期领导人之一，长期从事中国工人运动，参加领导了二七大罢工、五卅运动等，是著名的工人运动领袖。曾任中国劳动组合书记部武汉分部主任、中华全国总工会秘书长，并与罗章龙共同主持编辑《中国工人》，撰文化名“若愚”“石溪”。1931 年 2 月被捕牺牲，年仅 33 岁。

苏兆征，中国工人运动先驱和著名领袖。18 岁起做海员，1921 年同林伟民等筹建海员工会，领导香港海员大罢工。1925 年春加入中国共产党，参加领导省港大罢工，任罢工委员会委员长。此后历任中华全国总工会委员长、中共中央政治局常务委员、广州苏维埃政府主席等职。1929 年 2 月病逝，时年 44 岁。

这一时期的《中国工人》，每期都有中华全国总工会的文件发表，还有一些中国共产党或中华全国总工会领导化名写的文章，实际上代表了中国共产党对工人运动的指导意见。

（三）有针对性、指导性的政论

这一时期的《中国工人》虽然理论性文章少了，但针对性、指导性更强了。

第一期的《工人运动中青工工作之重要》指出：“青年工人是工人阶

级的一部分，在整个工人运动中占了很重要的位置。但许多地方不大重视这种工作，实在是工运一个极大的损失。”文章强调广州起义中青年工人表现特别勇敢，并且在工人运动“各种大小斗争中无不见青年工人的力量和作用”。

第四期的《反对国民党摧残工人的恶法律》针对国民党上海市政府社会局公布四种关于劳工的立法发表评论，指其是“一个专为帮助资本家欺侮和压迫工人的机关……是纯粹的一个资本家方面的走狗罢了”，其所谓立法的“居心是专为宰割工人的”。

第五期的《年关紧迫中全国工人斗争的阵势》指出，阴历年关迫近，劳资双方斗争危机四伏，“资本家企图以更长的工作时间、更低的工资、更坏的待遇、更多的开除，袭击工人”“资本进攻愈恶，工人为生存而奋斗的反抗也就随之而进”“只有工人阶级广大的亲密的联合作战，互相策应，互相救助，才能够抵抗中外资本的联合进攻而得到最后的胜利”。

第七期的《上海丝厂资本家的毒辣》针对南京国民政府工商部草拟的工厂法尚未实施却引起资本家不满的事实，抨击“纸糊的把戏触怒了最贪婪的资本家”，揭穿了国民党的假“法治”和资本家的真面目，鲜明指出：“工友们对付这般东西的手段，只要一次的阶级斗争，便胜过一百个工厂法。”

（四）“镰刀与铁锤”的战斗性

这一时期的《中国工人》开设了“镰刀与铁锤”专栏（基本为“沧海”执笔），话题都是与工人运动有关的新闻评论。

“镰刀与铁锤”既代表工农群众，又象征共产党，旗帜鲜明，且文字犀利，常常指名道姓地抨击国民党要员，体现了很强的战斗性。以下节选部分内容进行介绍。

复刊号指出：“欧洲资本家对付工人阶级的主要战术，就是分裂工会组织，把工人碎成许多小团体，利用这些团体欺骗和模糊工人阶级的觉悟，离间工人的感情，减少工人的作战力量。”“中国的反动派……也豢养走狗组织了许多形形色色的反动工会，……帮助资本家防止工潮，收受贿赂，出卖罢工，破坏罢工……鼓吹劳资合作、阶级和平，麻醉工人。”“蒋介石说工人罢工应得到国民党赞成，……罢工是工人自己的事，是反对压迫、剥削的武器，要国民党许可罢工是与虎谋皮！”

第三期辛辣讽刺“蒋介石、胡汉民、戴季陶等更搬出许多大道理，教训工人，要工人努力工作，牺牲自我之福利，为资本家生产，为国家谋建设，否则便是叛国，便不是中国人，……无限度的牺牲就是国民党‘扶助农工’政策的注脚”。

第四期揭露国民党欺骗工人的伎俩和无耻。“蒋介石召集学生训话，痛哭流涕地演说大家不守法律、不守纪律，忽有律师抗辩道‘人民不懂法，我以为不甚要紧；但政府不懂法又应如何？’”“日本帝国主义者移民满洲，促满洲为它的势力范围，中国的南北狗政府连屁都不敢放一个！”“国民党平日吹他们‘保护劳工’，但对于工人被欺辱的事件，从来是不声不响，他们欺骗工人的罪状也不打自招了！”

第七期针对津浦铁路失业员工索薪无果，准备卧轨求死一事发表评论：“看了这段可怜的记事，对失业员司自然同情，不过，他们那样寻死觅活的村妇办法，又未免太滑稽了。他们如果不愿意在国民党所提倡的‘为民族利益牺牲个人’的理论下做一个驯服的奴隶，如果当真有自杀的勇气，为什么不于寻短见之外去找更有效的办法呢？难道真看得自己的生命蝼蚁不如？要在三民主义之下做一个饿死的节妇么？！”

“镰刀与铁锤”专栏的评论，每篇不过数百字，切合实际，言简意赅，主题鲜明，文字直白，如投枪、匕首般的犀利杂文，非常适合工人读者。

（五）纪念二七大罢工与斗争新策略

《中国工人》第六期的2/3篇幅为纪念二七大罢工6周年，可视为纪念专辑。卷首署名“沧海”的文章充满激情，至今读来仍令人回肠荡气。

“二七”死难的诸先烈为中国无产阶级斗争史上第一队阵亡的劳动战

士！虽然自巴黎公社以来，全世界无产阶级与敌人作长期的鏖战，前后丧失于阵地者不知几千万人，均足为我们无产阶级的景仰和纪念，但是对于这些首先战殁于远东社会主义疆场的“二七”战士，中国工人尤其是永远不能忘怀的啊！

“二七”斗争的雄伟，“二七”先烈死事的壮烈，已经震动着全中国与全世界无产阶级的心灵！施洋的雄辩滔滔，骂贼不屈而死；林祥谦的奋勇赴敌，激昂慷慨而死，他们现在已成为中国工人群众中流传的模范武士。至于流血、垒尸与江岸、长辛店；酷刑惨毙于保定监狱中前后四十四人，他们的一滴血、一点泪，都将永远成为中国工人世代崇拜、讴歌的无名英雄的墓碑！

“二七”罢工的英雄已完成他们的使命而去了，他们的深沉、伟鸷的遗传还留在广大的工人群众中间，中国工人仍在望着“二七”树立的目标，追踪“二七”的血路，勇往地前进。……只有伟大的斗争，才能有伟大的成功；只有神圣的牺牲，才能涤荡资本主义的罪恶。“二七”烈士的精神将照耀着工人阶级到最后推翻全世界的资本主义！“二七”烈士精神不死！工人革命的最后胜利万岁！

罗章龙写下这段文字时，应该是饱含悲愤的。他后来回忆说，中华全国总工会原有执行委员 60 余人，1927 年大革命失败后，斗争中“死亡居其大半”，1929 年 11 月第五次全国劳动大会召开时，不得不改选新委员 44 人，成立新的执行委员会。

1929 年 2 月，中华全国总工会执委会秘密召开了第二次执委扩大会议，讨论改进工会工作，通过了《全国职工运动目前的总任务》的决议等文件。会议认为，白色恐怖使黄色工会和改良主义在工人群众中得到发展，成为工人运动中的最严重问题。会议规定了全国赤色工会的当前任务和策略，强调在领导工人群众日常斗争时，必须依靠客观环境和主观力量随时改变进攻或退守的战略，“必须以胜利为原则”；主张在国民党的黄色工会中提出工会民主化的口号，以反对国民党的包办控制，争取以工人中的革命分子取代黄色领袖，并可以利用黄色工会下层组织和俱乐部、体育会等开展工作，“不必另行秘密组织工会”。

《中国工人》第八期就是这次会议的文件专辑，共188页，创下《中国工人》每期页码的最高纪录，也成为这一时期出版的最后一期。

（六）从征稿启事看工会职工教育

中国共产党人早期向工人宣传马克思主义，面临一个绝大多数工人不识字的问题。早在建党前夕，各地共产党组织就通过举办工人夜校和文化补习班的形式，一方面与工农相结合，另一方面向工人传播文化知识、灌输革命道理，培养了大批工运骨干。大革命初期，中国共产党通过的《宣传问题决议案》中，要求党的宣传工作“不但语言文字要接近群众，鼓动内容也要接近群众，群众中的鼓动要具体，要根据工农群众眼前的事实”。因此，以通俗、启蒙教育提高工人素质、启发工人觉悟，成为党的宣传工作、群众工作和工会工作的重要内容。

1929年第八期《中国工人》刊登了一则中华全国总工会征求编辑工人读物文稿的启事，体现了共产党人、工会组织在解决工人文化需求上的努力。

由于文稿确定为工人读物，要适合不同文化水平和不同需求的工人。启事要求十分具体，并且制定了写作要求。比如，文稿“须完全站在工人阶级立场，以启发工人阶级思想，促进工人阶级觉悟。但应注意所在的时代和环境关系，力求做到公开发行的条件”。内容要取材于“工人的环境，工人在厂内厂外的日常生活，工人心理、生活习惯……”文稿的文字需要“特别通俗化，用字力避生僻，句读力求简易，凡欧化、文艺化的文体，以及专门科学的名词术语，为一般工人所不易了解者，均不合用……力避呆板生涩及枯燥无味之病”。

以上要求归纳起来，一是强调工人阶级立场、启发工人阶级觉悟；二是从实际出发，兼顾历史与现实；三是力求贴近职工需要，契合职工阅读。这三点，即使在今天，也应该是工会开展职工教育工作应该遵循的重要原则。

（七）白色恐怖下的伪装

在前述征稿启事中，有“力求做到公开发行的条件”。为什么突出强调这一点？因为当时恶劣的政治环境——国民党的白色恐怖笼罩全国，宣传共产主义、工人运动的文字都在严格查禁之列。

《中国工人》随时面临着被查封的危险。为了躲避国民党当局的检查，不得不做一些伪装。这一时期的《中国工人》总共出版八期，其中半数封面都没有《中国工人》的刊名，第五期、第六期封面用“漫画集”，第七期用“红拂夜奔”（言情小说），第八期用“爱的丛书”作为掩护。因此，要求工人读本“力求做到公开发行的条件”也就不足为奇了。

《中国工人》复刊号出版于 1928 年 12 月 1 日，封面曾标示“半月刊”字样，结果共出版八期，持续时间为五个半月。可见，并未能按照原定的半月刊如期出版。它的再度停刊，应该与严酷的政治环境不无关系。①

这一时期的《中国工人》，在宣传中国共产党以及赤色职工国际、中华全国总工会的政策、主张，发动和指导工人运动中起到了应有的作用。但是，由于当时党内对革命的性质、对象、动力、前途等重大问题存在着分歧和争论，发生过“左”倾盲动主义错误，并且影响工人运动，因此，这一时期的《中国工人》也不可避免地在某些内容和观点上显现某种“左”的倾向，这是需要读者辨析的。

① 罗章龙回忆，《中国工人》停刊是由于印刷厂停工，时为 1931 年，但笔者未见实物佐证。中华全国总工会的现存资料也只有截至 1929 年 5 月的这八期杂志。而且，罗章龙在其写于 1930 年 7 月的《中国职工运动状况（1928 年—1930 年）》一文中，谈及《中国工人》“现已停刊”，每期发行 3000 册，总计 24000 册，也恰好是出版八期的总数。由此可知，《椿园载记》内容有误。

三、全新的面貌（1940.2—1941.3）

《中国工人》第三次出刊是在1940年，抗日战争已进入艰苦的相持阶段。此前，鉴于中华全国总工会实际上停止了活动，为加强对全国特别是各抗日根据地工人运动的领导，1939年4月，中共中央在延安恢复成立职工运动委员会，[①]《中国工人》作为中共中央职工运动委员会的机关刊物再次创刊。

（一）延安《中国工人》隆重亮相

新的《中国工人》称“创刊”而非复刊，不仅因为它的主办机关发生变化，而且意味着它将有全新的办刊宗旨与思路。事实上，作为中共中央工作机关主办，在中央根据地延安出版、面向广大职工群众公开发行的刊物，这时的《中国工人》与此前在国民党统治区出版、以理论宣传为主，在白色恐怖时期甚至不得不伪装封面、秘密发行的《中国工人》不可同日而语了。

新的《中国工人》创刊号由毛泽东题词并撰写发刊词，开宗明义：“《中国工人》的出版是必要的。中国工人阶级，二十年来，在自己的政党——中国共产党的领导之下展开了英勇的斗争，成了全国人民中最有觉悟的部分，成了中国革命的领导者。……中国革命尚未成功，还须付出很大的气力，团结自己，团结农民和其他小资产阶级，团结知识分子，团结一切革命的人民。这是极大的政治任务和组织任务。这是中国共产党的责任，这是工人阶级先进分子的责任，这是整个工人阶级的责任。……团结自己和团结人民，反对帝国主义和封建主义，为建立新民主主义的新中国

---

① 1925年1月，中共中央决定设立职工运动委员会。1927年，中国共产党第五次全国代表大会召开后，改称中央工人部。1931年，改为中央职工部。1932年，取消。1939年，在延安恢复成立中共中央职工运动委员会。1943年，与妇女运动委员会、青年运动委员会合并为中央民运工作委员会。1949年，改名为中共中央职工工作委员会。

而奋斗，这就是中国工人阶级的当前的任务。《中国工人》的出版，就是为了这一个任务。”①

为新的《中国工人》创刊题词和撰文的还有：林伯渠，时任陕甘宁边区政府主席；吴玉章，时任延安宪政促进会会长；王明，时任中共中央统战部部长、中央妇女运动委员会主任；张闻天，时任中共中央总书记兼中央宣传部部长；王稼祥，时任中共中央军委副主席、总政治部主任。这样的祝贺阵容，足见中共中央高层对工人运动的重视。

新的《中国工人》创刊号为“二七”纪念专辑，出版日期也在2月7日。选择在这个日子出刊，是有深刻含义的。两天后的2月9日，时任中共中央政治局候补委员、中共中央职工运动委员会书记邓发，在延安纪念“二七”大会上作报告②，开篇就谈到了全党要重视职工运动的问题。

纪念“二七”，我们要引起全党注意职工运动，职工运动目前是我党工作最薄弱的一环……我们每一个党员都要做职工运动，应当过问和关心职工运动。过去我们的同志对职工运动不但做得少，甚至对职工运动的观念都很薄弱。推其原因，有下列诸点：

一、当大革命失败后，我党工作中心移到苏区，离开了大城市经济工业中心，大多数党员长期在农村生活，很少见广大工人群众，于是就不自觉地忽视起来。

二、我党因为十年来遭受着严重的白色恐怖，过去有工运基础的地区均遭受到摧残，如上海、天津、武汉、广州等城市做职工运动的同志多遭牺牲，工会多被取消或统治，所以使中国职工运动很难表现出自己的力量。

三、我们时常处于战争环境，全党注意并集中力量去领导战争，同时为了保存干部，于是大城市许多干部不得不离开而到自己有军队有政权的地区，在长征过程中更谈不上做职工运动了。殊不知要取得战争之最后胜

① 毛泽东：《毛泽东选集》第二卷，人民出版社，1991年，第727页。

② 在《中国工人》第三期发表此报告时，题为“中国职工运动目前的任务”。

利，是要靠广大无产阶级起来配合的。所以，由于客观的许多原因，使得我们在思想上对职工运动观念薄弱，甚至对工运的忽视。

四、是职工运动干部缺乏。现在一方面“改行”了，另一方面牺牲了，我党对职工运动干部的培养，以新干部代替所损失者之工作做得还不够；……现在必须设法培养大批职工运动干部，须迅速考虑具体办法。中国共产党开始是从职工运动成家立业的，中共与职工运动是心血相关的，现在我们的同志如不关心职工运动，简直是忘了本……

以邓发在中国共产党内的身份，他的这番讲话应该是代表中共中央意见的。事实上，无论是《中国工人》创刊时的祝贺阵容，还是后来许多中共中央领导都在《中国工人》上发表文章，都体现了中共中央对工人运动和工会工作的重视与支持。

（二）毛泽东、朱德与《中国工人》

毛泽东和朱德是中国共产党及其领导的人民军队的最高领袖，他们对于工人运动、工会工作的重视与支持，也体现在《中国工人》的内容中。

毛泽东在《中国工人》发表的文章中，有两篇后来被收入《毛泽东选集》。一篇是为创刊号撰写的发刊词，另一篇是第六期发表的纪念抗战三周年和中国共产党建党十九周年的文章《团结到底》。

《中国工人》第二期的首篇位置上，还发表了毛泽东的《相持阶段中的十大任务》一文，是 1940 年 2 月 1 日毛泽东出席延安民众声讨汪精卫大会时发表演说的最后部分，是针对汪精卫与日本签订秘密条约的阴谋被揭露[①]，全国掀起讨伐汪精卫卖国投敌怒潮新形势的。为此，《中国工人》同时发表短评《反对亡国灭种的“日支新关系调整要纲”》。

朱德在《中国工人》先后发表过三篇文稿，一是第六期《巩固全国抗

① 1939 年底，汪精卫与日本签订秘密条约，全面出卖国家主权、资源，禁止一切抗日活动。1940 年 1 月，参与“汪日密约”谈判的汪伪高官高宗武、陶希圣逃到中国香港，通过香港《大公报》揭露汪精卫卖国行径，激起全国讨汪怒潮，史称“高陶事件”。

日军的团结争取最后胜利——为抗战三周年而作》，二是第七期《为争取抗战最后胜利而奋斗——为“七七”三周年纪念而作》，三是第十期《参观边区工厂后对边区工人的希望》。前两篇主要谈抗日战争的局势，特别是军事斗争，第三篇则是专门为《中国工人》写的。《中国工人》配发了题为《边区工人的光荣任务与重大责任》的评论，指出“朱德总司令除指挥八路军进行战斗之外，同时注意边区经济建设。他不避连绵的秋雨，亲赴边区各工厂去参观，给了每个工厂许多宝贵的指示和恳挚的鼓励，……我们深信边区工人一定能够担起责任，并且能以实际行动来回答朱总司令的希望”。此后，《中国工人》陆续报道了边区工厂落实朱德指示，增加生产、支援前线和组织工人家属参加生产的消息。

（三）为工运事业鞠躬尽瘁的张浩、邓发

《中国工人》在延安创刊，受到了边区工会干部、广大职工的倾力支持。边区各工厂工人的要求更加迫切，印刷厂工人甚至提前把出版样式拟好，难民工厂工人决议将文化教育费的百分之一作为《中国工人》的经费。

有人发起，有人响应，各厂开始组织通讯网、读者会，并发动募集资金帮助《中国工人》出版。据相关报道，中共中央“极力赞同此种要求与行动”，认为它“足以说明中国工人阶级的进步与觉悟程度”。

1940 年 1 月 15 日，中共中央职工运动委员会举行筹备出版《中国工人》座谈会，邓发、张浩到会征求各方代表意见。大家一致认为有从速出版的必要，随即成立筹委会着手工作，创刊号定于 2 月 7 日出版。会后，各厂工友热烈捐款订阅。

作为当时中共中央负责工人运动和工会工作的领导者，邓发、张浩为办好《中国工人》做了大量工作，付出了心血和努力。在《中国工人》创刊号上，张浩发表了纪念二七大罢工的文章，特别说明了《中国工人》为什么要在 2 月 7 日出版：

《中国工人》之所以要在“二七”出版，就因为它要继承“二七”的光荣传统，要宣扬和实现“二七”留给我们的许多经验教训，要完成“二七”所未完成的任务。要把它变成中国工人的好友、学校、工厂、兵营、战场、园地。它虽然迟至今天才呱呱坠地，可是它在十七年前便已孕育，它是“二七”烈士的血、林祥谦同志的血、施洋同志的血及以后许许多多烈士的血所结成的，它决沿着这条血路前进，它确信：前途是艰难的，同时更是光明的。

时任中共中央职工运动委员会副书记张浩，为自己的机关刊《中国工人》撰文责无旁贷。在《中国工人》第二期“三八”纪念特辑中，他发表了《对女工运动的一点意见》。然而，仅一个多月后，他突发脑出血，此后便长期卧床了。

张浩原名林育英，1922 年加入中国共产党，不仅是中共黄石地区党组织的主要创始人，而且很快成为工人运动领袖。他在长期的革命斗争中多次受伤，留下严重的后遗症。抗日战争爆发后，作为中共中央委员出任八路军一二九师政训处主任，后因伤病调回延安负责工运工作，并且编写了许多著作。在延安时期《中国工人》刊登的“职工运动丛书”广告中，《马列主义与职工运动》《工人运动参考材料》《职工运动教程》都是张浩编著的。

1942 年 3 月，张浩病逝，时年 45 岁。延安各界万人举行公祭，毛泽东、朱德、任弼时等中央领导亲自抬棺安葬。

邓发作为中共中央职工运动委员会书记，不仅主持《中国工人》的编务，而且写了许多文章。在延安出版的 13 期《中国工人》中，就有 7 期发表了邓发署名的文章。

邓发的经历颇具传奇色彩，先参加工人运动，后加入中国共产党。他在 1922 年香港海员大罢工、1925 年省港大罢工中，都是骨干分子，并且因担任工人纠察队队长而闻名。1925 年 10 月加入中国共产党，1927 年参加了广州起义，在斗争中多次逃脱了敌人追捕。既在中央苏区做过保卫工作，又参加了长征，还是延安时期中共中央党校校长。1945 年 4 月，作为中国解放区唯一的工人代表，出席了在巴黎召开的世界工人联合会成立大会，并当选理事和执行委员会候补委员。1946 年 4 月 8 日，邓发与王若飞、秦邦宪（博古）、叶挺等人在从重庆乘飞机返回延安的途中，因飞机失事不幸遇难，年仅 40 岁。

（四）边区工人运动新发展

在为《中国工人》撰写的发刊词中，毛泽东提出了明确的办刊要求："《中国工人》应该成为教育工人、训练工人干部的学校，读《中国工人》的人就是这个学校的学生。工人中间应该教育出大批的干部，他们应该有知识，有能力，不务空名，会干实事。没有一大批这样的干部，工人阶级要求得解放是不可能的。"

毛泽东的这个要求，在《中国工人》的办刊实践中得到了切实的贯彻。延安时期的《中国工人》与此前比较，最大的变化是语言更加通俗、形式更加多样，内容更加直接地面向职工群众，特别是抗日根据地的工人和工会。

八路军、新四军挺进敌后，建立了若干抗日民主根据地，并且相继成立了工会组织。到 1940 年，各抗日根据地工会会员已有 50 余万人，包括矿山、铁路、邮务、码头、农业、渔业和各种手工业工人。抗日根据地工会的主要工作是，动员和组织工人参军参战，打击敌伪，反对投降；组织工人努力生产，发展边区经济，支援前线；妥善处理劳资关系，改善职工生活；参加民主选举，组织失业自救，学习文化；等等。《中国工人》就是围绕这些任务进行宣传、报道的。

林伯渠在《中国工人》创刊号上发表了《发挥边区工人的力量》，文中写道："现在摆在边区工人前面的任务，是更加巩固自己的组织，加强自己的教育，保证完成边区的生产计划，克服经济的困难，增加抗战的力量，来准备对敌人反攻。在全国还存在着严重的投降分裂的危机的今天，我们应站在自己的岗位，巩固和保卫陕甘宁边区。"

显然，边区工人运动与大革命时期以罢工为主的斗争形式截然不同了。

与此相适应，延安时期的《中国工人》除刊登党中央、中共中央职工运动委员会、边区总工会重要文件和有关领导的理论文章外，较大幅度地增加了对边区及各根据地工会、工厂、工人的报道，每期都有相关简讯。同时，注意报道大后方、沦陷区以及国际工运动态，普及工运历史知识。

第三期发表了邓发的《中国职工运动目前的任务》，特别提出："我们要为改善工人生活而斗争，因为工人阶级在抗战中起了很大的作用，今后仍须要他起更大作用，因此不改善工人生活是不行的……应注意大批吸收工人党员，党内工人党员的成分在党整个组织上比例是很弱的……应特别注意我党的组织阶级基础，吸收广大工人到党内来，……各级党部都应有计划地教育与提拔工人干部……要反对党内轻视职工运动、看不起职工运动的倾向，反对工人干部文化落后而不愿耐心教育和提拔之现象，往往以文化水准为提拔干部标准的倾向是要不得的。"

第五期报道陕甘宁边区总工会第三届扩大执委会精神，强调"民主、深入与强固组织的关系"，指出："有相当数量的中上级干部，他们还不懂与不相信工人会运用民主……不习惯和不善于真正埋头钻入工人群众中去，……而用变相的命令、摊派，自上而下的方式，去代替经常的艰苦深入工作。""要经常地关心工人日常生活的每一个大小问题，在解决他们的困难中，来教育团结工人和提高自己的威信……大小问题都要发动与经过工人自己的意见来决定……要自下而上地实行彻底民主改选各级工会，使群众中有威信的带有新鲜血液的、工人群众所信仰的领袖来担负工会工作。"

（五）写工人，工人写

毛泽东在《中国工人》发刊词中要求《中国工人》："以通俗的言语解释许多道理给工人群众听，报道工人阶级抗日斗争的实际，总结其经验，为完成自己的任务而努力。……我希望这个报纸好好地办下去，多载些生动的文字，切忌死板、老套，令人看不懂，没味道，不起劲。”“一个报纸既已办起来，就要当作一件事办，一定要把它办好。这不但是办的人的责任，也是看的人的责任。看的人提出意见，写短信短文寄去，表示欢喜什么、不欢喜什么，这是很重要的，这样才能使这个报办得好。”

《中国工人》自创刊伊始，就十分注意与读者的交流与互动。为了吸引更多的职工来稿，《中国工人》编辑部多次发布征稿启事，希望职工踊跃投稿，“使本刊的内容更加丰富、新鲜而活泼”“每期都能看到你们生动活跃的姿态”。启事特别提到：“各工厂所编的壁报，有很多精彩的文章、宝贵的意见和生动的消息，这些都是工友们的精心杰作，有许多是值得向外介绍和发扬的。因此，请各工厂工会把今后所出的壁报或工厂小报寄到本社来，充实《中国工人》内容，发扬边区工人新生活。”

从广泛征求各种形式的稿件，到建立通讯员队伍，甚至连工厂壁报都肯征集，《中国工人》编辑部为了贴近工人称得上尽心竭力了。

从第三期起，《中国工人》开设了“工人习作”栏目，专门刊登工人自己写的工厂通讯、工会活动、学习体会等，并发布启事说：“刊登工友们自己所写的短篇文章，使开始学习的工友们有比较短小、浅近的文章好读，同时使初次学习写作的工友们也有一个发表的地方。……不要怕自己写不好就不写，请你们大胆写来，就是写不好、写不多都不要紧，只要你们把自己想要说的话、想要发表的意见、想要说出的感想、想要记下的事情、想要讨论的问题……把它写出来就好了。……本社有人专门给你们看，帮助你们修改……”

这些出自工人之手的短文章，文笔虽然青涩，文风却很朴实。1940年10月，著名文学家茅盾先生到延安，读到这些工人作品，高兴地撰文发表在《中国工人》第十一期上：“……这些作品，并不是虚构夸张的英雄故事，而只是知道自己的价值，认清了自己的使命，站在生产战线上，刻苦地而又愉快地工作着的边区工友们的生活记录；这些作品，并不需要什么瑰丽的字句来掩饰内容的空虚，也不需要什么造作的紧张场面来掩饰感情的肤浅，相反地，它们是真挚、质朴的，自然而然激动了读者们——

没有偏见的读者的心。”

工人的生产与学习，是这个时期《中国工人》始终如一的内容主题。为了使版面丰富多彩、通俗易懂，每期封面都有木刻作品，内文则穿插诗歌、谜语、漫画、读者来信、调查资料等。字里行间，总能够令读者发现自己有兴趣的内容。可以说，“写工人，工人写”是《中国工人》办刊的一条基本思路和经验。

（六）经济困境、募捐及停刊

1940年和1941年是抗战最艰苦的两年，也是边区部队、机关工作人员物质生活最艰苦的两年。毛泽东在《抗日时期的经济问题和财政问题》一文中，回顾了当时的困难情况：“我们曾经弄到几乎没有衣穿，没有油吃，没有纸，没有菜，战士没有鞋袜，工作人员冬天没有被盖。国民党用停发经费和经济封锁来对待我们，企图把我们困死，我们的困难真是大极了。”①

在这样的条件下出版、发行报刊，面临的窘境可想而知。比较延安时期出版的《中国工人》与1924年和1928年在上海、武汉出版的《中国工人》，前者无论是用纸还是印刷质量，都明显粗劣了许多，直观地反映了边区的物质匮乏。

1940年《中国工人》第五期发表编者的话：“近来因为印刷的困难和纸张的缺乏，各种刊物的篇幅均将紧缩。本刊也不得不在这紧缩的原则下，将文章的篇数与字数加以减少，而提高文章的质量。以后来稿请注意内容的充实与精确，并望力求通俗短小，最长勿超过三千字。”进入1941年，《中国工人》编辑部又宣布，从第十二期起，“由于印刷和纸张困难，改为双月刊”。实际上，1941年3月8日出版第十三期以后，《中国工人》就停刊了。

延安时期的《中国工人》虽然停刊了，但中国工人运动仍在继续发

---

① 毛泽东：《毛泽东选集》第三卷，人民出版社，1991年，第891—892页。

展，并且日益成熟、壮大，逐步从边区扩大到越来越多的解放区，最终融合国统区工会，实现全国工会的团结与统一，直至走进新中国。那又是一番新天地、新气象了。

四、结语

新民主主义革命时期，《中国工人》三次出版、三次停刊，尽管原因各有不同，但读者从中可以看出当时工人运动的艰难与困苦，看出中国共产党始终注重对工人运动的领导。三次出版的《中国工人》，办刊内容虽然各有侧重，但读者从中可以看出中国共产党及其领导的工会宣传策略的变化和宣传水平的逐步提高，并且越来越贴近职工群众。特别是在延安时期出版的《中国工人》发刊词中，毛泽东提出了办刊宗旨、写作要求，至今仍然是新闻工作应该遵循的基本准则。

《中国工人》在办刊实践中坚持理论联系实际，不尚空谈，不搞说教；坚持为工人谋权益，走群众路线，为群众服务的宝贵经验，至今仍然值得工人报刊借鉴。

从早期《中国工人》出刊续刊看中国新民主主义革命历程

⊙李　瑾*

创刊于 1924 年的《中国工人》杂志，已经走过了近百年历程。在新民主主义革命时期，这份由中国共产党创办的红色刊物命运多舛，先后三次出刊又三次停刊，一共只出版了 26 期。但是，它记载的文字富有斗争精神，直接反映了中国共产党在不同革命条件下指导工人运动的策略和任务的变化，浓缩着中国新民主主义革命时期几次重要的历史转折。探讨这一时期《中国工人》三次出刊又三次停刊前后的历史背景及刊载内容的变化，有助于我们从新的角度对中国共产党领导的中国新民主主义革命曲折历程进行再认识。

一、大革命的产物

《中国工人》创刊于 1924 年 10 月，它的酝酿创办却是在更早的一年。时任中共中央局委员、《中国工人》首任主编罗章龙回忆说："1923 年，中共中央曾决定办一种工人运动理论刊物，但因人力不足，久未实现。1924 年，中央再次作出决定，办一个革命理论与实践综合性的工人运动刊物，定名'中国工人'。我适由欧洲回国，遂推我负责主编，并组成编

* ［作者单位］《中国工人》杂志社。

辑委员会。1924 年 10 月，创刊号问世。”①

中国共产党在成立两年后，就决定办一份工人运动理论与实践综合性刊物，显然有着特殊的历史背景和现实需要。

1921 年 7 月，中国共产党第一次全国代表大会通过的第一个决议明确规定，党成立后的中心工作是领导、组织和推进工人运动，基本任务是成立产业工会，并强调“党在工会中要灌输阶级斗争的精神”。8 月，公开指导全国工人运动的工作机构——中国劳动组合书记部宣告成立，出版机关报《劳动周刊》，并在发刊词中明确宣示要“为劳动者说话”，用以指导工人运动。

《劳动周刊》出版不足一年，先后由张国焘、李震瀛和李启汉担任主编。1922 年 6 月，李启汉被捕，《劳动周刊》被勒令停刊。一种说法认为，《劳动周刊》被封后，中国劳动组合书记部迁至北京，《工人周刊》即改为中国劳动组合书记部机关刊物。但据史料记载，《工人周刊》早在 1921 年建党前即由北京的共产党早期组织创办，后由中共北方区委领导，直到 1926 年停刊，是大革命时期持续出版最久的党刊。

对《工人周刊》接替《劳动周刊》成为中国劳动组合书记部机关刊物的说法，罗章龙在自己的回忆录中做了澄清：“实际上，《工人周刊》早在 1921 年 10 月以前，即发表启事改为全国工人言论机关，远在《劳动周刊》查封以前，二者并无关联。”②

那么，即便是“改为全国工人言论机关”，是否就意味着《工人周刊》代表中共中央或者中国劳动组合书记部呢？

罗章龙的回忆记载了一个很少被研究者关注的重要史实——“中国劳动组合书记部与各地分部并无垂直领导关系，从未发号施令。中国劳动组合书记部主要管上海及其附近地区的工人运动，各地分部则受当地中共区委和中央领导。1922 年 6 月中国劳动组合书记部被查封后，已属名存实

---

① 罗章龙：《椿园载记》，生活·读书·新知三联书店，1984 年，第 285 页。
② 罗章龙：《椿园载记》，生活·读书·新知三联书店，1984 年，第 144 页。

亡，以后只作为一种名义，用来对全国性工人活动发布文告而已。”①

显然，《劳动周刊》的被迫停刊让中共中央失去了一份指导全国工人运动的刊物，创办新刊是现实需要，只是创刊条件尚未成熟，需要等待时机。

1922年兴起的中国近代历史上第一次全国性工人运动高潮，随着1923年发生的二七惨案而终结，全国工人运动陷入低潮。痛定思痛，中国共产党人认识到，在帝国主义与封建军阀的严酷统治下，单凭工人阶级自己的力量很难取得革命胜利，必须寻找同盟军，联合一切革命阶级开展武装斗争。为此，1923年6月召开的中国共产党第三次全国代表大会决定，共产党员和社会主义青年团员以个人名义加入孙中山领导的国民党，建立革命统一战线。

1924年1月，在中国国民党第一次全国代表大会上，孙中山宣布了“联俄、联共、扶助农工”三大政策，实现了第一次国共合作，标志着革命统一战线的正式建立，国民党也提出了“制定劳动法，改良劳工之生活状况，保障劳工团体，并扶助其发展”的劳工政策。同年11月，中国历史上第一个以政府名义颁布的工会法规——《工会条例》发布，承认工人有组织工会和言论、出版、罢工等自由。中国共产党人利用在国民党中央和地方工农部担任领导职务的合法、半合法身份，积极恢复和发展工人运动。由此，中国工人运动走出低潮，出现了转机。

第一次国共合作的实现和革命统一战线的建立，为中国共产党领导工人运动、冲破二七惨案后的沉寂局面创造了条件，也成为中共中央创办指导工人运动新读物的契机。

1924年10月，《中国工人》应运而生。它既是中国共产党领导中国工人运动的现实需要，也是国民革命兴起的历史产物。与以往局限于某一地区发行的其他工人读物相比，《中国工人》是由中共中央决定出版、专门负责宣传工作的中央局委员（相当于中央常委）罗章龙成为第一任主编，

① 罗章龙：《椿园载记》，生活·读书·新知三联书店，1984年，第144页。

发行和影响所及均覆盖全国，几乎与当时中共中央的理论刊物《向导》周报比肩而行，“销路仅次于《向导》，而为革命阵营第二大刊物”（罗章龙语）。

中国共产党建党初期，正逢工人运动在二七惨案后转入低潮，打着工会旗号的各种势力趁机活跃，与中国共产党争夺工人运动的领导权，更有工贼把持工会，成为帝国主义、资产阶级的帮凶，蒙骗、麻痹工人。因此，宣传马克思主义和启发工人觉悟、帮助工人阶级认清形势与使命、坚持工人运动的正确方向，成为中国共产党的首要任务。为了落实中国共产党的指导和要求，《中国工人》从创刊开始就担负起自己的宣传责任，发表了许多普及性、指导性文章。

当时，罢工是工人阶级反抗资本家压迫、剥削的主要斗争形式，第一次全国性工人运动高潮就是各地工人罢工运动集中爆发的体现。二七惨案发生后，罢工斗争依然此起彼伏，大多是由共产党人组织、发动和领导的。为此，《中国工人》多次发表有关罢工斗争经验教训的文章，为更多先行觉悟的工人提供借鉴。此外，工人运动陷入低潮后，安源工会却独树一帜，不仅保存了实力，还有了新的发展，成为“硕果仅存”的工人斗争阵地。《中国工人》及时发表刘少奇的文章，介绍安源工会经验，鼓舞各地工运斗志。

值得注意的是，《中国工人》这一时期的抨击对象主要是帝国主义和封建军阀，很少涉及民族资产阶级。这不仅因为帝国主义和封建军阀是国民革命的主要对象，更与当时中国共产党的方针政策、斗争目标和革命任务是一致的。

1925 年 1 月，中国共产党第四次全国代表大会明确提出了无产阶级在民主革命中的领导权问题，强调在逐渐高涨起来的民族革命中，工人要有独立的阶级组织，成立工会以赞助国民革命运动，推动组建全国性工会组织运动的发展。

1925 年 5 月，第二次全国劳动大会在广州召开，中华全国总工会宣告成立。同月，《中国工人》出版了第五期，刊首发表了张国焘代表中国共产党和中国劳动组合书记部致大会的祝词。邓中夏的长文《劳动运动复兴期中的几个重要问题》更是详尽论述了大会的任务，实际上代表中国共产党对大会提出了针对性、指导性的意见，凸显了《中国工人》作为中共中央领导的工人读物的责任担当。

第二次全国劳动大会召开后，《中国工人》停刊，一共出版了五期。据罗章龙回忆，由于五卅运动发生，“编委会重要成员工作繁忙，且分居各地，集稿发生困难。1925 年 6 月，经中央决定，暂时宣告停刊”。[①]

五卅运动是大革命时期的一次全国性工人运动，直接引发省港大罢工。当时，分散在全国各地的中共党员不足千人，既要从事各自工作，又要组织各种活动，特别是投身声势浩大的工人运动，无暇顾及刊物的编辑和出版，当在情理之中。这也从一个侧面证明，《中国工人》与中国共产党的活动有着密切关系。

二、曲折中的复刊

1928 年 12 月，在停刊三年以后，《中国工人》再次出刊。在此期间，中国革命经历了又一次大的起伏，形势发生了急剧变化：国共第一次合作和旨在消灭封建军阀、反对帝国主义的国民大革命，由于以蒋介石为代表的国民党右派的叛变而破裂夭折，在上海、长沙、武汉和广州，国民党当局相继对中国共产党人和进步工人进行了血腥镇压和屠杀，致使中国工人运动再次陷入低潮。

面对国民党的白色恐怖，中国共产党人拿起武器，决然进行武装反抗。自 1927 年 8 月起，相继发动了南昌起义、秋收起义和广州起义，深入井冈山地区建立红色政权和革命根据地，实行工农武装割据。

正是在这一时期，中国共产党内连续出现了几次右倾和“左”倾错误，致使中国革命遭受重大损失。加之赤色职工国际的“左”倾错误指

① 罗章龙:《椿园载记》，生活·读书·新知三联书店，1984 年，第 285 页。

挥，直接影响到中国共产党领导的工人运动，并且在复刊后的《中国工人》中呈现出来。

事实上，《中国工人》复刊的一个重要历史背景是中国共产党第六次全国代表大会（以下简称“中共六大”）的召开。

1928 年 6 月 18 日，中共六大在莫斯科开幕，会期 24 天，7 月 11 日闭幕。大会认真总结了大革命失败以来的经验教训，对一系列存在严重争论的有关中国革命的根本问题作出了基本正确的回答，在党内思想十分混乱的情况下大体统一了全党的意志。大会对中国革命的形势和任务作出结论，认为“中国革命现在阶段的性质是资产阶级性的民权主义革命”，提出“第一个革命浪潮已经因为历次失败而过去了，而新的浪潮还没有来到，反革命的势力还超过工农，党的总路线是争取群众”。

中共六大通过了《职工运动决议案》，宣布了新的工运策略：“革命工会……若想政治斗争得着胜利，那就只有用经常的组织得很好的经济斗争的方法，动员了组织了广大工人群众之后。在经济斗争的过程中，职工会应当发展与巩固自己的下层组织，造成坚定的基础……一切的罢工都需要有非常谨慎的预备……反动工会有群众便须加入，去争取群众……”

这次大会把党的工作中心从组织暴动转到从事长期艰苦的群众工作，确定将争取群众作为党的首要任务，把“左”倾作为主要危险来反对。但是，它仍然把城市工作放在中心地位，没有认识到中国革命的长期性和复杂性，没有认识到农村在中国革命中具有特殊重要的地位，而且继续把民族资产阶级看作革命的敌人，这就不能把更多的可以团结合作的力量争取过来，反而把自己孤立起来。①

5 个月后，《中国工人》复刊，切实执行中共六大的决议，成为这一时期的宣传主题。例如，第一期刊出《工人运动中青工工作之重要》，内容是如何争取群众；第四期刊出《反对国民党摧残工人的恶法律》，内容是抨击国民党统治；第五期刊出《年关紧迫中全国工人斗争的阵势》，内容

① 胡绳：《中国共产党七十年》，中央党史出版社，1991 年，第 76 页。

是开展日常经济斗争；第七期刊出《上海丝厂资本家的毒辣》，内容是揭穿国民党的假“法治”和资本家的真面目；“镰刀与铁锤”短评专栏更是指名道姓地抨击包括蒋介石在内的国民党要员，表现了很强的战斗性。但是，这些文章时常流露出激愤情绪，成为当时工人运动中“左”的倾向的一种表现。

彼时，正是中国革命走上农村包围城市、武装夺取政权道路的土地革命初期。但是，这一时期的《中国工人》几乎没有关于这方面的报道，内容集中在城市工人斗争。这与中共六大路线还是“把城市工作放在中心地位，没有认识到农村在中国革命中具有特殊重要的地位”有直接关系。

1929年2月，《中国工人》复刊两个月后，中华全国总工会第二次执委扩大会议在上海召开，通过了《全国职工运动目前的总任务》《接受赤色职工国际第四次代表大会决议的决议》《中华全国总工会扩大会议告工友书》。这次会议较中共六大决议有所发展，在工会工作基本方针问题上，坚持发展赤色工会，打倒黄色工会。然而，在群众斗争问题上，拒绝利用合法手段，表现出白区工运策略的局限性。1929年5月出版的《中国工人》第八期是这次会议的文件专辑，也是它第二次停刊前的最后一期。

毫无疑问，复刊后的《中国工人》宣传中国共产党以及赤色职工国际、中华全国总工会的政策和主张，在发动和指导工人运动中起到了“喉舌”作用。同时，它也不可避免地传递了当时工运策略“左”的倾向。这从一个侧面再次证明，中国工人运动的历程与中国共产党的历史息息相关。

需要特别指出的是，中国工人运动当时接受赤色职工国际领导，赤色职工国际第四次代表大会通过的《中国职工运动行动大纲》则是“左”倾的产物。所以，周恩来曾经指出：“关于职工运动的决议确定以组织赤色工会为主，这与中共党内对工人运动‘左’的倾向和职工国际一贯的‘左’倾是有关系的，对后来党的职工运动过“左”起了很大的影响。”①周恩来的这一观点，被后来的事实证明。

① 《周恩来选集》上卷，人民出版社，1980年，第181页。

在出版了复刊第八期之后，《中国工人》再次停刊。接下来，随着革命形势的稍有好转，党内的“左”倾思想重新抬头。1929 年 11 月，第五次全国劳动大会通过了《全国工人斗争决议案》，总的指导思想是“革命高潮就要到来”，工人运动的方针“已不是发动日常斗争”，而是组织政治罢工，“实现武装暴动，夺取政权”。“左”倾路线的执行结果是工人革命力量的严重损失，赤色工会组织被破坏，工会干部被捕被杀。据 1930 年 10 月的统计，在产业工人最集中的上海，赤色工会的会员已不到 300 人，比中共党员还少。

三、奠基性的新刊

《中国工人》第三次出刊是在 1940 年 2 月，距 1929 年 5 月《中国工人》停刊过去了 11 年。在此期间，中国革命的局面已经发生了历史性改变。就整个中国而言，抗日战争已经进入了艰苦的相持阶段，第二次国共合作正在进行，同时出现了国民党投降、分裂、反共逆流；就中国共产党而言，建立了以延安为中心、以陕甘宁边区为主的多处抗日民主根据地，由红军改编的八路军、新四军在敌后广大战场与日寇浴血奋战；就工人运动而言，鉴于中华全国总工会实际上已经停止活动，中共中央为了加强对全国特别是对各抗日民主根据地工人运动的领导，于 1939 年 4 月成立了中央职工运动委员会，根据地工人运动进入新的发展阶段。

正是在这样的背景下，1940 年 2 月，《中国工人》重新出刊，由中共中央职工运动委员会主办，毛泽东题写刊名并撰写了《〈中国工人〉发刊词》。这篇文稿收录在《毛泽东选集（第二卷）》，显见《中国工人》的历史分量。

《中国工人》在延安的第三次出刊，不仅意味着它将以新的办刊宗旨和编辑方针与读者见面，更表明中国共产党经过近 20 年的艰苦斗争已经逐渐成熟，对工人运动也有了更加符合中国革命实际的思想认识和指导方针。

毛泽东在《〈中国工人〉发刊词》中明确指出："团结自己，团结农民和其他小资产阶级，团结知识分子，团结一切革命的人民。这是极大的政治任务和组织任务。这是中国共产党的责任，这是工人阶级先进分子的责任，这是整个工人阶级的责任……团结自己和团结人民，反对帝国主义和封建主义，为建立新民主主义的新中国而奋斗，这就是中国工人阶级的当前的任务。《中国工人》的出版，就是为了这一个任务。"

在延安第三次出刊的《中国工人》，内容、话题与此前两次出刊相比，可谓面目一新。除了宣传积极抗战、反对投降分裂的政治主张，更集中宣传了组织工人努力生产、发展边区经济、妥善处理劳资关系、改善职工生活、参加民主选举、组织失业自救和学习文化等。这些以往工人运动没有的宣传内容，与当时延安的社会环境和党的方针政策有着密切关联，成为工会工作、工人运动的重要构成。

抗日战争爆发后，中国共产党坚持敌后抗战，建立抗日民主政权，实施各种社会改革政策，抗日民主根据地的社会性质发生了历史性变化，工人阶级不再是被压迫与被统治的阶级，而是执掌政权的领导阶级。全新的社会环境和历史性的变化，直接带来工人运动方针和工会组织地位、作用与任务的根本性改变。

1939 年 12 月，中共中央职工运动委员会主任邓发发表题为"论抗日根据地职工会的基本任务"的文章，指出"由于抗日根据地职工会所处的地位与环境的不同"，它的基本任务"不是一般的组织罢工示威来反对内部的政治压迫与经济剥削，而是反对外部的主要敌人——日本帝国主义"。基于这样的认识，邓发提出抗日民主根据地的工会的四个方面任务：第一，广泛地动员工人武装参战，并积极参加有利于抗战的生产；第二，一切为着巩固抗日政权，努力参加根据地的民主建政工作，推行政府法令，维护革命秩序；第三，巩固和扩大职工会组织，使之成为广大职工"自己的堡垒"和"民主的团体"；第四，以马列主义原则教育工人群众和工会干部，并广泛地动员工人参加当地的国民教育和社会教育。

在邓发这篇文稿发表两个月后，《中国工人》再次创刊。总结宣传完成上述四项任务的实践与经验，便成为这份红色刊物的主要内容。

在1940年《中国工人》的二次创刊号上，中国共产党重要领导人、时任陕甘宁边区政府主席林伯渠撰写了《发挥边区工人的力量》，其中写道："现在摆在边区工人前面的任务，是更加巩固自己的组织，加强自己的教育，保证完成边区的生产计划，克服经济的困难，增加抗战的力量……"这与邓发提出抗日民主根据地的工会的四方面任务高度契合。而在这一时期出版的最后一期《中国工人》中，第一篇刊发的重要稿件就是《重整抗日阵容肃清亲日投降分子》的"檄文"。这篇为纪念二七大罢工十八周年而写的重磅文章中明确提出："现在，全国人民要抗日，以便把中国首先从日本帝国主义压迫下解放出来；全国人民要民主，以便把自己的力量完全发挥在抗日事业上；中国共产党与觉悟了的工人阶级无疑是站在这个斗争的最前列的。可是亲日派、反共顽固派却偏要在抗日的后面扬起'反共'的大旗……我们工人阶级的任务，当然是坚持抗战团结，反对内战分裂，为要达此目的，在今天更要很好地去团结全国一切进步抗日的力量，发挥'二七'烈士的英勇精神，和亲日派顽固分子作更坚决的斗争。同时，在生产战线上，我们工人更应百倍地提高劳动热忱，增加生产，在各个抗日根据地内，努力完成自给自足的经济建设，使抗战胜利得到有力的保障。"

在这一时期的《中国工人》中，各大工厂成立工会的消息、工人学习工作的情况等内容，有了较为丰富的呈现。《光华制药厂工会已告成立》中这样写道："药厂因为是新成立的，一开首就把各个制度建立好，工会也在一月二十日成立起来，所以不论在工作上、学习上、生活上都很有规律……"《印刷分厂是学习模范》中分享工人不断强化学习的具体做法："首先，我们建立了学习制度，我们虽然一天作了九小时工（加生产运动一小时），在晚上，我们还保证了两个钟头的学习。第二，学习时事政治，我们每星期有两次时事报告。第三，我们注重与实际的联系，每次讨论时，我们把理论与实际联系起来，因此对生产工作有着很大的帮助。最后，我们的生活，在生产运动中更纪律化，更军事化了，我们每天清早按时上课，并进行歌咏体操军事常识课等。总之，由于我们的生产运动中没有忽视学习，因此更保障了生产计划的更好的完成。”

通过《中国工人》刊发的稿件可以发现，当时的工会不仅加强对工人学习的指导，更在技术学习方面给予鼓励和关注。《边区印刷厂加强技术学习，培养技术干部，扩大生产事业》《边区机器厂发明新的机器 职工们同心合力的杰作 为抗战建国的有力利器》等消息稿件虽然非常短小，但在极为有限的杂志出版条件的背景下，非常明确地表达了这一时期《中国工人》面向边区工人所承担的宣传引导导向。

1941 年 1 月，陕甘宁边区总工会发出《工会工作方向》《组织工作方向》《文教工作方向》三个文件，要求各级工会领导积极参加经济建设，保证完全实现边区政府当年的经济计划；要求各工厂工会提高工人的劳动积极性和生产技术，发起组织劳动竞赛、奖励劳动英雄；要求农村工会响应政府开荒 60 万亩的号召，动员工人开荒，改善种植方法，动员工人家属和女工参加当地的纺织合作事业。为提高生产效率，改进生产质量，激发劳动热忱，发挥边区工人的创造性，陕甘宁边区总工会于 1941 年 3 月颁发了《关于迎接“五一”生产大竞赛的各项办法》和《奖励模范劳动者的办法》。这些要求和任务都是以往工人运动没有的，只是由于部署和完成于《中国工人》第三次停刊（1941 年 2 月）前后，遗憾未能留下更多的文字记载。

难能可贵的还有，延安时期的《中国工人》第一次有了工人自己写的文章，而且为他们开辟了专栏——“工人习作”，仅第一期就连发 6 篇工人作品。它凸显了边区工人地位、素质的提高，是共产党人为人民当家做主而奋斗的成果，同时表明《中国工人》是名副其实的工人阶级代言人。

延安时期的《中国工人》出版了 13 期，相当于前两次出刊的刊期总和。它聚焦新的历史条件下中国共产党领导的中国工人运动，从各个方面关注和分析虽有实验性质却具有奠基意义的探索与实践，并通过文字记录下来。通过这一时期的《中国工人》可以看到，正是在延安，中国工人运动与工会工作第一次有了生产建设任务，第一次有了劳动竞赛，第一次有了民主管理，第一次有了集体合同，第一次有了劳动英雄和工匠人物……可以说，这 13 期《中国工人》证明，现代中国工人运动和工会工作的许多内容和传统都是在延安时期萌芽的，是中国共产党领导新民主主义革命实践的历史经验。

回顾新民主主义革命时期《中国工人》三次出刊的历史背景和内容演变，从年代时断时续构成的历史链条里，可以看出中国共产党领导中国工人运动在曲折中前行的轨迹。在新民主主义革命成功后，社会主义革命与建设全面展开，工人运动、工会工作有了新的使命，《中国工人》以崭新的面貌再次出刊并延续至今，继续为中国工人阶级更美好的前途记录和呐喊。

天津《工人生活》与《工人小报》

⊙廖永武 *

在1925年五卅运动高潮中，中共天津地方执行委员会（以下简称“中共天津地委”）为了使天津的工人运动更深入、持久地发展起来，遂于是年7月下旬出版了《工人生活》。《工人生活》是64开本的不定期、非卖品小册子，每期二三十页不等，由南市东兴大街新民印字馆承印，采取“讲话”“问答”“唱词”等形式激励工人斗争。由于内容通俗易懂，适合当时工人的文化水平，深受工人们的欢迎。开始发行千余份，后来增至2000份。中共天津地委书记李季达和委员于方舟以及从事工人运动的卢绍亭、李培良、安幸生等，都是初期执笔写稿的人。1925年11月12日，共青团天津地委在给团中央的报告里提到“曾在‘大学’① 所办之《工人生活》上，多作关于青工的文字”。这也说明团的组织曾在《工人生活》里开辟有关青年工人的专栏。

目前，仅发现一册《工人生活》第八期、第九期、第十期合刊，于1926年1月15日出版。前几页刊登了国内外工人运动要闻10余条，其中有《郑州人力车夫大团结》《重庆驳船工人罢工》《上海邮差很明白》《北京总工会成立》《俄国工人的好处》《日本厂主的残暴》等。这期还刊登了《什么是工贼》《工人因为什么要求八小时》等文章。

五卅运动发生以后，冯玉祥部国民军受群众运动的影响，进一步倾向

---

* ［作者单位］天津市历史博物馆。

① “大学”是中国共产党在通信里的代称。

革命，于1925年12月打败奉军李景林部，占领天津。中共天津地委利用有利形势，设法恢复五卅运动期间被李景林摧残的天津总工会，并在老铁桥东大东旅社设立公开活动的基地。当时，全国正处在革命高潮时期，天津的工人运动也获得发展。为了加强对天津工人的宣传教育，除了继续出版《工人生活》，还于1926年1月25日出版了《工人小报》。该报由中共北方区执行委员会宣传部部长兼职工运动委员会主任赵世炎主编，邢克让等参加编辑工作。

《工人小报》创刊号是用红色油墨印刷的，大小约40厘米见方，每份卖铜圆2枚，并免费赠送3天。在这期里，开头就向工人表明：

今天，是《工人小报》第一天与诸位工友见面。《工人小报》是天津总工会出的报，也是天津几十万工友大伙共有的一张小日报。这份小报寄到外埠去，各处工友看见小报上说的全是工人自己的话、为的是工人阶级的利益，也算是各处工友大伙共有的报。

我们工人太吃亏了！工人认字的既不多，认得字的也没报可看。那些大报没有好的，不是工人看的，既买不起，也看不得劲。小张的报呢，更糟了！他们那些小报，也不过抄一抄大报，并没有替工人说话的。我们工人要看的，就是工人自己的报纸。天津总工会代表天津几十万无产阶级，一面要竭力组织，谋大伙的团结；一面也要尽力供给工友们以时事消息和政治常识，这张小报就因为这个才出版。

本报出版时就要祝贺工友们！祝贺什么呢？祝贺工友们快快团结！大家都来团结，组织工会，各厂有各厂的工会，各地有各地的总工会，一齐团结在中华全国总工会旗帜之下。目下国内的情形虽不好，战事没息，反动的军阀没倒，外国帝国主义还侵略中国，可是中国的平民都抬起头来了！我们的民众运动一天比一天盛，人民革命的事业一天比一天有望。实在说起来，情形是进步了。便是工人，也一天比一天团结。无论在何处，不管军阀和外国人怎样压迫，我们老是□人人有集会、结社、言论的自由，不能叫人干涉，不能受人侵犯。上海的工人，现在军阀压迫下，几十万人团结似铁，香港的工人齐心对付英国人，已把那个黄金似的香港变成荒岛了！

工友们！本报敬谨祝贺你们，本报以后的职能，没别的，只有维护工人的利益、拥护工人的团结。

在“紧急新闻”专栏里，以“昨日天津工人与市民倒张反日大示威”为题，报道了天津工人和各界群众在南开操场召开声讨军阀张作霖和日本帝国主义的国民大会的盛况，“到会者四五万人，工人占最多数”，浩浩荡荡的示威队伍“沿途高呼‘打倒帝国主义’‘打倒张作霖’‘推翻段祺瑞’‘国民革命万岁’诸口号”。在第二版中，则揭露了军警无故逮捕美商乾昌地毯厂工人的消息，指出警察“逮捕工人，并侵犯工会，毁坏工会什物之怪事……是与李景林之黑暗时代无异”，号召工人起来支援斗争。在第三版里，以整版篇幅报道了唐山开滦五矿筹备恢复总工会，以及全国海员工会代表大会在广州召开的盛况等；还刊载日本劳工团体痛斥日本出兵东北援奉、镇压奉军郭松龄倒戈的暴行，坚决支持中国的革命，并愿与中国民众共同行动，与中国无产阶级站在同一战线上，共同反对日本帝国主义。在第四版里，发表了用《打牙牌调》作曲牌的《工人复活歌》。

《工人小报》每期约有 5000 字，在第一版、第二版的报缝里写有“工会是工人的生命”“工人都得组织自己的工会”的字样，在第三版、第四版的报缝里提出“《工人小报》是工人自己的报纸，劝你的朋友都看《工人小报》”的口号。

1926 年 2 月 7 日，中华全国铁路总工会第三次代表大会在天津召开。2 月 6 日出版的《工人小报》第十三号刊载了《天津总工会通告》，指出“‘二七’纪念，是中国工人阶级最沉痛、最光荣的纪念”，号召天津工人正值“全国铁路总工会在津开第三次代表大会”时，“举行盛大之纪念会，各工友是日务必停工参加大会，追悼‘二七’死难诸先烈。庆祝全国铁路代表大会，共同表示我全津有组织工人之阶级纪念”。

在“紧要新闻”专栏里，以“上海资本家真混蛋”为题，揭露上海资本家组织的华商纱厂联合会与北洋军阀政府相勾结，阴谋镇压上海总工会，质问“资本家既有权组织什么华商纱厂联合会，何以工人便无权组织工会？”要求“全国各工会，此时应一致速起力争，实现工会条例”。在第二版里，刊登《英轮中国海员罢工》《日劳动法案遭反对》等国内外劳工消息。在第三版“特别消息”专栏里，记载《石家庄工兵大联欢》的详细报道。在第四版里，刊登《京汉铁路总工会声讨与帝国主义勾结之矿主》《石家庄大兴纱厂成立工会》等消息。本期还介绍天津总工会出版的另一种工人刊物《工人生活》，号召工人阅读和踊跃投稿。

1926 年 3 月下旬，国民军在帝国主义和军阀夹攻下退出天津，奉系军阀卷土重来，对革命进行疯狂的镇压，在中国共产党领导下的革命组织转入地下，《工人生活》和《工人小报》继续秘密发行，并改为油印。但由于党组织连遭破坏，出了几期后便停刊。目前，共发现《工人小报》10 余张。

（原载中共天津市委党史资料征集委员会办公室编：
《天津党史资料通讯》，1982 年第 9 期）

回忆一九二六年天津的《工人小报》

⊙邢予洪

1925年12月下旬，国民军进驻天津。那时，中共天津地方执行委员会（以下简称“中共天津地委”）处于秘密状态，除设组织部、宣传部外，还领导着两个委员会：一个是职工运动委员会，另一个是国民运动委员会。为了推动天津人民的反帝反军阀斗争特别是工人运动，在老铁桥大东旅社的楼上设立了天津总工会，还公开挂上了牌子。中共天津地委还决定由天津总工会公开出版《工人小报》，中共北方区执行委员会宣传部部长兼职工运动委员会主任赵世炎同志在天津参加领导工人运动的工作，中共天津地委书记李季达同志也着重抓工人运动。

《工人小报》是铅印日报，有4个版面。编辑和工作人员只有两个人，主要是赵世炎同志，我（当时用原名邢克让）是他的助手。赵世炎同志的工作有很多，但他对编报是认真负责的。有时我帮他选出一些通讯社发来的稿件，最后都是由他亲自选定。他撰写和编排每期报纸的内容后，便由我把稿件送到南市一家小印字馆，排出字后由我负责校对，等报纸印出又由我负责组织发行。

由于天天在印字馆里搞校对，我认识了国民党左派王芸生，他是盛极一时的《民力报》的总编辑。我们俩经常在印字馆里见面，他对我们《工人小报》的出版事务工作有不少帮助。

为了把我们的报纸出好，后来赵世炎同志还让我管采购和财务。由于我管报纸的事情比较多（临停刊前才来了一个同志帮助校对），同志们给了我一个"《工人小报》小经理"的绰号。

我和赵世炎同志那时都住在大胡同一家旅店里。赵世炎同志当时二十四五岁，学识渊博，会法、俄、日、英四国文字，前两种更为精通。他精力充沛，有才能，有魄力，是不知疲倦的实干家。在整个办报过程中，他对我的帮助教育很大，至今仍历历在目，难以忘却。

《工人小报》是在国民军进驻天津后创刊的，时间是1926年1月下旬，一直持续到国民军撤出天津。记得是在1926年3月下旬，奉系军阀褚玉璞卷土重来，中国共产党领导的革命斗争转入地下时，这份小报才停刊的，总共持续了两个多月时间。印刷发行量为每期5000份，除在天津公开发售外，还发行到唐山市各工厂。这份小报在天津，除有专人送往各工厂工会组织再转送到工人手中外，还发往一些派报社。我们一个小子（一个小铜板）批发给派报社，他们以一个大子（一个大铜板）卖出，因此，派报社很愿意卖我们出版的小报。

这份小报在宣传国民革命，交流组织工会开展斗争情况，代表工人阶级利益、为工人说话，特别是在提高工人的阶级觉悟、团结壮大队伍、推动工人运动等方面，都起了积极作用，在天津是一份有影响力的报纸。

1982年11月26日于哈尔滨市

（陈德仁根据邢予洪访问记录整理，此稿业经本人审定。

原载中共天津市委党史资料征集委员会办公室编：

《天津党史资料通讯》，1982年第9期）

《工人生活》的公开发行

1925年，五卅运动爆发以后，中共天津地方执行委员会（以下简称“中共天津地委”）为了进一步把工人运动推向高潮，在7月下旬出版了《工人生活》。

《工人生活》是64开的袖珍本，不定期出刊。当时的中共天津地委书记李季达、委员于方舟以及负责工人运动的卢绍亭、李培良、安幸生、刘铁军（即铁牛，化名为雅斋）等同志，都是初期执笔写稿的作者。文章多采用通俗易懂的讲话、问答、歌曲、京剧、流行小曲等体裁改填□词，向工人群众进行阶级斗争和爱国主义思想教育。

《工人生活》刚出刊时，是在南市东兴大街新民印字馆印的，为20余张单页，印了1000份，后来继续编印，就把这期追认为第一期。《工人生活》是秘密出刊的非卖品，主要经由直接与工人接头联系的同志传给对方。《工人生活》在倾向革命的国民军驻津时期，曾一度公开出版，内容也比过去丰富，能够较多地刊载一些工人的活动概况。1926年3月下旬，国民军退出天津，奉系军阀卷土重来，中国共产党领导的工人运动再次转入地下。《工人生活》根据斗争需要，仍然坚持秘密出刊，直到1927年春还曾看到新出版的一期。此后，环境更加残酷，《工人生活》即不见出版了。

在将近两年的时间内，《工人生活》共编印了十几期，可惜保存到今天的非常稀少。在中共天津建党纪念馆展出的革命文物中，有一本1926年1月15日出版的第八期、第九期、第十期合刊的《工人生活》，是现今仅有的珍贵版本。

（原载《天津晚报》，1962年10月11日）

关于《劳动》《朋友》《生活通讯》
——孤岛时期上海地下工委办的工人刊物

⊙沈以行

一

约在 1937 年底，中共江苏省委建立工委，领导上海的工人运动。工委书记刘长胜同志提出要编一个既能对工人进行时事形势教育又能通过它来联系群众的刊物，于是设立了一个编委会，具体工作交给了王大中（新中国成立后改名为金子明）同志。不久，一册通俗而新颖的工人刊物出版了，取名为“劳动”，是 32 开横排本，在 1938 年上半年期间，约每周或旬日出一期。1938 年下半年，改名为“朋友”，为 16 开横排本，半个月至一个月出一期。两者都由王大中同志主编。

约在 1938 年冬，刘宁一同志介绍王大中同志与我相识。我是 1938 年 1 月在上海邮局入党的，基本上在邮局内活动。与王大中同志相识后，他邀我参加编排《朋友》的工作。以王大中同志为主，我们开过几次会，讨论刊物的内容和编排。记得 1939 年 3 月，西班牙马德里人民阵线战败，法郎哥上台，我们曾讨论过怎样向工人解释这一事变。

此后不久，王大中同志奉命去搞浦东游击队的工作，韩述之也搞别的事去了，工人刊物就交给我主编。组织上对我说：“‘朋友’这个名字已被租界捕房注意了，你来编，就得改一个刊名。”于是，我把《朋友》改名为“生活通讯”。本来《劳动》《朋友》是按期为序出的，被我改为每期选择一篇主要文章的题目为刊题，再将“生活通讯”字样印在右上角，像丛刊那样作为一个总刊名，不印期数，每期刊名都不同；编排也从横排改为竖排，横排在当时还不大通行，只因王大中同志热心于拉丁化，所以之前用了横排。大约在1939年7月间，我编出了第一本《生活通讯》，此后都是在一个月不到的时间里出一期，每期印数为2000本（之前的《劳动》《朋友》也印2000本），到1940年7月我离沪去参加“江抗”部队为止，《生活通讯》出了10多期。

工委先后派王大中、张祺、马纯古、何振声四位同志担任领导，单线与我联系，重要的稿件和印刊物的钱都是他们带来给我的。我住在麦根路鸿章纱厂隔壁的一条弄堂里，我的家就是刊物的编辑部。其实我是孤家寡人，既是主编，又要动手剪贴、跑印刷厂、担任校对，一切都包下来了。我在邮局印刷品间时，被调到清早收寄大批新闻纸（《申报》《新闻报》）的班次，每天早上5点上班，七八点就大体无事了，这样就便于我既有职业的掩护，又能有较多的时间来看稿、改稿、编排和跑印刷厂。

刊物是在新闸路赓庆里民光印刷厂印的。这是王大中同志从印刷界救亡协会接来关系并交给我的，但我们完全是以公开的营业关系去印刷的。我们这个刊物，只要仔细看看，它的政治色彩是很明显的。那么，民光印刷厂为何敢于承印呢？一则，那时抗战正在进行，上海沦陷不久，抗日救亡，人同此心，取得了一种群众性的合法化；二则，民光印刷厂的老板是无锡人，做生意总是为了赚钱，孤岛上虽然游资多，但银根还是紧的，一般客户都付庄票，收不到现款，而我们的刊物每期都付现款百把元，老板非常贪图这点，所以交易进行得顺利。排字房有个工头姓马，他看出我们的刊物有色彩，就对我说：“骆先生（我到印刷厂时化名姓骆），印你们这种东西要担风险的呀！你心中有数就是了。”为此，我每去复印一次，就得带些东西“孝敬”他，好在他的胃口也不大，不外乎是50支一听的金鼠牌香烟（中档烟）两听，也就应付过去了。至于厂里的工人，因为刊物讲的是工人救国，他们无不出力支持，排字落盘特别快，有时缺了字模，还会连夜给我刻铸出来。

刊物这条线上除了我之外，还有两个党员归我联系。一位是黄大智（即黄明）同志，他是刊物的工厂联络员，除负责传递工委交来的主要稿件外，还经常跑十来个工厂，把工人写的通讯稿件收集回来刊登，并召开读刊物的小型会，以听取群众对刊物的意见。另一位是高骏同志，他是刊物的总发行，职业是皮匠，人称“高皮匠”，在沪西某弄堂口摆了一个皮匠摊。每次我见到刊物已印出，就去通知他，他就会立即收起皮匠摊，挑着箩筐到印刷厂去拿刊物，分批送到指定的联络点，再由联络点分发下去。做这件事，既要迅速分批送达目的地，又不能暴露行迹出毛病，遇到抄靶子还要警觉地绕道避开，所以是相当繁重的工作。从担任《劳动》《朋友》直到《生活通讯》的发行以来，高骏同志依靠他的政治责任心、警觉性和工作灵活性，每批刊物都得以安全送达，从未出过事故或差错。

高骏同志联系的两个发行员也都是党员，一个好像是专管沪东方面的，利用杨树浦发电厂往来于外滩的交通船带刊物去沪东各个厂，以避免过外白渡桥遇日本兵搜查的一关。高骏同志回忆说当时有一个交通支部，还有一个编委会。这与我的记忆不同。交通支部可能是在《劳动》《朋友》时期设的，至于编委会则是工委内部的，我们是非工委都不参加的。我在负责刊物的期间，工委单线与我联系，再由我去联系黄大智和高骏同志，所以我的住处工委是知道的，而黄大智和高骏同志不知我的住处。反之，我是常去找他们的，黄大智同志住瑞金路，高骏同志住沪西一条弄堂里。我们在黄大智同志的住处开过党内组织生活会，也在泰兴路一处肉店楼上同高骏同志和他下面的两个党员同志开过组织生活会。

当时，凭着青年党员的革命热情，我做这些工作全然不感到担惊害怕，只知道兢兢业业、忙忙碌碌而又满心愉快地为工委的刊物付出一年以上的辛勤劳动，而且感到必须如此做才能于心无愧。

二

这些刊物当时印得不多，发到厂里，传来传去，很多就失散了，加之太平洋战争爆发后，日寇占领了租界，更不利于刊物保存，所以解放以后，在上海旧书店发现的这些刊物已属珍贵文物，售价达20元一册，但也都是散册，没有发现过全套。至今我看到过的，有以下几册：《劳动》第六期，1938年2月28日刊行；第七期，1938年3月7日刊行；第十一期、第十二期合刊，1938年4月11日刊行；第十七期，1938年5月23日刊行。《朋友》第二期，1938年8月8日刊行；第三期，1938年9月12日刊行；第四期，1938年10月10日刊行；第五期，1938年10月25日刊行；第六期，1938年11月8日刊行。

从以上刊行日期看，一开始是想保持周刊的形式，后来因经费、稿子、印刷条件等关系，推迟到每个月出一期。不过，于1939年一季度出版的《朋友》，一本也没被发现过。从以上发现的几期《劳动》《朋友》来看，刊物着重宣传的是以下内容：

当时正处在抗战初期，日本侵略军气势正盛，国民党正面战场节节败退，1938年10月，广州、武汉相继失守。上海是在日军包围中因依赖英法租界而保持不受日寇直接统治的一片“孤岛”，在这种情况下，刊物向工人宣传的首先是坚定抗战必胜的信心，使陷身于敌后的广大工人忠于民族、忠于祖国，把自己的命运跟抗战的前途联系起来。

例如，1939年8月的《朋友》在《怎样纪念八一三？》的评论文章中号召：“回顾自己一年来为抗战建国做了什么？”“广泛动员全上海同胞来参加神圣的抗战！加紧组织各自的团体，去团结周围的工友！”

1938年11月的《朋友》以“老前辈王根生谈广州、武汉失守后的时局”为题，阐述了持久战的思想。这期《朋友》还提出：“要和落后群众生活在一起，不要只和先进的人交朋友！”“要在每个车间里宣传我们抗战的持久性和一定会得到最后胜利的道理。”还特别提到了“毛泽东先生著的《论持久战》[①]已由译报丛书出版了，各报摊都有卖的，每本一毛二分”。

① 《论持久战》写于1938年5月，很快就流传到上海，由译报社印成单行本，用的是红色封面，迅速地在进步职工中传诵开来。

为坚持抗战、反对投降，必须揭露和抵制汉奸活动。1938 年 3 月，南京成立汉奸维新政府，4 月的《劳动》载文“反对新成立的汉奸维新政府”，提醒工人不要上当。5 月的《劳动》号召开展反日、反汉奸的斗争，提出要击破日寇以华制华的毒计，反对汉奸组织工会来分化工人。就在这期《劳动》上，刘宁一同志写了专题文章《维护国家主权，反对敌伪接收海关、邮局！》

为了展示抗战胜利后的愿景，刊物经常宣传苏联的新生活。例如，1939 年 11 月 8 日出版的《朋友》就以 4 个整页的篇幅，配上插图，宣传十月革命胜利 20 年来苏联工人的美好生活。有一期《劳动》曾刊登《一个苏联电车上女售票员的生活》，既宣传了苏联的新生活，也传布了妇女解放的思想。当时，在上海英商电车公司里，除了有 3 个西洋女子打字员外，是没有一个女职工的。在社会上、企业中，歧视妇女的现象是普遍存在的。

国破山河碎，孤岛度日艰。在这种状况下，怎样去鼓舞人心看到未来呢？宣传苏联是当时很流行的办法。那时到沪东工厂区，必经外白渡桥，桥东有一座苏联领事馆，旗杆上挂着全红色的苏联国旗，我们就从这面苏联国旗讲革命远景，工人听了很受鼓舞。

1938—1939 年，正值战区扩大，租界偏安于一隅，江浙游资都汇集来沪，于是投机囤货、灯红酒绿，呈现一片畸形的繁荣景象。一些纱厂民族资本家赚了钱，年底分给职员的赏金有达 100 个月薪金的，股东收入之多自不用说。但是对为他们当牛做马生产利润的工人，却不改善其生活待遇。刊物在这方面就要求工人争取中外资方合作一致，对付日寇；同时，也劝民族资本家应该拿出部分盈利，切实改善工作条件和工人生活，并用实际事例表扬了注意改善工人待遇的一个厂、批评了一个厂。

对于工人，刊物以很多篇幅强调工人团结的重要性，强调自我教育，学习文化（办夜校），还刊登注意工作方式方法的专文。例如，在第六期《劳动》上，刊登在“信箱栏”的一篇文章就提到女工们的一句口头禅：“随便伊，看别人好啦，别人哪能，我也哪能。”刊物指出，对这些无主见的女工要多去接近，和她们站在一起，体贴她们的痛苦，处处帮助她们用自己的力量来解决大大小小的困难问题，生病要去慰问，经济困难要凑点钱，不识字的要劝她们一道来读书，总之，要发扬团结友爱的互助精神。这就可以看出，刊物不是说教讲空话，而是同工人群众站在同一立场上，和工人心连心，讲的是贴心话，帮忙帮在点子上，称得上是工人自己的刊物。

有几期刊物还针对某个单位或企业写文章。例如，有一期《朋友》专门刊登《英商电车工会应健全工会组织》，文章提到（国民党方面的）英电工会组织不健全、领导官僚化、经济不公开，造成英国资方逞威风，自八一三事变以来，开除卖票员达七八十人之多；在工人方面，爱国献金活动开展得不好，导致汉奸乘机活动。为此，文章呼吁要赶快建立工会组织，团结起来奋进。像这样的文章就不是一般的报道，而是配合工委开展工作而有针对性地写的。又如，刊物还介绍了英商公共汽车公司开展的司机公益互助活动，起到了传播工作点滴经验的作用。从这些地方可以看出，这些刊物是工委用来指导当时上海的工人运动的，一些重要文章都出自工委领导同志手笔，他们煞费苦心地针对现状来作指导性的发言，使工人运动服从"抗战第一"的目标，同时也切实注意保障工人的切身利益和民主权利。

刊物的启蒙宣传和爱国主义教育、阶级教育所收到的效果是明显的。无论是 1939 年我接触的同志的评论，还是 1944 年我到洪泽湖畔新四军城工部参加整风时听到的反映，或者是新中国成立后我接触更多同志的谈论，都说这些刊物在工厂、工人支部中以及在女工夜校中广泛传播，在启发工人觉悟、推动工人进步方面收到了十分明显的效果。不少工人尤其是女工，自从看了这些刊物，就逐步自觉地走上革命之路，最后参加了中国共产党的队伍，根据革命工作的需要，有的留在上海，有的参加了新四军。

三

《劳动》《朋友》之后，出版的是《生活通讯》。《朋友》和《生活通讯》之间间断过两三个月，原因一则是《朋友》曾受到公共租界巡捕房的注意，需要暂时“冷”一下，以观其变，编辑部也趁机改组换人，王大中同志到浦东搞武装工作，我则被从邮局调出来专职编刊物；二则党内经费也有点困难，稍停一两期，也可周转。

如前节所述，我编排《生活通讯》共 10 期以上。新中国成立以来，我多次搜求这个刊物，结果一无所得。只在上海图书馆珍本部，发现他们收藏了一本《生活通讯》(3)——《改善工人生活的讨论》。这本珍本的封面上有大型美术字体的标题，里面是竖排分栏的格式，32 开 32 页。再看一看内容，果然是真的。当年陈迹今犹在，一别已过四十年。感谢上海图书馆珍本部将该刊妥善保存，还特制牛皮纸套以保护内纸少受损坏。

为什么《劳动》《朋友》已发现多期，而《生活通讯》只见一本呢？回想 1939 年 5 月我接办刊物时，形势已比前一年紧张多了，日寇势力一步步渗透到租界里来，并且要挟工部局取缔抗日，所以我们的刊物发下去时，只能通知下面速传速看，看后销毁，免遗后患。这恐怕是保存下来数量无几的重要原因。1940 年 4 月，马纯古同志通知我说租界形势已不容许我们再出这样的刊物，而新四军东进抗日，“江抗”需要上海输送干部去。于是这个刊物就停刊不出了，我也随即于 7 月下乡。

那本唯一留存下来的《生活通讯》，其内容反映的时代特点和宣传重点是很分明的。其中一篇重点文章题为“改善工人生活和抗战”，说了以下几点：

1. 汇市紧缩，物价高涨，职工生活特别困难。最近两个月来，各业职工纷纷要求增加工资，出现四十多起，大半都已得到解决，可以见到中国劳资双方顾全大局，都有进步；尤其劳方忍受生活痛苦，不提过高要求，其维护民族统一战线之忠心，值得作为模范。

2. 少数资方依然跟工人对立，而工人方面也有不敢大胆向资方提出正当要求的。这说明劳资双方都还有人对抗战时期必须改善工人生活的意义不十分了解。

3. 今天改善工人生活，正是为了加强抗战力量，也是根绝汉奸活动的一个办法，这是全国同胞共同的问题，劳资双方都有解决的责任。

紧接该文之后，有一篇《评似是而非的论调》的短文，针对工界领袖（指国民党人士）“抗战时期，应该实行生活紧缩，大家相忍为国，谈什么改善生活呢”的言论，进行了说理和批驳。

1939 年，比起 1938 年，上海租界这片孤岛已经相对地稳定下来，正面战场已经远离，上海和江浙城乡的水陆交通渐见恢复，工业也随之恢复起来。战前的上海有 5200 家工厂，70% 的工厂在战争中停工了，而到了 1939 年，工厂恢复了 4700 家，工人达 24 万人。与此同时，租界人口猛增（很多人从江浙一带避难来沪），从 350 万人增长为 450 万人，游资充斥，投机盛行，物价上涨，工人受苦，所以发生了众多劳资纠纷，而反映在刊物上的党的指导思想就是要顾全抗战大局，劳资协商解决问题。对于发了国难财而拒不改善工人生计的厂家，则在刊物上提倡掌握批评的武器来谋解决，而较少鼓励采用罢工的方式；但是对于投敌的资本家，则在刊物上揭露其丑恶面目，毫不留情。例如，这期《生活通讯》就揭露了骏丰和万宝两家绸厂老板勾结日伪的事实。

经过地下工委、联络员和各支部的努力，1939 年，中国共产党在工厂企业中的工作取得了很大的进展，反映在这期《生活通讯》上：来自基层的通讯稿有 17 篇之多，另有工运简讯 6 则。通讯稿中值得注意的是《出租汽车司机工人大团结》这一篇。云飞、祥生等四大出租汽车公司的司机原来很散漫，也无工会组织，1938 年，经过工委刘宁一同志的辛勤工作，开辟了这个领域，组织了四大出租汽车司机联谊会。1939 年 5 月，因日寇接连杀害出租汽车司机，于是由联谊会发起为死难司机大出丧，得到资方同意后，出动汽车数百辆送丧，从胶州路殡仪馆出发，折向静安寺路、南京路，在浩浩荡荡的送丧队伍中拉起了“遗恨必雪”“杀身成仁”的横幅，还以民族形式摆路祭，这是一种习俗性的合法举动，使日本人和工部局都没有干涉的理由，司机职工完成了一次抗议日寇屠杀我同胞的盛大示威。

这期《生活通讯》还在最后刊登了记者对刊物的几点希望、关于要求组织本刊读者会的号召，以及由读者发起捐款资助刊物的倡议。从这些方面来看，经过一年多的发展，刊物工作更加深入了，联系群众的面更为广泛，被群众称为“思想上指导他们的先生”，并“能使他们组织上严密起来，行动上统一起来”，可见刊物在工人群众中越办越得人心了。

到了“文化大革命”时，造反派审查我的这段经历，一口咬定我编这些刊物是和日伪通同的，否则“为何办了一年多，从来没有出毛病”？蠢如驴的造反派头目根本不懂地下斗争、群众工作的规律性，故有此等问话。但是我倒也因此而思索了一番，觉得其中有以下原因：

一是孤岛的特定环境。国民党基本上已撤离，日本人还没有进租界，英、法帝国主义一面对日寇步步退让，另一面对伟大的中国人民的民气也不敢轻侮，于是造成总的有利于我们工作的条件。

二是我们在具体工作中遵守工委指示，步步为营，既公开又秘密。刊物是公开在营业性工厂印的，使这个环节尽量缩短时间，少暴露，有几期先后不出 3 天就已印好拿走。送刊物的途中是最容易出事的，而高骏同志迅速稳当、富有经验，能保证一路平安。传看刊物的过程就是靠群众自我掩护了。总之，认清环境，谨慎对待，困难是可以克服的。

三是中华民族屹立如山。八路军在抗战，新四军在抗战，大后方在抗战，这就给我们在敌后活动的人无形的力量，鼓舞我们无所畏惧，勇往直前！越是无畏，越是安全。

（原载上海工人运动史料委员会办公室、上海市总工会工运研究室编：《上海工运史料》，1985 年第 3 期、第 4 期合刊）

广州解放前夕中国共产党秘密出版《广州工人》报的情况

⊙刘天行

1948年夏，中共广州地下党（当时的领导人是钟明、余美庆等同志）建立了一个秘密外围组织，名叫“新民主主义工人协会”（以下简称“工协”）。工协由进步工人组成，负责人是梁广、冯□同志。1948年底，党组织调我到工协负责宣传工作。组织上交给我的任务是负责编辑和出版一个小型报刊，名叫“广州工人”。直接领导我工作的是黄施民同志和余渭泉同志。我要做的具体工作是写稿、编排、付印以及一些有关发行工作。《广州工人》报是不定期的，在广州解放前出版了五六期。因为这个小型报是秘密出版的，我的办公地点就是我住宿的一间小房子。组织上规定了一条纪律，那就是按时工作，不能随便往外边跑。我当时就是集中精神做这一件工作。到1949年夏季以后，工协的成员陆续进入内地，《广州工人》报就没有继续出版，我也被调去搞别的工作了。

《广州工人》报是中共地下党对广州工人进行宣传工作的一个小报。当时正处于革命节节胜利的形势，人民解放军已经解放了祖国的一大片土地，正挥师南下。我们办报的目的是对广州工人进行宣传发动工作，支援人民解放军解放广州。所以报纸的内容主要是报道和论述当时解放战争胜利发展的形势，揭露国民党反动统治的黑暗腐败，发动广州工人起来配合和支援人民解放军解放广州。

《广州工人》报的稿件，除了由组织上送来的稿件外，主要由我负责撰写。因为这个宣传小报的对象是工人，组织上要求稿件文字通俗，同时要适合工人的口味。为了达到这个要求，组织上曾叫我参考一些民间小报的文字技巧。每期稿件经撰写、集齐和编排之后，交给黄施民同志和余渭泉同志审阅，然后由我送去付印。

《广州工人》报是委托香港《华商报》代为印刷的。按照组织上的指示，我把稿件及版样拿去《华商报》交给张风（即饶彰风）同志，由他介绍我直接和陈景文同志接洽有关印刷的事。印好之后，由组织上另派人去联系领回，每期都印刷上千份，分在多处不同的地方保管和发行。

《广州工人》报的发行主要是分别寄给当时还在国民党统治下的广州的工厂企业和工会组织。负责总发行工作的是一位女工，名叫佘惠莲。在组织发行工作的过程中，开始时曾由组织上派人到广州买了几本电话簿回来，从中找出寄发对象的单位名称、人名、地址等，开列出寄发对象名单，再由各个支部组织一些人书写信封。信封是各式各样的，写好后再收回，然后交给一些人分散到各个邮局去投邮。在发行的过程中，我也做书写信封的工作，主要按照组织上交来的有几十人的名单书写信封，交给我的这张名单开列的大都是广州解放前在国民党统治下的广州市工会组织的头目。组织上指示我用多种字体来书写这些信封，我按照名单写好后，就约定佘惠莲来我处拿去寄发。

以上是中共地下党在1948年至1949年秘密出版宣传小报《广州工人》的大致情况。总的来说，当时出版的《广州工人》报在广州解放前夕，对广州工人团结起来进行护厂斗争是起了一定的宣传发动作用的。

（原载中共广州党史研究委员会编：《广州党史》，1958年第2期）

工运人物研究

工运史

工运先驱张昆弟

为了理想奋斗终生的革命先驱安幸生

工运先驱张昆弟

⊙杨松柏*

张昆弟（1894—1932），字芝圃，1894 年 3 月 18 日出生于益阳县板溪乡龙西村（今桃江县鸬鹚渡镇龙塘湾村）一个贫苦农民家庭。7 岁读私塾，13 岁考入益阳县立高等小学堂（龙洲书院），开始接受新文化的启蒙和熏陶，初步打下了近代文化知识基础。1913 年秋天，考入湖南省立第一师范学校。1922 年，加入中国共产党。历任中共山东地方执行委员会书记、中共中央北方局委员、顺直省工委书记、湘鄂西省总工会党团书记等。1932 年，被杀害于湖北洪湖瞿家湾，时年 38 岁。

岳麓三杰，共寻真理

1914 年秋天，毛泽东就读的湖南省立第四师范并入第一师范（以下简称“一师”），与张昆弟同级，共读了 4 年。张昆弟与毛泽东、蔡和森志同道合，他们一同研究学问、锻炼身体，探索和追求真理，三人成为挚友。有一个暑假，他们三人直接住到岳麓山爱晚亭，每人只带一条面巾、一把雨伞和一点随身衣服，早晚两餐都不吃，只吃一顿蚕豆饭，清早在山上打坐，然后下来去洗冷水澡。他们每天在山上的生活就是：体操、静坐、读书、看报、谈论、思考等。因为他们三人常常结伴到一师对河的岳

* ［作者单位］桃江县总工会。

麓山活动，被同学们誉为“岳麓三杰”。

毛泽东在一师进行的革命活动，张昆弟都是积极的参与者。1914 年 6 月，一师学生反对校长张干执行湖南省议会额外征收师范学生 10 元学杂费的决定，反对的浪潮声势浩大，毛泽东、蔡和森和张昆弟发起和领导了这一运动。1915 年 5 月至 1917 年，他们组织了课外哲学研究小组，每逢星期六或星期日，就集合在一起，研究学问，交流学习心得，探讨个人前途和国家大事。

张昆弟在一篇日记中这样写道：“每读友人[①]日记，令人愧惭交集、何人之日异而月不同，道德、学问蒸蒸有生气向上之势。而吾则不见其进、若或有退焉。振汝筋骨，奋汝雄心，冲决汝一切魔障，向前追进、大呼无畏，大呼猛进，为汝做先锋队焉。”以此激励自己与毛泽东、蔡和森等人共同进步。

毛泽东、张昆弟的治学、品行都是全班和全校最好的，得到了全校师生的一致好评。1917 年 6 月，一师进行了一次全校性的“人物互选”活动。全校 12 个班，575 人参加投票，每票限选两人。当选者 34 人，毛泽东获 49 票，名列第一。张昆弟名列第四，获得敦品、自治各 9 票和好学 16 票，共 34 票，其中的自治和好学是得票最多者之一。

勤工俭学，思想奠基

1918 年 4 月，张昆弟和毛泽东、蔡和森等发起成立了新民学会。新民学会确立了“革新学术，砥砺品行，改良人心风俗”的宗旨，规定了会员必须遵守不虚伪、不懒惰、不浪费、不赌博、不狎妓的 5 条纪律。毛泽东担任学会的副总干事，张昆弟担任学会干事和新会员入会时的评议员。学会会员共 74 人，中国共产党早期党员就占 31 人，湖南早期的马克思主义者都集中在新民学会，成为学会的核心。

---

① 指毛泽东、蔡和森等人。

1918年，张昆弟和毛泽东、蔡和森等组织实施了湖南青年留法勤工俭学运动。8月15日，张昆弟和毛泽东、蔡和森等12个新民学会会友及李富春等湖南青年共计24人从长沙启程，沿湘江北上，经汉口换乘火车去北京。9月10日，张昆弟同李维汉、李富春等人从北京到达保定，进入育德中学留法高等工艺预备班第二班学习。张昆弟同李维汉等三人同住一间房子，因为没钱，连火炉都没有烧，三人冷了就一起用一床棉被，边相互取暖边学习。

1919年9月30日，张昆弟与李维汉、李富春、李立三等作为第五批勤工俭学学生，从上海坐上法国“宝勒加”号邮轮起程赴法，于年底到达法国。在法国，张昆弟一方面努力找工作，自食其力，深入法国工人中，投入工人运动，开展社会调查；另一方面努力学习西方先进的思想、学术，初步接触马克思主义。

1920年2月27日，张昆弟同李维汉等一起发起组织了勤工俭学励进会，当选为干事会负责人之一。他们以劳动好、学习好、互相勉励、共同进步为目的。一些有志气、有见解、有能力和品行端正的人纷纷入会，勤工俭学励进会无形中成为当时留法勤工俭学学生的群众组织，对推动勤工俭学学生的团结和争取进步起了很大的作用。7月上旬，张昆弟等新民学会留法会员13人在蒙达尼开了5天会。这次会议最主要的成绩是确定了新民学会的方针为“改造中国与世界”。这次会议还讨论了勤工俭学励进会的工作，建议推广这一组织。8月19日，勤工俭学励进会改名为“工学世界社”，张昆弟当选为干事会负责人之一。工学世界社最初成立时有30余人，以后参加者多达300余人，当时留法学生中的爱国积极分子几乎全被吸收。

1921年，张昆弟同蔡和森、周恩来、邓小平等发动和领导了勤工俭学学生“要求生存权、求学权”的二二八运动、反对北洋政府卖国借款的拒款运动、维护勤工俭学学生正当权益的“誓死争回里大”运动三次大的革命活动。在拒款运动中，张昆弟是周恩来、蔡和森、陈毅等23人组成的拒款委员会的成员之一。在“誓死争回里大”运动中，张昆弟是蔡和森、陈毅等 105 人组成的先发队的成员和代表。由此，张昆弟被誉为“无愧为赴法国勤工俭学学生中的精英和领袖”。

1920 年 12 月，张昆弟撰写的《法国北海岸之华工》一文在上海《时事新报》上登载。这是张昆弟深入法国社会调查研究，写给新民学会会友的通信。1921 年 12 月 30 日，在《给叔父张翰屏的信》中，张昆弟表示“侄海外奔走，大志未成，难望洞庭，唯有洒泪而已。……但处此恶浊社会，倘不严加整刷，则人民永无幸福。吾决断从事改造社会之大业”，表达了坚定的共产主义理想和投身无产阶级革命的决心。至此，张昆弟已经实现了由革命民主主义向共产主义的转变，成为坚定的共产主义者。

领导工运，彰显风采

从 1922 年起，张昆弟一直投身中国共产党领导的工人运动，是党内资深的工人运动领袖。他曾任中共中央职工运动委员会委员、中华全国总工会执行委员会委员、中华全国铁路总工会委员长、河南省总工会委员长、湘鄂西苏区总工会委员长，参加了历次全国劳动大会。在党务和行政方面，他先后担任中共北京区执行委员会工农部部长、北方区委工农部部长、豫陕区委工人部部长、顺直省委工委书记、北方局工委书记、河北省委工委书记、中华全国铁路总工会党团书记、湘鄂西总工会党团书记等重要职务。

1922 年春，张昆弟由上海直接到北京找李大钊，由李大钊介绍加入中国共产党，在党领导下的中国劳动组合书记部北方分部工作。1922 年 5 月至 1923 年 4 月，李大钊派张昆弟等 6 名共产党员任北洋政府交通部密查员，张昆弟负责巡视正太、陇海两大铁路。他们实际上是中国劳动组合书记部领导铁路工人运动的秘密特派员，主要任务是在各路开展工人运动，帮助工人组织俱乐部和进行斗争，建立党的组织。张昆弟白天住在大桥街劝业场胡同的一家旅馆里了解工人情况，晚上深入工人聚集的朱振芳茶馆同工人交谈，很快认识了赵永庆、滕邦志、施恒清等一批有觉悟的贫苦工人。张昆弟向他们宣传俄国十月革命的情况，揭露北洋政府“保护劳工”的虚伪面目，启发工人说：“我们工人要有集会结社的自由，要有自己的工会。”当听到工人揭露工贼王纯、陈顺来出卖工人利益成为法国走狗时，他鼓励大家：“咱们另立一个工会嘛！”

张昆弟在李大钊的直接领导下开展了卓有成效的工作。1922 年 7 月，张昆弟到石家庄正太铁路后，组织了工会，在工会中建立了党团组织，任党团书记，直属中华全国铁路总工会党团和书记部领导。8 月，张昆弟到陇海铁路开展革命活动。12 月 12 日，石家庄工业研究会传习所成立时，向铁路当局提出增加工资、实行 8 小时工作制等条件。法国资本家不仅不答复工人的要求，反而唆使石家庄正太铁路机器厂总管借故殴打并开除了该所骨干赵永庆等人。工人对此极为不满，要求惩办工贼，并恢复赵永庆等人的工职，但被厂方拒绝。张昆弟领导石家庄正太铁路机器厂工人立即着手罢工准备，组成宣传队、纠察队、敢死队。由于铁路局没有按时答复工人的要求，正太铁路总工会决定举行全线总罢工。12 月 15 日，正太铁路 1000 多名工人、石家庄机器厂 3000 多名工人举行大罢工。车站、机器厂水电全停，全路客货列车一律停驶。张昆弟领导工人挫败了法国资本家唆使和收买部分法籍工人和中国工人通车、复工破坏罢工的阴谋，罢工坚持了 12 天。12 月 27 日，法国资本家被迫同工人代表进行谈判，大体承认了工人提出的 14 项条件，罢工获得完全胜利。

1923 年二七惨案发生后，河南工人运动遭到打击。1924 年 3 月，张昆弟以中华全国铁路总工会巡视员的身份到陕州（今三门峡市）视察指导工运工作，恢复工会组织。11 月，成立陕州陇海铁路工会（陕州工会），在工会内建立了中共陕州工会支部，这是三门峡历史上最早的党支部。

1925 年 1 月，中共中央派张昆弟等人到河南领导革命运动，重建工会组织，恢复工会活动，筹建中共地方组织。2 月，张昆弟在郑州恢复了京汉铁路总工会，不久，陇海铁路总工会也在郑州恢复办公，两条铁路的总工会在一起办公，张昆弟主持全面工作。在张昆弟等人的组织领导下，全省 5 万多名工人中参加工会的有 3 万余人。2 月 7 日，中华全国铁路总工会在郑州举行第二次代表大会，改选了第二届执行委员会，张昆弟任中华全国铁路总工会执行委员会委员、总干事、党团书记。10月，王若飞在向中共中央写的河南工作报告中肯定了张昆弟为开展全省工人斗争作出的贡献。

1931年，张昆弟以中共中央工运特派员身份到达湘鄂西苏区，于5月6日到达中央分局。7月20日，张昆弟主持召开湘鄂西省第二次工人代表大会，成立湘鄂西省总工会，任湘鄂西苏区总工会党团书记，兼任青年团书记、宜昌特委书记等职。

转战南北，魂耀洪湖

1925年11月，中共山东地方执行委员会在济南筹备纪念十月革命的活动时被敌人发觉，地委机关遭到破坏。年底，党中央调张昆弟任中共山东地方执行委员会书记。张昆弟到山东后，很快恢复了被破坏的中共山东地方执行委员会。为整顿党的基层组织，他在济南、张店、淄川等地举办党员、团员训练班，培养出了一批负责指导工作的人才。1926年1月，他主持召开中共山东临时地委和共青团济南地委联席会议，确定中共山东临时地委和共青团济南地委组成人选。是年2月中旬，撤销中共山东临时地委，重建山东地委，张昆弟任书记。1924年5月，山东党员人数只有17人，1926年7月发展到了515人。

1926年9月，中共中央北方局在北京成立，张昆弟调离山东，任中共中央北方局工委书记。10月，调任上海区执委主席团委员，和赵世炎一起负责组织部工作，同时兼引翔港部委书记、闸北部委书记。

1927年3月，张昆弟和周恩来等人一道参与组织领导了上海工人第三次武装起义。3月28日，上海区委主席团举行会议，讨论上海总工会工作，张昆弟任上海总工会常务委员会委员，兼任组织部长。面对白色恐怖，张昆弟领导部委和党的基层组织转入地下，并采取一切可能的措施保存党和革命的力量。他秘密组织领导1000多名铁路工人罢工，集会包围沪宁、沪杭铁路管理总局，援救出被捕的沪宁、沪杭铁路总工会委员长孙津川等 17 名工会委员和工作人员。8 月 1 日，中共顺直省委在天津正式成立，张昆弟任工委书记。

1928 年 6 月，中国共产党第六次全国代表大会在莫斯科近郊秘密召开。张昆弟作为顺直省委的正式代表出席，参加了政治委员会、职工运动委员会、苏维埃委员会、军事委员会的工作。大会选举了新的中央委员会和中央审查委员会，张昆弟当选为以刘少奇为书记的中央审查委员会候补委员。7 月，张昆弟作为 16 名列席代表之一，列席参加了共产国际第六次代表大会。

1930 年 9 月，张昆弟以中央审查委员会候补委员身份出席中国共产党在上海召开的扩大的六届三中全会。1931 年 1 月 7 日，张昆弟以中华全国铁路总工会党团书记身份出席中国共产党在上海召开的扩大的六届四中全会，与王明的“左”倾机会主义展开了坚决斗争。

1932 年 5 月，张昆弟因为反对湘鄂西中央分局领导人执行的王明“左”倾机会主义路线，向中央提出改组湘鄂西中央分局的建议，被诬陷为“罗章龙右派的首领”，是“托陈派”的省委书记，被错杀于洪湖县瞿家湾，年仅 38 岁。中华人民共和国成立后，张昆弟被追认为革命烈士。

为了理想奋斗终生的革命先驱安幸生

⊙天津市北辰区总工会

翻开百年党史，1927 年是不平凡的一年。这一年发生了南昌起义、秋收起义、建立井冈山革命根据地等指引中国革命走向光明的大事件；这一年也是充满血雨腥风的一年，李大钊、陈延年等一大批优秀的共产党人倒在了反动派的枪口之下，将年轻的生命献给了革命事业。这其中就有年仅 25 岁就被奉系军阀残忍杀害的革命先驱安幸生。他是天津最早的中共党员之一，是中共天津早期党团组织的创始人之一，是天津总工会第一任领导人。为了纪念这位革命先驱，周恩来总理亲自为之作传，用 300 余字高度总结了安幸生革命的一生。

探寻真理、英勇无畏，17 岁投身伟大斗争

安幸生，名毓文，字幸生。1902 年 9 月，出生于天津西北乡中河头村的一个富裕农民家庭。幼年时即接受“新学”思想，“擅长写作，长于雄辩，为人正直，关心时事”。16 岁考入直隶省立第一中学，受到进步思想的影响，结识了学友于方舟。两人志同道合，共同立下为民族崛起而奋斗的信念。

五四运动爆发后，安幸生、于方舟作为直隶省立第一中学学生会的领导人积极响应。安幸生带领本校学生参加了天津各界国耻纪念日示威游行，带领本校救国团参加全市举行的罢课游行，还参加了全市 15 所中等

以上学校万名学生罢课大示威，并与周恩来、邓颖超等人组织成立天津学生联合会，领导全市学生开展了一系列反帝爱国运动。周恩来称“当时带领学生队到市民与工厂中对工人宣传，遂知工人生活状况的痛苦。彼时苏联无产阶级革命成功，安同志遂决心为无产阶级的利益而奋斗”。

1919年10月，安幸生与于方舟等人发起成立新生社，同周恩来、邓颖超领导的觉悟社并肩战斗，共同研究传播马克思主义和社会主义思想，成为天津进步团体的“双子星座”。在革命导师李大钊的直接指导下，新生社改组为马克思主义研究会，随后又将研究会改组为社会主义青年团（现天津共青团）。这引起了天津反动当局的恐慌，将安幸生抓捕入狱。在狱中，他受到了非人折磨，但他始终坚贞不屈，后经多方营救才得以释放。出狱后，他回到家乡，组织贫困农民开展了反对缴纳“烧炭税”“割头税”斗争，取得胜利。

践行初心、担当使命，20岁成为天津工运领袖

1922年，安幸生回到天津市区继续开展工作，当选为中国劳动组合书记部天津支部主任，负责开展和领导工人运动。在李大钊的安排下，由罗章龙介绍，光荣地加入中国共产党，成为中共天津最早的党员之一。

1924年，安幸生与于方舟等人共同筹建中国共产党天津地方执行委员会，任天津地委执行委员，负责海员与码头工人运动。震惊中外的五卅运动爆发后，他立即发表宣言声讨帝国主义的罪行，与邓颖超等人在南开操场组织了10万余人的反帝市民大会。他深入海员、码头工人之中，了解工人疾苦，宣传中国共产党主张。为配合当时中国劳动组合书记部在全国发动的劳动立法运动，他组织工人游行，以工会名义向国会发出请愿要求。为支持唐山开滦五矿举行总同盟罢工，他组织开展募捐支援活动。直系军阀吴佩孚对京汉铁路工人进行血腥镇压，造成震惊全国的二七惨案后，他组织声势浩大的工人群众游行示威。中国共产党第四次全国代表大会特别指出“包括天津市在内的工人工作是全国职工运动

的基础”。

1925年7月18日，安幸生组织成立中华海员工业联合会天津支部，并当选书记。在他的领导下，先期从香港到达天津的全体海员宣布罢工并发表声明，决心“与强暴的英国人反抗，非达最后目的誓不上工”。随后，陆续到达天津的顺天轮、朝阳轮等的500余名海员也加入罢工行列，同时在日商大连、大阪和英商怡和、太古4个码头工作的2000余名工人也举行了同盟罢工。为统一领导天津工人阶级的反帝斗争，8月4日，中共天津地委成立了包括纺织、印刷、油漆、地毯、铁路、制鞋等20多个分工会的天津总工会，安幸生任委员长。由此，形成了天津工人阶级反帝斗争的坚强核心。

作为天津总工会首任委员长，安幸生多次领导组织大规模的工人运动。1925年8月9日，发动宝成、裕大、北洋、裕元纱厂2万余名工人为反对宝成资方苛罚女工余阿英案举行同盟罢工，军警赶来与宝成纱厂工人发生冲突。认真分析形势后，他决定将罢工主要场所转到日本人操纵的裕大纱厂，组织各厂工人支援，砸毁裕大纱厂公事房，捣毁一些机器，成为当时著名的“砸裕大”事件。8月11日，裕大纱厂数千名罢工工人遭到奉系军阀的残酷镇压，安幸生等各界联合会代表19人和400余名罢工工人被拘押，后被中共天津地委营救出狱，获“革命先锋”纪念章。

1926年1月，天津各界团体在南开操场举行国民大会，欢迎国民革命军及出狱代表，安幸生在大会上发表演讲。之后，国民军天津党部召开全体党员大会，他当选为农工部委员。2月，受中共天津地委指派，他在棉纺二厂召开两千人大会，总结罢工斗争的经验教训。3月，在天津各界反英讨吴大会上，他当选为委员。后来，为抗议日舰炮击大沽口和段祺瑞政府的三一八暴行，在南开操场召开了万人大会，安幸生被选为主席团成员。

然而，就在天津工运事业达到历史上最高潮时，奉系军阀卷土重来，打进天津，查封革命团体，屠杀大批共产党人和革命志士。中共天津地委停止公开活动并转入地下，疏散暴露身份的党员，安幸生奉命前往上海、武汉等地工作。

对党忠诚、不怕牺牲，25 岁不畏强暴慷慨就义

1927 年，蒋介石发动四一二反革命政变，奉系军阀张作霖在北方遥相呼应。中共党组织曾从秘密渠道得到一份从南京传来的“清党”绝密文件，安幸生的名字赫然在列，组织遂决定让其立即转移。在这千钧一发之际，他不顾个人安危，销毁党内文件，主动赶到预定地址，把敌人要逮捕的人员名单和转移事项通知相关同志。在与其他同志联络的过程中，他不幸被捕。在狱中，他受尽严刑拷打和威逼利诱，没有吐露党的任何机密，始终大义凛然。后来，由于叛徒出卖，他的身份被暴露，他便“策略”地说：“我信仰共产主义，是在中山先生联共的政策下加入了中国共产党，别的无可奉告。”敌人黔驴技穷，恼羞成怒，于 11 月 11 日深夜，在北京安定门外箭楼西边，将他秘密杀害。

1928 年，中国共产党第六次全国代表大会在莫斯科召开。会议期间，周恩来饱含深情地撰写安幸生的革命事迹，以示缅怀和纪念。中华人民共和国成立后，周恩来亲自将安幸生的骨灰安葬在八宝山公墓，并主持祭奠活动。

1986 年，安幸生的母校直隶省立第一中学（今天津三中）落成安幸生烈士纪念碑，邓颖超亲笔题写碑文。1995 年，中共天津市北辰区委、区政府对双口镇中河头村的安幸生故居重新修葺，建成安幸生故居纪念馆。1997 年，安幸生故居被辟为天津市青少年爱国主义教育基地。2020 年，中共天津市北辰区委宣传部对纪念馆进行修缮整理，以缅怀革命先烈，继承先烈遗志，弘扬革命精神。

习近平总书记在庆祝中国共产党成立 100 周年大会上的重要讲话中指出，一百年前，中国共产党的先驱们创建了中国共产党，形成了坚持真理、坚守理想，践行初心、担当使命，不怕牺牲、英勇斗争，对党忠诚、

不负人民的伟大建党精神。安幸生，这位从北辰大地走出的革命先驱，为改变祖国的命运而求索，为劳苦大众的利益而斗争，为崇高的共产主义信仰而献身，用鲜血和生命诠释了建党精神，谱写了壮丽的青春之歌。他的精神将永远激励后人前进，他的名字将永远留在人民心中。

史志研究

史志结合，做好中国百年工会志编纂工作的思考

寤寐求索，为国修志——《西藏自治区志·工会志》评述

史志结合，做好中国百年工会志编纂工作的思考

⊙邹卫民*

为迎接中华全国总工会成立一百周年，中华全国总工会于近期部署实施“百年中国工运”出版工程，并于2022年4月启动《中国工运通史》《中国工会志》编纂工作，要求从党史、工运史中汲取智慧、探究规律，激励广大职工群众和工会干部建功新时代、奋进新征程，对以史为鉴、开创未来，推动新时代党的工运事业和工会工作传承、创新、发展具有重要意义。根据编纂方案，本次《中国工运通史》《中国工会志》编纂将按照“一史一志、共同推进”的工作原则予以统筹部署落实，这是中国工运史上首次以史志结合的方式开展工会史、工会志编纂工作，无疑将成为中国工运史研究上的一个重要里程碑式的研究工程。

一、史志体编纂的基本认识

史、志、鉴等都属于历史文献类文体，都是记载历史事物和事迹的常用文体，记载的对象都是自然和社会，都有存史、资治、育人等功能。从通史、方志、年鉴的写作要求与文体风格看，它们作为史志体，均具有严谨、朴实、科学、准确等特点，在内容上都要求思想性、科学性和资料性

* ［作者单位］上海工会管理职业学院。

的统一；在文体风格上属于以平述、直述、记述为主的记述体，不宜修饰、铺陈、夸张、形容。

而从通史、方志和年鉴的文体定位看，它们又有着各自不同的性质与分工。根据《辞海》解释，历史是“记载过去事迹的书”①；方志是“记述一方事物的志书”②，“方志分门别类，取材丰富，为研究历史及历史地理的参考资料”③；年鉴是“工具书的一种，汇集编纂前一年或最近若干年的各方面或某一方面的情况、统计、资料等，以供参考。一般逐年出版”④。

具体而言，从记述时间上看：一般年鉴为年度编写；方志是数十年一修；历史为“百年治史”，三种文体对史料的积淀要求与角度不同。从内容与写法上看：通史重在研究描述社会发展的轨迹，方志重在编著资料性著述。从体例与章法上看：史体是以时记事，方志是以类记事，年鉴是以栏目记事。

二、史志结合推进工会志编纂的思考

通史、方志同属历史文献体，又有着各自定位与特色的文体。近年来，已有学者提出编纂史志结合体方志的观点，本次《中国工运通史》《中国工会志》编纂提出“一史一志、共同推进”的工作原则，将为史志结合推进工会志编纂提供新的探索与实践。

综前所述，通史编纂是以研究人类社会发展规律为己任，其编纂结构是“一条线”，即以年代为经、以事件为纬著述往事，侧重从纵的方面反映历史的连续，要求有史有论、史论结合。方志是“严肃的、科学的资料书”⑤，属于资料性著述，其编纂结构侧重先横向分类，再纵向记述，讲

---

① 辞海编辑委员会：《辞海》，上海辞书出版社，1999 年。

② 辞海编辑委员会：《辞海》，上海辞书出版社，1999 年。

③ 辞海编辑委员会：《辞海》，上海辞书出版社，1999 年。

④ 辞海编辑委员会：《辞海》，上海辞书出版社，1999 年。

⑤ 胡乔木：《在全国地方志第一次工作会议闭幕会上的讲话》，《中国地方志》，1987 年第 1 期。

究综合性、典型性、背景性、统计性四材运用，重在记述，述而不论。因此，史志结合推进中国工会志编纂工作，应当在坚持贯彻方志编纂原则与体例要求的基础上，汲取通史编纂的优点与特点。

（一）坚持贯彻方志编纂原则与体例要求

关于《中国工会志》编纂工作，中华全国总工会在编纂工作方案中明确，要“严格按照《中国工会章程》和国务院《地方志工作条例》规定，以志书形式全面、真实、系统地记述中国工会在党的领导下走过的百年发展历程，发挥好志书存史、资政、育人的功能作用”“《中国工会志》编纂坚持志体，做到篇目设置科学合理，内容记述存真求实，述、记、志、传、图、表、录等体裁运用得当”。

坚持资料性这一志书编纂重要特征。方志从定位与性质上看，是资料性著述，资料性是志书的最主要功能、最重要特征。因此，在工会志编纂中必须牢记资料是修志的基础，占有大量、全面、翔实的资料是编纂志书的先决条件。占有的资料必须真实、准确、全面、系统，具有代表性、权威性，应以档案、文献、实物等一手资料为主，年鉴、图书著作、报纸杂志、口述等二手资料为辅。

坚持“述而不论”编纂原则。“述而不论”是指志书记述要忠于事实，不随意分析评论，不直接作褒贬之说；而是寓观点于资料记述之中，用翔实的资料来说话，用反映客观事物发展规律的资料来体现正确的观点。这一原则是由志书的资料性、真实性、著述性决定的。在工会志编纂中，除总述卷、分志（分卷）概述外，其他正文都应坚持述而不论。

坚持“横不缺项”编纂原则。方志作为资料性著述，最基本的特征之一就是“全”，必须做到“横不缺项”或“横不缺要项”。方志记载的是一地、一行业之全貌，本地、本行业自然、经济、政治、文化、社会、人物、事件等，无一不在方志记述范围之内。在篇目设计与撰写中，必须横陈“百科”，横项中各项主要工作、各项工作的主要方面务必做到齐而不漏。

坚持“纵不断线”编纂原则。“纵不断线”或“纵不断主线”是编纂方志需要遵循的另一个重要原则。从横向看，方志反映一方之全貌；从纵向看，方志要反映断限内一方各项工作、各个事业的兴衰起伏和历史发展脉络。纵向时间线要从该项目工作的起点到终点不断，一旦出现事实断线务必交代清楚。“横不缺项”“纵不断线”又合称为“横排门类，纵述史实”，缺项与断线都会大大影响志书的编纂质量。

坚持落实志书编纂各体例基本要求。依正确体例行文是志书编纂的准则，是体现志书特征的关键。落实《中国工会志》编纂工作中“述、记、志、传、图、表、录等体裁运用得当”要求，必须准确把握志书各体例的要求与特点。其中，要以志为主，按篇、章、节、目，根据资料，纵述史实，把握事物的发端、变化和现状。述（包括概述、无题导言等）要行文言简意赅、文约事丰，语言流畅，凝练意深。记（大事记、编后记、专记等）要“大事突出、要事不漏”，事条时间、地点、人物（单位）、结果等要素齐备。传（人物传、人物简介、人物表、人物录）应遵循“生不立传”，劳模先进、领袖领导可入表。图、照应主题明确，图像清晰，要素齐全。表（统计表、事件表等）应出处明确、内容准确、详细具体，不以表废文。录，即附录，应主要补充历史上起过重要作用、未来还有参考价值，有重大社会、文献价值的法规、文件、报道等原始文献。

（二）汲取通史编纂优点与特点

遵循《中国工运通史》《中国工会志》“一史一志、共同推进”工作原则，为百年工会志编纂拓展了编纂思路与路径。

在时间处理上拓展了工会志的历史长度与厚度。传统的方志编纂受掌握的资料性、统筹性所限，多为20~30年一修，往往要汇集多部方志，才能为一部百年通史提供史料服务。而中华全国总工会统筹部署、史志共同结合推进，为本部《中国工会志》编纂拓展历史空间与厚度提供了可能。《中国工会志》的编纂工作方案明确将“以中国共产党领导下的中华全国总工会为记述主体，时间上限为1921年中国劳动组合书记部成立，下限为2023年中国工会十八大召开，全面、真实、系统地记述中国工会在党的领导下走过的百年奋斗历程，发挥志书存史、资治、育人的功能作用”。

在编纂要求上将更加突出工会志的政治性、科学性、权威性。在贯彻方志资料性著述基本要求的前提与基础上，将进一步彰显《中国工会志》的政治性、科学性、权威性，用严谨、准确、翔实的资料叙述，系统梳理和反映中国共产党领导下百年中国工会发展的历史、现状、经验、规律，体现“以史为鉴，开创未来”。

在突出政治性上，必须坚持以习近平新时代中国特色社会主义思想为指导，认真学习党的二十大精神，深入贯彻习近平总书记关于工人阶级和工会工作的重要论述，坚持中国特色社会主义工会发展道路。

在把握科学性上，必须遵循求真求实、详今略古，顺时记述、突出主线，横陈现状、展示全貌，点面结合、深化记述，详略得当、突出特点，分析发展、总结规律。

在体现权威性上，必须以党的历史决议为依据，更好体现党领导下的百年工会历史与现状，尤其是突出党的十八大以来中国工会的发展与进步，体现中国特色社会主义新时代的特点和目标。

寤寐求索，为国修志
——《西藏自治区志·工会志》评述

⊙范晓婧*

《西藏自治区志·工会志》（以下简称“《西藏工会志》”）是首轮《西藏自治区志》73部分志之一，于1999年启修，2014年付梓，历经15载告成，是第一部记述西藏工人阶级及其工会组织起始、发展与现状的部门专志。该志记述上限始自1951年即中央人民政府与西藏地方政府签订《十七条协议》[①]西藏实现和平解放和重大历史跨越之年，下限迄至2000年。综览该志，形式基本符合志体要求，亦有亮眼之处，但毋庸讳言，实不缺须商榷的问题与明显疏失缺憾。

方志评论（亦称方志批评）对志书的宣传推广及纠谬辩证有着举足轻重的作用，是推动方志学创新发展和提高志书编纂质量的必要手段。当代志家董一博认为：“方志评论，不仅具有起生开路、纠谬补阙、扶正培本的功能，而且能积极热情地为旧志整理和新方志编纂服务。它既能对旧志进行正确分析批判，又能大胆勇敢谨慎清醒地继承其珍贵之处，而对新志则能克尽扶持，明是非，定真伪，别臧否，体用建设，示人以康庄大道。”[②]王照伦认为，评志是方志运动过程中的三个重要环节之一，对修志、用志起着桥梁纽带作用。为可以体现当代方志水平的优秀志书撰写评论，

---

* ［作者单位］中国劳动关系学院。

① 《十七条协议》是《中央人民政府和西藏地方政府关于和平解放西藏办法的协议》的简称，于1951年5月23日签订。

② 董一博：《董一博方志论文集》，河南大学出版社，1989年，第213页。

是方志学人义不容辞的责任，而对于质量低劣的志书，则“应当以志评为武器，加以批评和指出，使之成为修志的鉴戒”。[①] 本文拟对《西藏工会志》的志目结构、体例体裁、志稿内容等略事评述，冀盼对中国工会志编纂有所裨益。

一、志书简介

《西藏工会志》为16开本，25.25个印张，523千字，375页，其中附录约为200页。该志于志前设图照，分领导关怀、劳动生产、工作会议、慰问活动、劳模工作宣传教育、交流交往、修志工作7个主题共87幅。图照标有图注，时间跨度覆盖20世纪50年代至2000年，其中修志工作主题时间下延至该志初审会、终审会。图照后为序言两则，一为《西藏自治区志》总序，一为该志序，先列总序彰明其分志地位。总序简述西藏总体概况、历史发展脉络、修志意义等，要素大抵齐备；该志序浓缩西藏工人阶级与工会发展状况，表达工会志编纂意义，稍嫌简略。序言后为凡例，共十则，对记述对象、指导思想、时间断限、体例体裁、结构层次、编纂原则、人地称谓、纪年方法、计量单位、资料来源等基本问题作出规定，无明显遗漏。凡例后、正文前置概述，概述分为两部分，第一部分记中共十一届三中全会前西藏工人阶级、工会大致情况，第二部分记中共十一届三中全会至2000年底西藏工会组织发展情况。

该志主体志横分四篇，共17章51节，节内以时为序记述，见下表：

① 王照伦：《志书评论胜议》，《中国地方志》1996年3、4合刊，第144页、第148页。

篇目结构表

	篇	章	节
1	工人 工会 会员	工人	封建农奴制社会的工人
			执行协议时期的工人
			社会主义时期的工人
		工会及会员	基层工会
			会员
2	工会代表大会 职工代表大会 工作会议	自治区工会代表大会	共六节，分别为自治区工会第一次至第六次代表大会
		地市县工会代表大会	地市工会代表大会
			县（市、区）工会代表大会
		职工代表大会及工作会议	产业、行业、系统职工代表大会
			工会工作会议
3	履行职能	组织劳动生产	劳动竞赛
			劳动模范工作
			职工技术协作
		宣传教育	思想政治教育
			文化技术教育
			学习宣传《宪法》《工会法》《劳动法》
		职工文化体育	职工文化生活
			职工体育
		职工福利权益保障	工资福利
			劳动制度改革
			劳动保护
			疗养休养
			建立职工之家
			实施送温暖工程

续　表

	篇	章	节
			下岗职工再就业
			落实国家法律法规 维护职工合法权益
		民主管理	内容
			方式
		参政议政	内容
			方式
		来信来访 信息 交流交往	来信来访
			信息工作
			对外交流交往
		经费管理	经费来源
			经费使用
			财务管理
			经费审查
4	管理	党的领导	党对工会工作的领导
			自治区总工会党组织
		全国总工会领导及援藏	全国总工会的领导
			援藏
		自治区总工会管理机构设置及干部配备	内设机构
			直属单位
		基层工会管理机构设置及干部配备	地市工会管理机构设置及干部配备
			县（市、区）工会管理机构及干部配备
			产业、行业、系统工会管理机构及干部配备

该志人物部分有传、简介、录、表四类。录类置四表，为截至2000年底的劳动模范、先进工作者、全国五一劳动奖章获得者名册。表为西

藏自治区当选历届中华全国总工会执委、候补执委及经审委员名单，无表格，只以文字载录。大事记从1913年记至2000年底。专记共四篇，系从《西藏日报》摘取的记人记事文章。附录包括五类，分别为通知、决议、决定、纪要，历届代表大会工作报告，重要书信、函电、讲话，工作总结、报告，文录（主要为新闻报道）。附录后为索引、英文目录、该志编后记和全志总后记。编后记大致简记该志修纂历程及致谢等常规内容。

二、优点与疏失舛错

方志独特的体例结构是志书区别于史书等其他著作的重要表征之一，历来为志家看重。《西藏工会志》首设图照、序、凡例、概述，正文四篇，人物、大事记、专记、附录、索引、后记等断后，从形式上看述、记、志、传、图、表、录诸体并用，要素不缺，大致符合志体要求。志首图照主题分类合理，内容基本囊括西藏工会主要活动，图片较为丰富，但多而不乱、秩序井然。相对于整部《西藏工会志》的体量，文献附录占比较重，虽有“头轻脚重”、冲淡正志分量之嫌，但足见编者对文献的重视，也确实存录了一些有价值的历史资料，凸显出志书的存史功能。目录方面，除简体中文目录外，前置藏文目录，突出民族地区的特色，后置英文目录，体现与国际接轨思路——这点极可为中国工会志编纂借鉴。当今世界国际交流交往日益频繁，中国工会始终胸怀全世界劳动者利益，注重加强与各国工会和劳动界交流合作。志书一经修成即是地域或行业（部门）名片，中华情怀、传统文化和国际视野理应融会贯通于工会志编纂之中，实现以“中国之志”讲好中国故事、中国工人阶级故事、中国工会故事。

毋庸讳言，《西藏工会志》志形虽具，但不忍细读，全篇疏失、缺漏等问题较多，大致有以下几个方面。

1. 篇目分类

志书篇目设置首先要遵守“事以类聚”原则，按事物种属进行划分；其次还要合乎社会分工实际。《西藏工会志》在篇目分类方面首要的问题是，主体志第四篇“管理”的设置。管理，从字面意思看，主要指负责某项工作使之顺利进行，或保管料理、照管并约束等。如果管理的主体是组织机构，那管理显然属于工作层面的职能。该志在已设置第三篇“履行职能”，且该篇“民主管理”“经费管理”章节明确指出管理职能的情况下，单设“管理”篇，确须商榷。管理应属履行职能一类。

而管理篇各章分类也有欠妥之处，例如第一章“党的领导”。众所周知，党的领导主要是政治领导、思想领导、组织领导，是政治方向、政治原则的引领，是思想观念、思想意识的引导，是对党的组织、党员干部的掌握、指导和建设等，这些显然都不属于“管理”。该篇第二章为“全国总工会领导及援藏”。根据《中国工会章程》，“工会的最高领导机关，是工会的全国代表大会和它所产生的中华全国总工会执行委员会”“工会各级领导机关，加强对下级组织的领导和服务，经常向下级组织通报情况，听取下级组织和会员的意见，研究和解决他们提出的问题”。显然，中华全国总工会的领导亦不能归入“管理”类。而“援藏”属于援助职能，列入“管理”也不免考虑欠周。该篇第三章、第四章分别为自治区总工会、基层工会管理机构设置及干部配备，一般来说这些内容大致属于组织机构、人事干部类，笼统归入管理类也不甚妥当。除此，第三篇第五章“民主管理”、第六章“参政议政”，各章内的一、二节标题均为“内容”“方式”，此种分类也不甚妥帖，且与该志凡例要求不符，此凡例规定“篇、章、节、目均以事命题”，“内容”“方式”自不为事类，此处按工作事项的性质或种类划分为宜。

该志其他分类不够确当之处兹不列举。

2. 体裁运用

该志凡例规定“述、志、记、图、表、录体裁共用，以志为主”[①]，从形式上看该志从志首序到志末索引，方志体裁齐备，但实则各类体裁多有运用不当之处。例如，人物部分体裁的使用。首先，传是用来记述区域

① 《凡例》，《西藏自治区志·工会志》，中国藏学出版社，2014 年，第 13 页。

或行业（部门）已故著名人物生平事迹的纪实性文体。晋代方志学家常璩认为志传的作用是“宪章成败，旌昭仁贤，抑绌虚妄，纠正缪言，显善惩恶，以杜未然”。志书传记可以起到旌扬贤能、彰善惩恶、永世垂鉴的作用。该志入传人物共有6人，皆为西藏自治区总工会前主席。我们有理由相信还有在西藏工会系统作出过重要贡献的普通工会人，但未有一人入传。且入传人物中三人未记卒年信息，无法确认是否为已故人物。此外，该志传记的书写流于履历罗列，人物的精神情怀、感人事迹、突出贡献、历史功绩无从体现，那传的作用又怎能发挥呢？其次，该志在人物传外，设有人物简介，这一形式某种程度上变相为生人立传开了口子，作为传世之志书，人物生不立传理应是不能突破的红线。此文姑且搁置争议，只说在该志中，简介的书写同样为履历罗列，与传又如何区分？最后，该志人物表徒有其名，实则无表，只以记述体文字记1978年至1998年西藏自治区当选历届中华全国总工会执委、候补执委及经审委员名单。而人物部分的录体，列劳动模范、先进工作者等名册，实为表体。该志整个人物部分问题殊多，不胜枚举，可见编者心中有志，并极力使用志体，可惜对诸体裁不甚理解，终致不伦不类。

该志记体的使用也存在同样的问题。其一，志书记体主要指大事记。大事记不同于志体横排门类，它爬梳历史脉络、“撮全书之典要”，是志书中仅有的纵线，一般置于志前，起纲举目张、统领全志的作用，使读者“一开卷而古今之事如指诸掌”。然而，该志将大事记置于志尾，难以起到统辖全志的纲领作用。该志大事记的书写也不乏瑕疵。大事记以编年体为主，逐年逐月逐日记事，每事一条。该志大事记第一条时间为1913年，其下一整段的记事无具体日期，更甚者，整段中还有1923年、1925年、1927年事，实为明显错误。其他事条瑕疵兹不列举。其二，专记是另一种形式的记体，它以专题文章的形式采用纪事本末体的书写方法，记载具有突出特色的某一事项或具有重要意义的业绩。该志专记从《西藏日报》摘录了4篇文章，分别为草原英雄布德的事迹、西藏自治区地质局一二四三钻井队的英雄事迹、拉萨地毯厂等单位为毛主席纪念堂织做地毯纪实、青藏公路管理局安多养路段109道班事迹。4篇文章所记人、事确实具有代表性、典型性和教育意义，值得入志，但归入专记则与志书体裁要求不甚相符，收入文献附录中为宜，所记人事可在正志相关章节中以“以事系人”的方法入志。该志其他体裁运用不甚确当之处兹不列举。

3. 文风文体

根据《关于地方志编纂工作的规定》，“地方志的文体，采用规范的语体文。行文力求朴实、简练、流畅”。[①] 即是说，方志叙事记人状物讲究述而不论、秉笔直书，忌夸张、渲染、抒情、虚构，忌议论评价，忌旁征博引，忌演绎想象。志书是历史与现实的见证者而非评价者，其编纂仅需用严谨、流畅的语言作出全面、客观的记录，“寓褒贬于事实之中”。正如胡乔木所说：“客观的历史就是客观的历史，不需要在地方志里画蛇添足地加以评论。地方志不是评论历史的书，不是史论，多余的评论，不但不为地方志增光，反而为地方志减色。”[②] 该志多处出现抒情描绘赞美的语句，例如“高度赞扬了全区工人阶级和广大劳动人民抓纲治国，为实现新时期的总任务，为加速实现四个现代化而努力奋斗所取得的丰硕成果”“节目丰富多彩，生动活泼，使人喜闻乐见，博得了观众一阵又一阵的掌声”“西藏体育馆歌声如潮，掌声四起，人们沉浸在欢腾的海洋之中”“在一派轻松友好的气氛中进行了跑步、拔河、划船、射击比赛”。此类抒情溢美之语不胜枚举，显然不符合志体文风要求。

4. 文本内容

方志魅力之一在于记事全面详细丰富，是资料书，是博物之书，是百科全书。而该志内容方面过于简略。例如，第三篇第四章第一节“工资福利”，不足六行，20世纪80年代后只用笼统一句话概括；第二节“劳动制度改革”，不足四行，仅有1986年实行劳动改革制度四项暂行规定一个信息点，其余无任何有效信息。再如第三篇第七章，全章三节仅两页左

---

① 中国地方志指导小组办公室：《地方志工作文献选编》，方志出版社，2009年，第80页。

② 胡乔木：《在第一次全国地方志工作会议闭幕会上的讲话》，中国地方志指导小组办公室：《地方志工作文献选编》，方志出版社，2009年，第119页。

右，完全撑不起一章所应容纳的信息量，其中第三节条目二“出访”，仅一句话，类同大事记。几十载悠悠岁月，该有绵绵延延的工作，可就只剩寥寥数言呈现在传世的志书中，作为读者亦不免抚卷叹惋。

该志内容方面还存在不少舛错粗心之处。例如，凡例中规定“图表附插于文中，力求图文并茂”，可遍览该志，正文竟未配一图，岂不矛盾？索引的设置是为方便、快捷地查找志书中有关内容，该志索引中某些条目却无法在对应页码中找到，有悖于索引“非示观美，以求实用”的初衷。此外，附录中文献多无出处来源，降低了志书的信实感。

三、价值与意义

1.《西藏工会志》文本质量的现实情况说明编纂中国工会志的重要性和必要性

由上文可知，《西藏工会志》在门类划分、体例体裁、文体文风、文本内容诸方面皆有不少疏失、瑕疵和问题，显见未得修志之道，因此，对地方工会部分修志人员进行相关编纂业务培训极为必要。中国工会志的编纂，一方面可以严章法、明体例、断真伪、彰得失，垂范作则，为地方工会修志提供参考范本；另一方面还能引起全国各地工会对纂修工会志的重视与热情，从而加强对修志人员的管理和培训，形成研究和宣传工会志的热烈氛围，促进地方工会志编纂质量全面提升。

2.《西藏工会志》是以方志这种中国特有的传统文化形式记录西藏工人阶级和工会历史的拓荒之作

方志在中国绵延千年、赓续不断，其中一个重要原因是方志内在地具有续修的要求。在当代，根据《地方志工作条例》，地方志书每20年左右需要编修一次。也就是说，数年后，《西藏工会志》将重启修纂。那对于当前这部志书，后人是在此基础上续其时限、补其缺失、纠其错讹，还是另起炉灶、重铸新词？不管后人采取何种模式，工会志在西藏绵延不绝的根基已由该志奠定。

3. 西藏工会人为国修志的精神难能可贵

方志文化在西藏地区较为薄弱。20 世纪 80 年代，全国各省市纷纷掀起修志热潮，但西藏“未能跟上全国修志工作的步伐”①，20 世纪 90 年代后期，根据中央“西藏也要修志”的指示和国务院办公厅《关于进一步加强地方志编纂工作的通知》，西藏全区修志工作全面展开。② 在此背景下，1999 年，西藏自治区总工会正式启动工会志编纂工作，至 2014 年该志付梓问世，前后迁延十五载，其中诸多不易可以想见。西藏在修志传统和方志人才队伍都较薄弱的情况下，迎难而上，毅然修志。究其原因，主要有两点：其一，方志确认一地在国家疆域版图中的具体位置，是昭示国家一统的文本载体；其二，方志是乡邦历史的记录和乡梓情怀的寄托，是凝聚乡邦力量的文化形式。正如该志总序中所言：“西藏和平解放以后，西藏地方政府中的上层分裂势力以及其后流亡在外的达赖分裂集团从未停止过分裂祖国的活动，而国际反华势力根据地缘政治和国际战略的需要，变本加厉地以各种方式支持和鼓励境内外分裂势力从事分裂活动。在各种形式的分裂活动中，向精神领域里渗透成为一个重要的组成部分。”“精神领域里的斗争与近代反对分裂、维护国家统一的斗争相伴随，而修志工作也成为与分裂势力争夺精神领域阵地的重要组成部分。”“西藏地方志以维护祖国统一为职责，将反对分裂、维护祖国统一、加强民族团结、促进西藏的社会局势稳定作为修志的历史使命和历史责任。”③ 据此，我们终于明白，作为《西藏地方志》重要组成部分的工会志，即使在条件薄弱、诸多困难的情况下依然坚持修志，即使在志稿舛错较多、不够成熟的情况下依然勇敢出版，其中深深涌动的是一种坚定的信念——为国修志！

谨以此文，向所有兢兢业业、不懈奋斗的工会人和孜孜以求、笔耕不辍的方志人一一致敬！

---

① 《总序》,《西藏自治区志・工会志》，中国藏学出版社，2014 年，第 1 页。

② 《总后记》,《西藏自治区志・工会志》，中国藏学出版社，2014 年，第 373 页。

③ 《总序》,《西藏自治区志・工会志》，中国藏学出版社，2014 年，第 6 页、第 8 页。

征稿启事

《中国工运史研究》集刊汇聚新中国成立前有关中国工人阶级历史、工人运动历史、工运理论史、工会工作史等多方面的具有原创性、创新性和理论高度、深度的工运历史研究成果，关注中国工运历史研究的新史料、新课题、新观点，倡导推进多学科交叉的学术研究争鸣，致力于为中国工运史研究提供交流、讨论与内容出版阵地。现诚挚向海内外学界征集原创性稿件，基本要求如下：

1. 来稿须是有关新中国成立前中国工人阶级历史、工人运动历史、工运理论史、工会工作史等原创研究成果，聚焦史料研究，论从史出，避免空谈理论。

2. 来稿字数原则上专题研究类不少于 1 万字、史料发掘类不少于 3000 字，鼓励作者围绕一个主题进行深入研究论述。

3. 来稿须符合学术写作规范和学术道德规范，论文重合度检测在 10% 以下。

4. 来稿格式规范如下：

（1）标题小三宋体加粗居中，正文四号宋体，每段段首空两格，采用 1.5 倍行距。

（2）来稿体例应采用一、（一）1.（1）①层级。

（3）参考文献、注释统一使用脚注形式，每页单独编号，采用①层级。参考文献格式为：

①作者名：《书名》，出版社名，出版年份，第 X—Y 页 / 第 Z 页。

②作者名：《文章题》，刊名，出版年份第 X 期，第 X—Y 页 / 第 Z 页。

（4）年代格式为 20 世纪 XX 年代，不用上世纪 XX 年代；表示数量时统一用阿拉伯数字；数字连用使用中文数字不带顿号，如五六个而不是 5、6 个。

（5）来稿中的专有名词如会议名称、文件名称，须查证权威用法。同一专有名词出现 3 次以上，后文方可使用简称，并须在首次出现该专有名词处标注（以下简称“XXX”）。

（6）提供作者信息：姓名 + 单位 + 职务 + 工运研究情况相关简介。

（7）来稿请用电子文本，自留底稿。如未采用，不做退稿处理。

本集刊收稿不收取任何费用，辑录稿件出版成书后发放相应稿酬。

来稿请发送至：gylsyj@163.com。

工运史料征集启事

为了进一步开展工运史研究工作，我们竭诚在全国范围内广泛征集以下资料：

1. 关于1949年10月新中国成立前工人运动历史的第一手原始资料，包括但不限于文件、档案、手稿以及相关图书、杂志、报纸等文字性史料。

2. 关于1949年10月新中国成立前工人运动历史的亲历者、亲见者、亲闻者特别是重要工运人物的回忆录、口述史、评论文章。

3. 关于1949年10月新中国成立前工人运动历史的事件类、人物类、场景类图片。

以上种种，殷切希望惠寄，如被采用出版，另给以从优稿酬。